INSPIRATION

L'APPEL DE VOTRE VIE

Dr Wayne W. Dyer

Traduit de l'américain
par Patrice Nadeau

Copyright © 2006 Wayne Dyer
Titre original anglais : Inspiration : your ultimate calling
Copyright © 2006 Éditions AdA Inc. pour la traduction française
Cette publication est publiée en accord avec Hay House, Inc.
Tous droits réservés. Aucune partie de ce livre ne peut être reproduite sous quelle que forme que ce soit sans la permission écrite de l'éditeur sauf dans le cas d'un critique littéraire.

Syntonisez radio Hay House au www.hayhouseradio.com

Éditeur : François Doucet
Traduction : Patrice Nadeau
Révision linguistique : Lorraine Lespinay
Révision : Nancy Coulombe
Graphisme : Sébastien Rougeau
Photo de Tysen : gracieuseté de Wayne Dyer
ISBN 2-89565-433-6
Première impression : 2006
Dépôt légal : 2006
Bibliothèque et Archives nationales du Québec
Bibliothèque Nationale du Canada

Éditions AdA Inc.
1385, boul. Lionel-Boulet
Varennes, Québec, Canada, J3X 1P7
Téléphone : 450-929-0296
Télécopieur : 450-929-0220
www.ada-inc.com
info@ada-inc.com

Diffusion
Canada :   Éditions AdA Inc.
France :   D.G. Diffusion
                    ZI de Bogues
                    31750 Escalquens Cedex-France
                    Téléphone : 05.61.00.09.99
Suisse :   Transat - 23.42.77.40
Belgique :   D.G. Diffusion - 05.61.00.09.99

Imprimé au Canada   SODEC

Participation de la SODEC.
Nous reconnaissons l'aide financière du gouvernement du Canada par l'entremise du Programme d'aide au développement de l'industrie de l'édition (PADIÉ) pour nos activités d'édition.
Gouvernement du Québec - Programme de crédit d'impôt pour l'édition de livres - Gestion SODEC.

Catalogage avant publication de Bibliothèque et Archives Canada

Dyer, Wayne W.

   Inspiration
   Traduction de : Inspiration.
   ISBN 2-89565-433-6

   1. Vie spirituelle. 2. Inspiration - Aspect religieux. I. Titre.

BL624.D9314 2006   204'.4   C2006-941525-0

À ma mère, Hazel Irene Dyer.
Mon inspiration —
merci, merci, merci !

À Immaculée Ilibagiza.
Vous ne pouvez vous imaginer à quel point
ce monde se porte mieux parce que
vous avez été « épargnée pour en parler. »
Je vous aime.

TABLE DES MATIÈRES

QUATRIÈME PARTIE : CONVERSER AVEC
VOTRE SOURCE SPIRITUELLE

CINQUIÈME PARTIE : UNE VISION PERSONNELLE
DE L'INSPIRATION

« La connaissance la plus élevée à laquelle l'homme puisse aspirer
est celle de la paix, de l'union de sa volonté avec la volonté infinie,
de sa volonté humaine avec celle de Dieu. »

— ALBERT SCHWEITZER

« Les arbres et les plantes de la prairie semblent danser,
mais pour celui dont le regard est éteint,
tout est immobile et silencieux. »

— RUMI

« Accorde-moi de partager la gloire que j'avais avec Toi,
avant même le commencement. »

— JÉSUS DE NAZARETH

INTRODUCTION

J'AIME ÊTRE INSPIRÉ, et je suis persuadé que la pensée de vivre une existence inspirée vous séduit tout autant que moi. J'ai écrit ce livre avec l'idée première de partager avec vous ce que j'ai appris au sujet de ce concept magique.

Pour moi, l'écriture de ce livre a été une expérience lumineuse. Pendant plusieurs mois, je me suis levé à chaque jour vers 3 h 30 et, après avoir passé quelques moments en tête-à-tête avec Dieu, je m'installais pour écrire. Tous les mots de ce livre sont manuscrits. Je déposais ma main sur la table et je laissais les idées surgir librement du monde de l'Esprit, transitant par mon cœur avant d'apparaître sur les pages. Je sais, au plus profond de mon cœur, que ces mots ne sont pas les miens — je ne suis qu'un simple instrument par lequel ces idées sont exprimées. J'ai foi en ce processus et il fonctionne tant que je demeure « en-Esprit » pendant que j'écris. J'ai confiance que ces idées vous aideront aussi.

Ceci est le livre le plus personnel que j'ai écrit en 35 ans de carrière comme auteur. J'ai choisi d'utiliser des exemples de ma propre vie — c'est-à-dire, des situations que j'ai vécues. La nature personnelle de ce livre est un choix délibéré. J'ai découvert en cours de route que, pour écrire un livre sur un sujet aussi intime que l'inspiration, je devais transmettre ce que j'éprouvais de la manière la plus authentique possible. Tout comme il est impossible de connaître le goût d'une mangue d'après l'appréciation de quelqu'un d'autre, je n'aurais pu transmettre adéquatement mon intimité avec l'expérience de l'inspiration en citant le cas d'autres personnes. En écrivant avec le cœur, j'ai été capable de conserver vivante la saveur de l'inspiration.

Je suis aussi bien conscient que j'ai répété un thème à satiété dans ces pages. J'ai décidé de ne pas supprimer ces répétitions dans la révision du manuscrit. Je vois en effet ce livre comme un instrument pour vous aider à accéder à un état d'esprit dans lequel vous comprendrez vraiment ce qu'être en-Esprit veut dire. Ce thème récurrent est : *Vivez en-Esprit. Vous êtes venu de l'Esprit et, pour être inspiré, vous devez tendre à redevenir ce que vous étiez à l'origine. Vous devez vivre de manière à ressembler toujours un peu plus à Dieu.*

L'un de mes mentors et auteurs favoris, Anthony de Mello, était un prêtre catholique qui a vécu en Inde. Il savait convertir d'épineux problèmes philosophiques en enseignements simples et faciles à comprendre, en faisant appel à l'art de raconter des histoires. Voici un petit conte tiré de son livre *The Heart of the Enlightened*, dans lequel Père Mello arrive à résumer remarquablement bien ce que je veux dire par vivre en-Esprit :

> Le novice s'agenouilla pour être initié à la discipline. Le guru lui murmura à l'oreille le mantra sacré et le mit ensuite en garde de ne le dévoiler à personne.
>
> « Qu'arrivera-t-il si je le fais ? » demanda le novice.
>
> Le guru répondit : « Toute personne à qui tu révéleras le mantra sera libérée des chaînes de l'ignorance et de la souffrance, mais toi, tu seras exclu de l'ordre et tu seras damné. »
>
> Le novice n'avait pas aussitôt entendu ces mots qu'il se précipita au marché, assembla une grande foule autour de lui et répéta la formule sacrée afin que tous puissent l'entendre.
>
> Les disciples rapportèrent l'incident au guru et demandèrent que le garçon fût expulsé pour sa désobéissance.
>
> Le guru sourit et dit : « Il n'a aucun besoin de mon enseignement. Ses actions démontrent qu'il est déjà lui-même un guru. »

J'ai confiance que la signification de cette histoire deviendra de plus en plus claire alors que vous, vous immergerez dans ce livre. Vous portez en vous un puissant appel pour réintégrer l'Esprit. Il est à l'œuvre présentement dans votre vie, sinon, vous ne seriez pas en train de lire ces pages. Je vous implore d'y répondre et de connaître la pure félicité qui vous attend en faisant de votre réalité, une vie inspirée.

En-Esprit,
Wayne W. Dyer

PREMIÈRE PARTIE

L'INSPIRATION —
VIVRE EN-ESPRIT

« Un corps physique lui a été donné (à l'homme)
par la Nature à la naissance. Quelque part existe l'étincelle
divine originelle jaillie de Dieu et qui, retrouvée, sera
sa conscience vivante. »

— RODNEY COLLIN
The Theory of Conscious Harmony

CHAPITRE 1

VIVRE VOTRE VIE EN-ESPRIT

« Lorsque vous êtes inspiré…
des forces, des facultés, et des talents dormants
s'éveillent à la vie, et vous découvrez que vous êtes déjà
une personne encore plus formidable que celle que vous avez
toujours rêvé de devenir. »

— PATANJALI

DANS LE TITRE DE CE LIVRE, j'ai délibérément employé le mot *appel* pour souligner l'importance de l'inspiration dans notre vie. Il y a une voix dans l'Univers qui nous enjoint de nous souvenir de notre but, de notre raison d'être ici et maintenant dans ce monde de l'éphémère. Cette voix nous murmure, nous crie, nous chante que cette expérience — celle d'exister dans une forme dans l'espace et dans le temps — possède une signification. Cette voix appartient à l'inspiration qui est en chacun de nous.

L'inspiration communique avec notre attention de manières variées et parfois aussi, inattendues. Par exemple, lorsque j'ai commencé à écrire ce livre, j'hésitais entre deux titres : *Inspiration, la destinée de votre vie* ou *Inspiration, l'appel de votre vie*. Un jour, en nageant dans la mer, je m'amusais à jongler avec les deux possibilités, les soupesant à tour de rôle. Toujours indécis à la fin de ma baignade, je me suis dirigé vers une cabine téléphonique. Je voulais connaître l'opinion de Reid Tracy, président et PDG de la compagnie Hay House qui publie mes livres. Alors que j'attendais la communication, le mot *appel* s'illumina sur le minuscule écran de l'appareil. Rien d'autre que ce mot *appel*. Et c'est alors qu'il se mit à clignoter, comme s'il essayait de capter mon attention.

Lorsque Reid répondit, je lui ai raconté ce qui venait de se produire et nous sommes tous deux tombés d'accord sur *Inspiration : l'appel de votre vie,* comme titre de mon nouveau livre. Cela peut sembler n'être rien de plus qu'une coïncidence loufoque, mais j'ai appris à voir au-delà des apparences.

Le mot *coïncidence* lui-même est lié au concept mathématique d'angles coïncidents. Lorsque deux angles peuvent être superposés de cette manière, on dit qu'ils correspondent parfaitement. Pas accidentellement, *parfaitement.* Tout ce que nous appelons coïncidence pourrait bien être simplement l'effet d'un ensemble de forces agissant dans une parfaite harmonie. Le mot *appel* clignotant devant mes yeux, au moment précis où j'essayais de choisir entre *appel* ou *destinée,* offre une occasion d'observer quelque chose d'important. Voyez-vous, ce qui capte notre attention est peut-être bien plus qu'une coïncidence — il s'agit potentiellement d'un incident portant la marque de l'inspiration.

Nous savons qu'il y a quelque chose de profond en nous qui attend d'être révélé. Nous l'appelons parfois notre « intuition » dans la vie de tous les jours. Nous sommes habités par un désir ardent d'atteindre notre moi inspiré et un sentiment de plénitude, une sorte de sens échappant aux explications, qui attend patiemment que nous nous rendions compte de son existence et que nous le suivions. Nous pourrions le décrire comme un mécanisme qui projette constamment les mots *destinée, mission,* et *raison d'être* sur l'écran de notre imagination. Il est possible que nos comportements habituels soient tellement en accord avec ces impressions intérieures que nous savons, sans l'ombre d'un doute, quelle est notre destinée. En fait, si vous mettez ce livre de côté et prêtez attention à ce que vous ressentez à l'instant même, je parie que vous entendrez une partie de vous-même vous interpellant : « Oui, je veux davantage d'inspiration dans ma vie ! Je veux connaître mon appel ! »

Je vous assure qu'après votre première lecture de ce livre, vous commencerez à être intimement lié à votre moi inspiré. J'affirme cela avec autant d'assurance parce qu'écrire et publier ces mots est précisément *mon* appel. Vous voyez, *vous* êtes une composante de l'appel de *ma* vie.

Je pense au mot *inspiration* comme signifiant « être en-Esprit ». Lorsque nous sommes en-Esprit, nous sommes inspirés... et lorsque nous sommes inspirés, c'est parce que nous sommes de retour en-Esprit, tout à fait éveillés par l'Esprit qui nous habite. Être inspiré est une expérience de joie : nous nous sentons en parfaite communion avec notre Source et totalement engagés ; notre créativité s'éclate et nous injectons une énergie exceptionnellement élevée dans notre vie quotidienne. Nous ne nous jugeons pas les autres, ni nous-mêmes — nous faisons taire notre esprit critique et nous demeurons sereins devant des comportements ou des attitudes qui, dans nos moments non-inspirés, nous frustrent. Notre cœur chante sa gratitude pour chaque souffle de vie ; et nous sommes tolérants, joyeux et aimants.

Être « en-Esprit » n'est pas un état nécessairement réservé au travail ou aux activités quotidiennes. Nous pouvons être inspirés et, en même temps, être incertains de notre avenir ou de ce que nous voulons faire dans l'immédiat. L'inspiration est une simple reconnaissance de l'Esprit en nous. C'est un retour à ce champ invisible et sans forme duquel toutes choses émanent, un champ d'énergie que j'ai nommé « intention » dans mon livre précédent, *Le Pouvoir de l'intention*.

Dans *ce* livre-ci toutefois, je me propose d'aller au-delà de la compréhension du pouvoir inhérent de l'intention. Je décrirai plutôt comment vivre « en-Esprit » et entendre la voix de l'inspiration, même si ce que nous faisons n'a rien d'exceptionnel. Être hautement motivé est tout différent ; en fait, l'inspiration est presque l'opposé de la motivation.

La motivation versus l'inspiration

Il est important de noter que tout ce qui est nécessaire pour vivre notre appel fait partie de notre réalité présente. Arthur Miller, sans doute l'auteur dramatique américain le plus accompli, le savait mieux que quiconque. À l'occasion d'une entrevue accordée tard dans sa vie, on lui demanda : « Êtes-vous en train d'écrire une nouvelle pièce de théâtre ? » La réponse de Miller ressembla à ceci : « Je ne sais pas si je le fais ou non, mais probablement que oui ». Cette réponse savoureuse montre que la source de l'écriture de Miller était l'inspiration, c'est-à-dire qu'autre chose que l'ego le poussait à écrire.

Les personnes très motivées, par contraste, possèdent un type d'ego qui les pousse à bousculer les obstacles en route vers leur but — *rien* ne peut les arrêter. La plupart d'entre nous ont appris qu'il s'agissait-là d'un trait de caractère admirable de nos jours ; en fait, si nous n'accomplissons rien ou ne faisons pas preuve de motivation et d'ambition, nous sommes rappelés à l'ordre : « Motive-toi ! » Il existe une quantité phénoménale de livres, d'enregistrements audio ou vidéo qui nous prêchent de nous consacrer à un projet et, joignant le geste à la parole, d'en faire une réalité. Il s'agit d'une approche fructueuse à un autre niveau d'épanouissement personnel — mais ce que nous explorons dans ces pages est ce qui nous conduit précisément vers l'appel de notre vie... ce que nous sommes prédestinés à être et à accomplir.

Si la motivation consiste à prendre une idée et à la mener vers une conclusion acceptable, alors l'inspiration en est l'opposé. Lorsque l'inspiration nous saisit, nous sommes sous l'emprise d'une idée provenant de l'invisible réalité de l'Esprit. Être inspiré, c'est se laisser emporter par quelque chose qui semble surgir de nulle part, une force plus puissante que notre ego et ses illusions. Être en-Esprit, c'est se trouver dans un état où nous entrons en contact avec quelque chose d'impalpable qui nous entraîne irrésistiblement vers notre appel. Très souvent, nous arrivons à identifier ces moments d'inspiration par leur insistance et leurs fréquentes réapparitions dans notre conscience même si, en surface, ils semblent dépourvus de sens.

Si nous ignorons la puissante attraction de l'inspiration, le résultat est une conscience troublée ou le sens d'une rupture personnelle. Il y a toutes sortes de motifs pour résister à l'appel de créer, de nous dépasser, de visiter un lieu étranger, d'aborder un inconnu, de nous exprimer, d'aider autrui ou de nous engager dans une cause. L'inspiration est un appel à l'action même, si nous sommes incertains de notre but ou de ce que nous voulons accomplir — elle peut même insister pour que nous empruntions des sentiers inexplorés.

Aux différents stades de la vie, l'inspiration est la pensée, ou l'idée, par laquelle nous reprenons contact avec l'énergie dont nous faisions partie avant de devenir une particule microscopique. C'est ce que j'appelle « s'abandonner à sa destinée et s'accorder la permission d'entendre l'appel ». À ce point, nous pouvons distinguer les exigences de notre propre ego de celles de ces personnes, ou institutions, que l'ego domine aussi, et qui nous détournent de l'appel de l'inspiration. En plongeant plus profondément dans l'Esprit, nous cessons d'être tyrannisés par les pressions de l'ego, tant celui des autres que le nôtre. Nous cédons à la force qui insiste sans relâche pour que nous entrions dans la félicité de l'inspiration. Nous sommes guidés par l'appel de notre vie, qui est notre véritable raison d'être.

Une force qui va même au-delà de notre vie

La réalité invisible, celle où toute vie matérielle a débuté, est plus puissante et signifiante que cette minuscule parenthèse d'éternité que nous appelons « la vie », ou ce qui survient entre la naissance et la mort. La dimension spirituelle de la réalité invisible nous interpelle dans ce monde matériel de commencements et de fins. Cette essence spirituelle est notre Source, qui est magnifique et étonnante si nous la comparons à notre « soi » terrestre. Lorsque nous sommes inspirés (au sens où nous l'entendons dans ce livre), nous sommes en contact avec cette force qui est plus puissante, à tous points de vue, que celle de notre être physique. C'est en-Esprit que notre raison d'être a été décrétée, c'est en-Esprit que notre magnificence est absolue et irréfutable. Avant de nous fondre dans une forme, nous faisions partie de Dieu, dotés de toutes les qualités inhérentes d'un Créateur qui engendre l'abondance, la créativité, l'amour, la paix, la joie et le bien-être.

Lorsque nous sentons ce que Arthur Miller semble avoir fait, nous reconnaissons et nous nous joignons à ce champ d'énergie en expansion qui coule en nous, et nous invitons cette Source à participer à notre vie de tous les jours. Nous suspendons notre identification à notre ego, et l'idée de nous en remettre en toute confiance à l'énergie qui nous a créés nous réconforte. Nous choisissons de vivre en-Esprit, nous abandonnant à quelque chose de plus grand que notre vie, comme être physique. Lorsque nous l'écoutons et le laissons faire, l'Esprit nous guide ; quand nous lui faisons la sourde oreille — ou permettons à notre ego de s'interposer et de prendre la situation en main — nous cessons d'être inspirés. C'est aussi simple que cela.

Mon expérience d'être « en-Esprit »

Lorsque je suis en-Esprit, j'éprouve un sentiment de contentement, mais ce qui est plus important encore, je fais l'expérience de la joie. Je suis capable de recevoir les énergies vibratoires de ma Source — appelez-les, voix, messages, rappels silencieux, suggestions invisibles ou ce qu'il vous plaira. Il s'agit de vibrations d'énergie avec lesquelles j'arrive à être en harmonie lorsque je cesse de leur obstruer le passage. Wolfgang Amadeus Mozart, l'un des plus grands génies de l'histoire, a fait remarquer : « Lorsque je suis tout à fait moi-même, fin seul et de bonne humeur — quand je me promène en calèche ou à pied, après un bon repas ou la nuit si je ne peux dormir —, c'est en ces occasions que mes idées jaillissent avec aisance et le plus abondamment. Quand et comment elles m'arrivent, je l'ignore, et je ne peux pas davantage les provoquer. »

Nous pouvons comprendre ce que Mozart nous dit, même si nous n'avons pas son génie — la même force s'écoule en vous et en moi à l'instant même, d'une manière différente. J'ai appris à cesser de m'opposer au libre écoulement de cette énergie spirituelle. Il s'agit de me rappeler que je dois m'aligner sur elle ou être en-Esprit dans mes pensées et dans mes aspirations.

L'Esprit ne s'arrête pas à l'impossibilité des choses — c'est-à-dire qu'il ne focalise pas sur l'incapacité de créer, sur ce qui ne marche pas, sur la possibilité du pire ou sur les impasses. Lorsque je suis en-Esprit, je veux que ma conscience et mes pensées actuelles convergent parfaitement sur mes désirs. Si je veux offrir une expérience d'inspiration à mon auditoire, je ne donne pas ma conférence en me disant : « *Je vais probablement décevoir les gens* ». Je choisis de croire que si je trébuche, ou que si j'ai un blanc de mémoire au milieu d'une phrase, l'inspiration sera là pour me tirer d'affaire. Les résultats sont des expériences d'inspiration exaltantes.

Lorsque je m'installe pour écrire, mon désir est d'inviter l'Esprit à se servir de moi pour s'exprimer, et je laisse les idées couler librement. Dans cette situation, tout comme Mozart, je suis en communication avec ma Source en-Esprit, dans la pensée et l'attente d'en devenir l'instrument. Les idées abondent et toute l'aide dont j'ai besoin apparaît à point nommé. Et comme Mozart, je ne peux ni décrire comment les idées viennent ni les forcer à venir. Rester en-Esprit semble être le secret pour éprouver ce sentiment d'être inspiré.

Je découvre que l'inspiration jaillit dans d'autres sphères de ma vie lorsque ma mission première ressemble à ce que Michael Berg décrit si merveilleusement dans *Becoming Like God : Kabbalah and Our Ultimate Destiny* : « ...de la même manière que tout être est l'affaire de Dieu, tout être est également notre affaire ». En un mot, être inspiré implique la volonté de suspendre mon ego, pour entrer dans un espace où je veux partager tout ce que je suis et tout ce que j'ai, sans aucune restriction.

Lors d'une récente conférence, une femme du nom de Rolina de Silva m'aborda à la pause pour me demander si je voulais bien rendre visite à sa fille adolescente, Alison, à l'Hôpital pour enfants malades de Toronto. Alison était hospitalisée depuis plusieurs mois en raison d'une maladie rare, caractérisée par l'effondrement du système lymphatique. Ses intestins avaient été perforés et elle était incapable de digérer les protéines et les gras. Les pronostics des médecins étaient sombres... et c'était peu dire.

Alors que j'étais assis en compagnie d'Alison lors de ma troisième visite, je lui pris la main et je remarquai qu'une croûte était en train de se former sur le dessus, résultat d'une blessure mineure provoquée par une injection intraveineuse. Quelque chose me vint alors à l'esprit, et, tout en regardant la jeune fille dans les yeux, je lui rappelai que cette marque était un don qu'on lui faisait. Elle indiquait que l'essence du bien-être (notre Source) était à l'œuvre en elle. Je lui dis que tout ce qu'elle avait à faire était d'invoquer le même bien-être dans la région de son abdomen : « Tu es déjà en communication avec l'Esprit, lui ai-je presque crié, sinon ton corps ne produirait pas cette cicatrice pour guérir cette blessure sur ta main ! »

Quatorze mois plus tard, j'ai eu l'occasion de parler de cet incident à Rolina. Je lui demandai si elle se souvenait de ce jour à l'hôpital où j'avais pris la main d'Alison et que je m'étais senti inspiré à la vue de la cicatrice. Rolina me répondit que ce jour avait été une renaissance pour sa fille, car quelque chose s'était éveillé en elle. Auparavant, même si son visage ne trahissait aucune expression, il était clair que l'ensemble du traitement lui était insupportable. Lorsque la jeune fille réalisa qu'elle était bien en communication avec l'Esprit, attestée par la présence d'une cicatrice se formant sur sa main, son attitude changea complètement.

Aujourd'hui, Alison est de retour à la maison, et elle participe à des collectes de fonds au bénéfice de ce même hôpital où elle a passé tant de mois dans la section réservée aux grands malades. (Si vous me voyez un jour parler à la télévision, ou en personne, vous remarquerez une épinglette à l'effigie d'un ange, à ma boutonnière. C'est Alison qui me l'a donnée pour m'exprimer sa gratitude. Cet ornement est pour moi le symbole de l'ange qui m'a inspiré le jour où j'ai parlé à Alison comme je l'ai fait.)

Lorsque nous demandons au bien-être de Dieu de se manifester, parce que nous nous rappelons que la communication avec notre Source n'est jamais rompue, je sais dans mon cœur qu'il s'agit-là d'un moment d'inspiration. Que la conclusion soit miraculeuse, comme dans le cas d'Alison, ou que notre réintégration physique avec notre Source s'accomplisse par la mort de notre corps, nous vivons ce moment en-Esprit. Il est important de comprendre que *chacun de nous représente Dieu, ou l'Esprit, Se révélant sur notre planète.*

Gardez aussi à l'esprit que notre force créatrice est une énergie bienveillante. J'ai découvert que lorsque je l'imite, l'inspiration jaillit dans ma vie et je vis alors mon authentique destinée. Si je me sens appelé vers quelque chose de plus élevé et que je n'y réponds pas, j'éprouve généralement du mécontentement et de la déception. Mais lorsque je réagis positivement à cet appel en vibrant en accord avec lui, tout en étant prêt à le partager avec le plus grand nombre de personnes possible, je me sens inspiré.

Lorsque je fais don de livres à une prison ou une bibliothèque, par exemple, je sens que j'accomplis l'appel de ma vie. Ce matin même, j'ai reçu un appel de remerciement de la part d'une femme qui m'avait demandé de soutenir publiquement son travail. J'avais alors consacré un peu de mon temps pour expliquer de quelle manière sa pratique spirituelle de la guérison par hypnose m'avait été bénéfique. Je l'ai fait parce que je pensais que d'autres pourraient profiter des mêmes bienfaits. Elle m'a dit : « Vos mots ont été le plus beau cadeau de Noël de toute ma vie ». Pourquoi tout cela m'inspire-t-il toujours ? Parce que j'ai délaissé le monde de l'ego, et que je suis entré dans le monde de l'Esprit, vivant pour le bien-être de mon prochain.

Ces expériences d'être en-Esprit sont à la portée de tous. J'ai eu recours ici à quelques épisodes de ma vie personnelle simplement pour illustrer de quelle manière chacun de nous peut découvrir cet appel. Je me sens destiné à aider les autres, et ma vie m'a porté dans cette direction.

Dans quelle direction allez-vous ?

Être en-Esprit est une direction dans laquelle nous nous engageons plutôt qu'une destination à atteindre. Pour vivre notre vie en-Esprit, nous devons trouver ce chemin, et c'est en étant attentifs à nos pensées et à nos comportements que nous y arrivons. Lorsque nos pensées sont en-Esprit, cela indique que nous orientons nos vibrations dans la direction de l'appel de notre vie — et, manifestement, c'est cette voie que nous voulons emprunter.

Lorsque nous commençons à écouter notre dialogue intérieur, nous prenons conscience qu'il nous arrive souvent de faire fausse route. Lorsque nous nous surprenons à le faire, il est possible par un effort conscient, d'effectuer un virage à 180 degrés, en adoptant de nouvelles façons de penser. Par exemple, blâmer ce que nous appelons le « mal », c'est diriger nos pensées dans la mauvaise direction. Lorsque nous observons des choses dans notre monde que nous qualifions de mauvaises, ce que nous voyons en réalité, ce sont des gens qui s'éloignent de leur Source et non pas des individus aux mains d'une puissance maléfique.

Dans notre monde, il y a plusieurs activités qui semblent motivées par le mal, mais nous devons faire attention de ne pas attribuer de pouvoir à une force qui n'a pas de réalité. Tout ce qui existe, ce sont des personnes qui s'éloignent de leur Source, par des comportements qui s'opposent à l'énergie créatrice qui est en elles. Lorsque nous avons des pensées qui expriment la haine, le jugement et l'exclusion, nous tournons le dos à notre Source. Lorsque ces pensées non-spirituelles explosent sous les dehors tragiques d'activités terroristes, par exemple, nous les appelons « le mal ». Bien que ces étiquettes péjoratives puissent alléger nos sentiments de colère et d'impuissance, elles ne nous aident pas à être en-Esprit. Il est primordial, pour tous ceux qui aspirent à une vie inspirée, de prendre conscience de la direction empruntée par leurs pensées et leurs comportements. Cela leur permettra de voir s'ils sont tournés vers l'Esprit ou si au contraire, ils s'en éloignent. Condamner des comportements parce qu'ils nous semblent motivés par une force mauvaise, est une façon de penser qui nous empêche de vivre en-Esprit.

Pour être inspirés sur une base quotidienne, nous devons être capables d'identifier toute pensée qui nous éloigne de notre Source et de lui imprimer un changement de trajectoire. Nous devons offrir de l'amour en présence de la haine, comme saint François d'Assise nous le conseille. Quand nous sommes rongés par des pensées que nous qualifions de mauvaises, nous devons savoir que nous dévalons la mauvaise pente. Il est difficile de le comprendre parce que nous avons l'habitude de jeter le blâme sur des forces externes, telles que le mal ou la haine, pour nos difficultés, mais nous progressons à présent. Nous pouvons effectuer ce virage en utilisant la même énergie qui nous a entraînés dans la direction opposée à Dieu.

Le mal, la haine, la peur et même la maladie s'adoucissent au contact de l'amour et de la bonté, lorsque nous sommes en Esprit. En effectuant ce virage complet, nous corrigeons notre trajectoire et nous réintégrons l'espace de l'Esprit dans nos pensées et nos actions.

Quelques suggestions pour mettre les idée de ce chapitre à votre service

— Engagez-vous à vivre quotidiennement une expérience où vous partagerez quelque chose de vous-même, sans attente d'une marque de reconnaissance ou de remerciements. Ainsi, avant de commencer mon programme quotidien d'exercices, de méditation et d'écriture, je me rends dans mon bureau et je choisis mon cadeau de la journée. Parfois, il s'agit seulement de faire un coup de téléphone à un étranger qui m'a écrit, de commander des fleurs, ou encore de faire parvenir un livre ou un petit présent à une personne qui m'a offert son aide dans une boutique locale. Ainsi, à une occasion, j'ai écrit au président de l'université où j'ai gradué pour lancer un fonds d'études ; un autre jour, j'ai offert un outil au jardinier ; une autre fois, j'ai fait parvenir un chèque à l'organisme Habitat pour l'Humanité et j'ai expédié trois rouleaux de timbres-poste à mon fils qui venait tout juste de lancer sa propre entreprise. Il importe peu que cette activité soit grande ou petite — il s'agit d'une façon d'entreprendre la journée en-Esprit.

— Prenez conscience de toutes pensées qui ne sont pas tournées vers votre Source. Dès que vous vous surprenez à exclure quelqu'un ou à porter un jugement, prononcez les mots « en-Esprit » intérieurement. Faites ensuite un effort silencieux pour changer cette pensée afin d'être en harmonie avec votre Source d'énergie.

— Le matin, avant d'être tout à fait éveillé, et au moment d'aller au lit, consacrez une minute ou deux à ce que j'appelle « vos moments de recueillement avec Dieu ». Mettez-vous en état d'appréciation et dites à voix haute : « Je veux me sentir bien ! »

— *Ma vie est plus importante que moi.* Rappelez-vous cette affirmation. Reproduisez-la et placez-la à des endroits stratégiques dans votre maison, votre voiture ou au travail. Le « moi » est votre identification avec votre ego. Votre vie est l'Esprit qui jaillit en vous lorsque l'ego ne s'interpose pas — c'est ce que vous cherchez à actualiser maintenant — et cela est infini. Le « moi » qui vous identifie est un mot éphémère.

— Consacrez votre vie à quelque projet qui reflète votre conscience en votre Divinité. Vous êtes la grandeur personnifiée, un génie en puissance et un maître créatif — peu importe l'opinion de quiconque. Prenez l'engagement silencieux d'encourager et d'exprimer votre nature Divine.

* * *

Le livre *Un cours en miracles* cite ces paroles de Jésus : « Si vous voulez être comme moi, je vous aiderai, sachant que nous sommes semblables. Si vous voulez être différent, j'attendrai jusqu'à ce que vous changiez d'idée ». Être inspiré, c'est devenir pareil à votre Source. Si vous ne l'êtes pas, alors votre Source attend poliment que vous fassiez quelque chose d'aussi simple que de *changer d'idée*.

CHAPITRE 2

VOTRE VIE AVANT
VOTRE NAISSANCE DANS UN CORPS

« Tous les corps émergent de l'Âme et lui reviennent.
Le visible émerge de l'invisible,
est régi par lui et retourne à lui. »

— Lao Russel

LES PHYSICIENS QUANTIQUES affirment que les particules ne créent pas d'autres particules ; elles procèdent plutôt de ce qu'ils décrivent comme des « ondes d'énergie ». Les physiciens et les métaphysiciens s'accordent pour dire que, dans un sens physique, la vie telle que nous la connaissons émerge d'une invisibilité que nous appelons souvent l'Esprit. Je suis sûr que vous ne serez pas surpris d'apprendre que le monde invisible de l'Esprit, qui est à l'origine de toutes les particules physiques, n'est ni explicable ni vérifiable. Les mots ne peuvent définir avec précision ce qui est limpide dans nos moments de *connaissance*.

Il est évident que nous vivons dans un Univers qui comporte un dessein, doté d'une intelligence soutenant sa création et son évolution continues — et que nous faisons partie de cette intelligence en vertu du fait que nous avons émergés d'elle. Considérons, par exemple, une simple goutte de sang. L'analyse scientifique révèle que sa composition chimique — son taux de fer, etc. — est identique à celle de la totalité du sang qui coule dans nos veines. Il est donc facile d'admettre que cette gouttelette est identique à la source dont on l'a retirée.

Pensez maintenant à ce qu'il advient de cette gouttelette de sang lorsqu'elle demeure dans cet état de séparation : elle ne peut ni nous fortifier ni nous guérir, et il lui est impossible de circuler librement. Isolée de sa source suffisamment longtemps, elle se desséchera, s'étiolera et se désintègrera tout simplement, bien qu'elle possède les mêmes propriétés physiques nécessaires à sa survie que sa source.

Je crois que notre passage de la Source spirituelle vers notre être physique formé de particules, est analogue à l'extraction de cette goutte de sang. Nous présentons les mêmes propriétés que notre Source — mais contrairement à cette gouttelette, nous ne nous sommes jamais complètement détachés de notre Source. Je sais qu'il n'y a pas de hasard dans un Univers dirigé par une Source d'énergie capable de faire naître une magie inépuisable dans ses créations. Je sais que nous avons accepté de quitter le monde de l'Esprit pour entrer dans celui des particules et des apparences, à l'instant exact où nous l'avons décidé, et que nous le quitterons au moment convenu. En outre, je sais que nous avons décidé d'apporter dans ce monde une heureuse perfection et de partager cette énergie divine avec tous ceux que nous rencontrons ici sur Terre. Il est dans notre nature de le faire !

Les anciennes traditions mystiques nous enseignent que notre planète est le véhicule du partage, de l'amour, de la beauté et de l'abondance universelle du Créateur. Lorsque nous quittons l'Esprit, nous n'avons pas nécessairement à nous séparer de notre nature originelle, mais c'est ce qui semble survenir. Devenir inspiré exige de notre part une curiosité, ainsi qu'une attention particulière, à l'égard des émotions qui émergent pour nous aider à renouer avec notre être originel.

L'inspiration qui afflue en nous est un messager du royaume de notre vie immatérielle, là où nous étions avant d'entrer dans ce monde visible des formes. Nous avons la capacité de revenir à cette immatérialité dès à présent, dans notre corps, sans faire l'expérience de la mort physique.

Il s'agit essentiellement d'une excursion mentale où nous imaginons les voies qu'empruntent la pensée de l'Énergie Toute-Puissante, Dieu, avant de nous y engager à notre tour. Qu'y avait-il avant que nous fassions la transition de l'Esprit à la forme ? Dans l'unité infinie où nous étions (et où nous sommes toujours), quelque chose est survenu permettant à l'onde d'énergie, dont nous avons parlé précédemment, de se matérialiser en une infime particule subatomique, avant de devenir un quark, un électron, un atome, une molécule et, finalement, une cellule. Cette dernière contenait tout ce dont nous avions besoin pour que notre corps se manifeste, avec son cortège d'aspirations, de réalisations, d'acquisitions et de propriétés physiques.

Notre vie, avant de devenir une incarnation de l'Esprit, était identique à celle de notre Source. Nous avons alors déclenché le processus de transition pour devenir un infime fœtus destiné à se développer pendant neuf mois dans le sein de notre mère. Je soutiens que nous avons *choisi* d'entrer dans ce monde de particules et d'apparences. Par des voies que nous ne comprenons pas encore, alors que nous nous trouvions toujours dans notre lieu d'origine, nous savions ce que nous venions accomplir ici, et nous avons participé à mettre en branle ce processus de création de la vie.

Pourquoi attribuer la responsabilité ou le blâme à *quiconque* ou à *quoi que ce soit*, qui ne fait pas partie de nous ? Sur Terre, nous avons hérité de la faculté de la volonté (nous pouvons choisir). Faisons alors la supposition que nous jouissions du même privilège, alors que nous résidions exclusivement dans le royaume spirituel. Nous avons choisi notre enveloppe physique, tout comme nous avons sélectionné les parents qu'il nous fallait pour ce voyage. Il ne reste qu'un tout dernier pas à franchir pour croire que nous avons aussi choisi cette vie de concert avec notre Source.

La toute première particule de protoplasme humain de laquelle nous sommes issus n'a pas été l'architecte de notre être physique — elle était plutôt un aspect d'un champ d'énergie invisible et informe, celui de notre être en train de se *manifester*. Dans cette particule, et dans le champ d'énergie duquel elle émanait, la forme de nos yeux, de nos membres, de notre bouche, ainsi que toutes nos autres caractéristiques, étaient déjà inscrites. Il m'apparaît naturel de supposer intuitivement que, dans ce champ d'énergie, la forme même de notre vie se trouvait déjà révélée.

Profondément enfouie en nous, voyez-vous, se trouve la conscience de notre vie, telle qu'elle évoluera. Nous pouvons, si nous le voulons, entendre cette voix qui désire nous apprendre le sens de notre vie. Pour cela, il faut d'abord décider de nous abandonner à ce plan Divin, auquel nous avons donné notre accord avant notre conception.

Nos premiers neuf mois dans la forme

Prenons maintenant un moment pour revenir à ce qui s'est passé, depuis le premier moment de notre manifestation sous la forme d'une particule, jusqu'à ce que nous émergions du sein de notre mère.

Notre embryon est devenu un fœtus dans un espace de confiance et d'harmonie totale — il n'avait aucune exigence puisqu'il était simplement pris en charge par les forces Divines de la nature. Les étapes fondamentales de notre développement se sont déroulées sans notre intervention : notre cerveau s'est formé sans se soucier de nos idées sur sa conformation idéale ; notre cœur, notre foie, nos reins, nos orteils, nos doigts, nos sourcils, et tous nos autres attributs sont apparus avec un synchronisme qui semble miraculeux de ce côté-ci du ventre ! Pour la plupart d'entre nous, cela fut neuf mois entre les mains de la Source de la Vie à l'intérieur du corps d'une femme (qui peut avoir, ou non, reçu avec plaisir notre existence). Toute l'énergie, dont nous avions besoin pour croître et devenir l'être que nous nous sommes engagés à personnifier, s'écoulait directement vers nous et en nous.

Comment avons-nous pu si bien faire au cours de ces neufs premiers mois, ne comptant que sur la seule coopération de notre mère, qui nous permettait de nous développer en elle ? Comment se fait-il que tout ce dont nous avions besoin pour entreprendre notre odyssée humaine nous était prodigué si harmonieusement par l'Esprit Créateur ? La semence dont nous provenions était si minuscule que des millions d'entre elles auraient pu tenir sur une tête d'épingle. Son apparence était identique à celle d'une girafe, d'un palmier ou de tout autre organisme vivant. Alors, comment se fait-il que cela soit finalement devenu vous ou moi?

La graine s'est matérialisée en ce que nous avions convenu de devenir sous les auspices de l'Intelligence Créatrice, et elle s'est épanouie avec l'assistance de cet Esprit remarquable qui est responsable de toute vie. Le processus complet de création s'est simplement accompli… Au cours de ces mois où nous avons vécu dans le sein de notre mère, il est prudent d'affirmer que nous étions en-Esprit — nous permettions à l'Esprit de se déployer harmonieusement sans aucun effort de notre part. Nos besoins étaient comblés par une force vitale que personne ne peut entièrement décrire ou expliquer. Nous étions une minuscule tache de matière gluante de forme larvaire qui, dans un laps de temps relativement court, est devenue un être humain équipé de tout l'appareil nécessaire pour vivre hors du sein maternel.

Nous voyons qu'il y a une force dans l'Univers en laquelle nous pouvons placer toute notre confiance, celle qui nous a amenés jusqu'ici. Elle crée et se manifeste dans un esprit d'amour, de coopération, de beauté et d'épanouissement, et c'est vers cette œuvre sans faille de l'Esprit que nous pouvons nous tourner pour connaître l'inspiration. Pendant toute notre vie, nous continuons notre développement hors du sein maternel et nous comptons sur l'énergie de la création pour entretenir la lueur de l'inspiration en nous.

Je voudrais maintenant partager avec vous une conversation que j'ai eu le privilège d'avoir avec mon Esprit originel (comme je l'ai mentionné précédemment, il s'agit d'un exercice que nous pouvons tous faire en imagination). Cela fut une expérience fascinante et je vous encourage fortement à essayer de la vivre aussi. Vous devriez être à l'affût des circonstances propices pouvant la susciter.

Ma conversation avec mon esprit avant ma venue dans le monde physique

Faisant partie d'un Univers qui a été créé et qui est guidé par une intelligence organisatrice qui exclut les hasards et les coïncidences, j'ai toujours senti que ma présence ici, à ce moment précis, était une composante de ce système intelligent. À l'occasion d'une profonde expérience d'hypnose, j'ai recréé une conversation entre mon Moi spirituel le plus élevé et ma Source originelle, avec laquelle je me sens toujours en communion. Cet échange imaginaire m'a été infiniment utile durant la majeure partie de ma vie adulte.

J'ai été conçu le premier jour de septembre 1939, et je suis né le 10 mai 1940. Le jour de ma conception fut celui où Adolf Hitler envahit la Pologne ; deux jours plus tard, la Deuxième Guerre mondiale éclatait. Le jour de ma naissance, les Nazis envahirent et occupèrent la Belgique, les Pays-Bas, le Luxembourg et je pressentais l'avènement de l'Holocauste. Je savais que j'aurais un rôle déterminant à jouer dans le renversement de cette haine qui allait provoquer les massacres horribles de millions d'innocents.

Je suis venu ici-bas pour enseigner l'autonomie personnelle et la compassion. Lors d'une incarnation précédente au 13ème siècle, accompagnant ou personnifiant Francesco Bernadone (qui devait devenir saint François d'Assise), je sillonnais l'Europe et l'Asie, m'efforçant de mettre un terme aux actes barbares connus sous le nom de Croisades. Mon âme infinie était, et continue d'être, tourmentée par l'inhumanité des êtres humains à l'égard de leurs semblables. Elle désire éradiquer la souffrance qui survient lorsque nous nous séparons individuellement et collectivement, et que nous avons recours à la violence pour régler nos différents. La réponse, telle qu'elle m'apparaît, consiste à enseigner aux autres comment entrer en contact avec leur Source et demeurer dans cet état conscient d'amour, de paix, de douceur et d'unité. Lorsque nous serons suffisamment nombreux à entreprendre ce voyage de retour vers l'Esprit, nos groupes et nos communautés refléteront l'inspiration que je me sens appelé à promouvoir, avec les moyens dont je dispose.

Alors que je m'apprêtais à franchir le passage de l'état exclusivement spirituel vers le monde des particules en 1939, j'ai eu la conversation suivante avec l'Intelligence Créatrice, que j'appellerai Dieu.

Dieu : Qu'aimerais-tu accomplir au cours de ce voyage que tu t'apprêtes à entreprendre ?

Moi : Je voudrais enseigner aux gens à cultiver l'autonomie personnelle, la compassion et le pardon.

Dieu : Es-tu certain que c'est à cette tâche que tu désires te dédier au cours de cette vie?

Moi : Oui. J'en vois le besoin encore plus clairement maintenant.

Dieu : Eh bien, je pense que nous ferions bien de te placer, dès ton plus jeune âge, dans une série de foyers d'accueil où tu séjourneras pendant une décennie ou deux. Cela t'apprendra à ne compter que sur tes propres ressources. Et nous allons t'enlever tes parents, ainsi tu ne seras pas tenté de renoncer à ta mission.

Moi : J'accepte tout cela. Mais qui seront-ils ? Qui me facilitera l'accomplissement de ce projet de vie ?

Dieu : Tu peux choisir Melvin Lyle Dyer comme père. Forçat, alcoolique et voleur, il t'abandonnera dès ta naissance et disparaîtra à jamais de ta vie. Tu t'exerceras d'abord à le haïr, à chercher à te venger, mais tu finiras par lui pardonner, longtemps après qu'il aura quitté son corps. Ce geste de pardon sera l'événement le plus important de toute ta vie. Il te placera sur le chemin que tu désires emprunter.

Moi : Et ma mère ?

Dieu : Porte ton choix sur Hazel Dyer, la femme de Lyle. Sa compassion à l'égard de ses enfants te fournira un bon exemple à suivre. Elle travaillera sans relâche pour arriver à vous réunir, toi et tes frères, au terme d'environ dix années de souffrance.

Moi : Mais ne s'agit-il pas d'un sort cruel pour mon père ?

Dieu : Pas du tout. Il s'est engagé à jouer ce rôle il y a 25 ans. Il a consacré sa vie entière à enseigner à un de ses enfants la leçon du pardon — un geste très noble, ne trouves-tu pas ? Et ta mère est là pour te montrer comment faire preuve de compassion à chaque jour. Alors, mets-toi au travail et matérialise-toi dans le monde physique.

Dans l'introduction de mon livre *You'll See It When You Believe It*, j'ai décrit les recherches que j'ai entreprises pour retrouver mon père et ma visite sur sa tombe, au début des années 1970. Les faits qui m'ont conduit là défient les lois de la logique — et m'y rendre fut l'épreuve que je devais surmonter avant d'entreprendre ma carrière d'auteur et de conférencier, c'est-à-dire la mission à laquelle je m'étais engagé en 1939.

J'ai aussi visité les sites de l'Holocauste en Europe. J'ai lu et relu l'histoire de ces événements qui contribuèrent à engendrer la haine et à susciter la guerre. Dans les années 1960, j'ai travaillé à ramener la paix à l'occasion de l'horrible guerre du Vietnam. Aujourd'hui, mon attention est souvent tournée vers la recherche d'alternatives à la violence et à la haine en Afrique, au Moyen-Orient, et en Iraq, tout particulièrement. Ma vocation est profondément inscrite en moi et c'est elle qui m'anime. Comme Arthur Miller, je ne sais pas ce que je ferai ensuite, mais je suis probablement déjà guidé par ce que l'Esprit et moi avons convenu au début de ce voyage. Une chose dont je suis assuré, c'est que je suis inspiré !

J'ai décrit mes impressions personnelles sur le sens de mon passage sur terre afin de vous encourager à faire l'examen de votre propre vie — incluant vos déboires et vos succès. Il s'agit-là d'une expérience indispensable à l'accomplissement de votre mission. Voir la vie dans cette perspective nourrit le désir ardent qui guidera votre retour vers l'Esprit.

Regarder la vie du point de vue de l'inspiration

Comme mon cas personnel l'illustre, il peut être d'une grande utilité de considérer votre vie entière comme le déroulement d'un plan dont vous avez participé à la conception avant votre arrivée ici. Tout ce qui se passe ensuite dans votre existence s'inscrit alors dans la perfection de ce projet de vie. Ainsi, dans les moments où ce qui vous arrive semble peu reluisant, vous pouvez chercher à tirer le meilleur parti possible des obstacles apparents que vous rencontrez.

Si nous arrivons à nous souvenir que nous sommes responsables de ce que nous attirons, nous pouvons supprimer l'énergie négative dans laquelle nous stagnons. Si nous désirons être inspirés et ressentir la joie, mais que c'est l'opposé qui persiste à se produire, au lieu de maudire le destin, nous pouvons simplement admettre que nous avons cessé de vibrer en harmonie avec notre énergie créatrice. Nous pouvons remplacer nos vibrations, c'est-à-dire nos pensées, par d'autres qui sont davantage en accord avec nos désirs. De cette manière, nous commençons à faire les petits pas nécessaires qui permettront à notre inspiration de se manifester. La Source d'énergie coopérera avec nous lorsque nous la rechercherons activement — de plus, nous pouvons commencer à réévaluer notre vie pour y déceler les attractions destructrices et les malchances imaginaires qui la meublent.

En effectuant un changement radical de mentalité de cette nature, un individu peut s'interroger, par exemple, sur le choix qu'il a fait de devenir homosexuel. Jusqu'à ce jour, cela ne lui a peut-être causé que des inconvénients : ses parents l'ont rejeté, il a été l'objet de railleries pendant toute son enfance, le marché du travail lui a fermé ses portes et il a été victime de discrimination dans toutes les sphères de sa vie. Malgré tout, s'il cherche en profondeur dans ses origines spirituelles, il découvrira qu'il s'était engagé à enseigner aux autres à aimer et à accepter ceux qui n'ont pas emprunté les chemins conventionnels. Quelle meilleure manière d'y parvenir que de passer sa vie dans un corps qui est si facilement l'objet de stéréotypes ? Si cela lui semble juste, cette personne reconnaîtra que son appel consistait à changer les comportements fondés sur les préjugés. Peu importe ce qui se passe dans le monde des apparences, dans son for intérieur, il vivra alors en-Esprit.

Lorsque nous nous sentons en paix intérieurement, nous commençons à attirer une plus grande quantité de la sérénité que nous désirons, parce que nous évoluons dans un monde de paix spirituelle. Lorsque nous mobilisons l'Esprit, nous entrons à nouveau en possession de la puissance de notre Source ultime. De la même manière, un mendiant sur le coin de la rue peut avoir accepté de venir dans ce monde de frontières pour enseigner et éveiller les consciences, afin de créer plus de compassion — ou même pour montrer, ne serait-ce qu'à une seule personne (qui pourrait être vous), à devenir plus compréhensive. Après tout, la source peut revêtir une multitude d'habits différents.

Dans un Univers infini, le nombre de vies que nous pouvons vivre est illimité. Avec l'éternité devant soi, employer une existence entière à enseigner la compassion ne semble pas excessif. De même, l'enfant autiste, la personne aveugle, la victime de violence, le fœtus avorté, le paralytique, l'enfant qui meurt de faim et vous — quelles que soient les infirmités et les difficultés que vous pouvez avoir attirées vers vous — tout cela fait partie de la perfection de l'Univers. Le désir de changer et d'améliorer notre monde est aussi un aspect de cette perfection. Conséquemment, une attitude inspirée est accompagnée de moins de jugements et de plus d'appréciation. Elle témoigne d'une aptitude particulière pour reconnaître de quelle façon Dieu, notre Source d'énergie, se manifeste. Et rappelez-vous : *La Source ne peut être séparée de ce qu'Elle crée.*

J'adore cette histoire racontée par Sri Swami Satchidananda dans son merveilleux livre *Au-delà des mots*. J'ai eu l'immense plaisir de le rencontrer à plusieurs occasions. Il est demeuré un être suprêmement inspiré jusqu'à son passage dans l'esprit non-physique, il y a quelques années.

Il y a très longtemps de cela, un homme faisait tous les jours, la même prière : « Dieu, j'aimerais tant Vous voir en personne, afin de faire un festin mémorable en Votre compagnie. »

Parce qu'il insistait sans relâche, Dieu lui apparut un jour, et lui dit : « C'est d'accord, je viendrai.

— Dieu, je suis si heureux. Quand pouvez-Vous venir ? Vous devez m'accorder un peu de temps afin que je puisse préparer un grand festin.

— C'est bien, je viendrai vendredi. »

Avant qu'Il ne s'en aille, l'homme demanda « Puis-je inviter mes amis ?

— Bien sûr » répondit Dieu. Puis il disparut.

L'homme invita le village au complet et il se mit à préparer toutes sortes de mets succulents. Le vendredi, à l'heure convenue, une immense table fut mise. Tous étaient là, chacun apportant une guirlande et de l'eau pour laver les pieds de Dieu. L'homme, sachant que Dieu était ponctuel, s'inquiéta lorsqu'il entendit l'horloge sonner midi. « Que se passe-t-il ? Dieu ne peut m'avoir trompé. Il ne peut être en retard. Les êtres humains peuvent être en retard, mais pas Dieu. »

Il était un peu désemparé, mais il décida d'attendre une autre demi-heure par courtoisie. Dieu brillait toujours par son absence. Alors, les invités commencèrent à s'agiter. « Comme tu es insensé d'avoir prétendu que Dieu allait venir ! Nous avions raison d'en douter. Pourquoi Dieu voudrait-il venir dîner avec toi ? Allons, partons ! »

L'homme dit : « Non, attendez ! » et il entra dans la salle du banquet pour voir ce qui s'y passait.

À son grand désarroi, il vit un grand chien noir sur la table, dévorant tout ce qui s'y trouvait. « *Oh non ! Dieu s'est aperçu que le repas avait déjà été touché par un chien. C'est pour cette raison qu'Il n'est pas venu* ». Il prit un grand bâton et commença à rouer la bête de coups. Le chien disparut en hurlant.

Alors, l'homme sortit et dit : « Que puis-je faire maintenant ? Ni Dieu ni vous ne pouvez toucher à ces mets, car ils ont été souillés par un chien. Je sais que c'est pour cela que Dieu ne s'est pas présenté ». Il se sentit si misérable qu'il s'enferma et commença à prier. Finalement, Dieu lui apparut à nouveau, mais son corps était couvert de blessures et de bandages.

« Qu'est-il arrivé ? demanda l'homme. Vous devez avoir eu un terrible accident.

— Ce n'était pas un accident, rétorqua Dieu, c'était toi !

— Pourquoi me blâmez-Vous ?

— Parce que je me suis présenté à l'heure convenue et je me suis mis à table. Alors, tu es arrivé et tu as commencé à me battre. Tu m'as frappé avec un gourdin et tu m'as broyé les os.

— Mais Vous n'êtes pas venu !

— Es-tu certain que personne n'a touché à la nourriture ?

— Bien sûr. Il y avait un chien noir sur la table.

— Qui était-ce alors, sinon Moi ? J'étais en grand appétit, alors je me suis présenté sous la forme d'un chien. »

Toute personne et toute chose contiennent Dieu, ou la Source, alors soyez aux aguets pour reconnaître la force Divine dans toute créature vivante. Découvrez les bienfaits que cette force nous apporte, même s'ils apparaissent parfois sous les dehors d'un malheur.

Nous venons d'un monde de pur Esprit et nous avons remis notre sort entre les mains de la Source, sans nous interposer ou remettre en question ses actions. Aussi longtemps que nous sommes restés en-Esprit, notre Source s'est matérialisée d'une multitude de manières, s'occupant de tout. Ensuite, presque immédiatement après notre naissance, nous avons mis de l'avant un programme dans lequel nous avons renié notre Esprit, pour mettre l'ego en évidence.

Au moment où vous lisez ces pages, vous êtes à la veille d'abandonner l'identité de l'ego et de retourner à la vie d'inspiration qui vous attend. Voici quelques suggestions pour vous aider à franchir ce pas.

Quelques suggestions pour mettre les idées de ce chapitre à votre service

— Imaginez que vous êtes une cellule unique faisant partie d'un corps appelé Humanité. Faites le vœu d'être une cellule qui coopère avec ses voisines et ayez le sentiment d'appartenir au Tout. Voyez les pensées et les actions non-inspirées comme une entrave à votre bien-être, et à celui de toute l'humanité.

— Faites un effort conscient afin de permettre aux facultés de guérison naturelle et de bien-être de votre corps de jouer leur rôle. Refusez de vous concentrer sur ce qui va mal dans votre corps et dans votre vie ; remplacez ces pensées par d'autres qui vous permettront de rester en harmonie avec votre Source d'énergie. Par exemple, au lieu de dire : « Je me sens mal [ou fatigué] », dites : « Je veux me sentir bien. J'invite le bien-être dans ma vie dès maintenant ». Votre nouveau dialogue intérieur ouvrira la porte au flot de l'inspiration.

— Faites une liste des personnes qui ont été des éléments négatifs ou destructeurs dans votre passé. Imaginez des scénarios dans lesquels leurs actions ont été des événements ou des attitudes constructives, déguisées sous les apparences d'obstacles à votre bonheur. Par exemple, l'alcoolisme et l'ivrognerie de mon beau-père, que j'ai longtemps méprisé, m'ont été infiniment utiles plus tard dans la vie pour lutter contre mes propres dépendances.

L'abandon, l'abus et la déloyauté peuvent être des expériences incroyablement difficiles et des « enseignants » d'une grande valeur. Ils le deviennent lorsque vous acceptez de les avoir vécues dans la poursuite d'un bien plus important.

— Imaginez une conversation qui aurait eu lieu avec l'Esprit Créateur juste avant votre conception. Remémorez-vous les parents, les frères et sœurs que vous avez choisis, ainsi que l'époque de votre naissance. Expliquez la correspondance parfaite entre le rôle qu'ils ont joué dans votre vie et votre impulsion intérieure profonde, comme être spirituel, d'accomplir une mission. Essayez de trouver un sens dans ce qui semble, à première vue, un fouillis d'événements sans lien dans votre vie. Si cet exercice vous satisfait et vous inspire, il n'y a aucun besoin de convaincre qui que ce soit d'autre.

— Souvenez-vous toujours de la perfection de l'Univers et de sa Source Créatrice, à chaque fois que vous vous heurtez un coude, qu'une branche d'arbre s'abat sur vous ou tout autre incident comparable. Lorsque de tels événements arrivent, faites une pause et demandez-vous : « *À quoi est-ce que je pensais à ce moment-là, et comment cela est-il relié à ce qui semble être un fait bêtement accidentel ?* » Vous découvrirez un schéma : ce à quoi vous pensez est habituellement étrangement lié à ce qui survient à tout moment. Faites-le pour susciter en vous une conscience constante de votre Source et de la direction de votre vie.

* * *

Au cours du prochain chapitre, nous explorerons les raisons pour lesquelles nous avons quitté le monde où nous étions purement en-Esprit. Rappelez-vous toujours cette simple vérité millénaire, *le puissant chêne était, à l'origine, une noisette qui s'accrochait à une parcelle de sol.* Nous sommes tous des chênes majestueux en puissance et nous devons nous accrocher à notre parcelle d'Univers, même s'il est naturel de se sentir un peu perdu à l'occasion !

CHAPITRE 3

POURQUOI AVONS-NOUS ABANDONNÉ NOTRE SOURCE SPIRITUELLE DERRIÈRE NOUS ?

« Le sentiment d'être séparé de Dieu est la seule lacune que nous devons chercher à corriger. »

— TIRÉ D'*UN COURS EN MIRACLES*

NOUS COMPRENONS MAINTENANT que nous sommes nés de l'Esprit et qu'Il doit donc faire partie de nous. Pendant neuf mois, nous le savons aujourd'hui, nous avons placé notre entière confiance dans l'Esprit originel qui assurait tous nos besoins — nous avons fait notre entrée en ce monde comme une pure représentation de l'Esprit. Alors, pourquoi la majorité d'entre nous a-t-elle échangé sa « carte d'adhésion spirituelle » pour une autre, qui demande de croire en des choses qui n'existaient pas là d'où nous venons, telles que la souffrance, la peur, l'angoisse, les limites et l'inquiétude ? La réponse se trouve dans la recherche de la raison pour laquelle nous avons renoncé à notre participation « à plein temps » au monde de l'Esprit.

J'emploie l'expression *à plein temps* pour signifier que nous sommes toujours en communion avec l'Esprit, même lorsque nous pensons et agissons d'une manière qui n'est pas un reflet de la conscience spirituelle. Ce que j'offre dans ce livre, c'est la conscience que nous pouvons revenir à un état permanent d'inspiration, qui est la vraie signification de notre vie.

L'inspiration peut être cultivée et devenir un état d'enthousiasme qui nous porte à agir *tout au long de notre vie*, plutôt que de se manifester seulement à l'occasion avant de disparaître mystérieusement, en apparence indifférente à nos désirs. Et il s'agit d'un droit Divin que nous avons *tous* reçu en partage — il n'est pas réservé aux flamboyants génies créatifs du domaine des arts et des sciences. Le problème, c'est que depuis notre plus tendre enfance, on nous a appris, petit à petit, à faire confiance exclusivement au monde gouverné par le Club de l'Ego... et nous avons renoncé à nos privilèges de membres permanents du Club de l'Esprit.

Notre initiation au Club de l'Ego

Lorsque nous sommes arrivés dans ce monde physique, nous avons été pris en charge par des gens bien intentionnés, mais qui avaient eux-mêmes été victimes de l'illusion que Patanjali appelle « le faux soi ». Ces personnes croient qu'elles ne sont pas définies par l'essence spirituelle de laquelle elles proviennent, mais par leur individualité unique et spéciale, leurs possessions et leurs réalisations. Elles se voient elles-mêmes comme étant séparées les unes des autres, des choses matérielles qu'elles voudraient avoir, et de Dieu.

Le mot *ego* est souvent compris comme signifiant « Expulser Dieu de Soi » et on comprend facilement pourquoi. L'ego, voyez-vous, est une idée qui s'insinue en nous parce nous vivons dans un environnement étouffant, surpeuplé lui-même d'individus dominés par leur ego. Je n'utilise pas le mot *ego* pour décrire les gens imbus d'eux-mêmes qui se complaisent dans l'illusion nauséeuse de leur grandeur ; je l'entends plutôt comme un terme général qui définit l'identification avec le faux soi.

Très tôt, l'ego nous dit que nous sommes séparés de tous — contredisant ouvertement l'Esprit, qui nous rappelle, Lui, que nous partageons tous la même force vitale. L'ego nous incite sournoisement à entrer en compétition avec les autres. Il relève impitoyablement nos échecs lorsque les autres nous battent, ou possèdent davantage que nous. Et plus que tout autre chose, il essaie de nous éloigner, par la peur, d'une vie inspirée où nous n'aurions plus besoin de lui.

Au cours de nos années de développement, nous n'avons pas été formés pour vivre en-Esprit — c'est plutôt le contraire qui s'est produit ! On nous a constamment rappelé que notre identité était liée à notre statut social. On nous a dit que notre inaptitude à vivre à la hauteur des attentes des autres devait nous couvrir de honte. Notre culture nous inculque très tôt que nous sommes ce que nous parvenons à acquérir, et que si nous n'avons ou ne voulons que très peu, alors nous n'avons que peu de valeur. De plus, étant esclaves de ce que les autres pensent de nous, toute tache à notre réputation entraîne un nouveau déclin de notre estime personnelle!

Toutes ces leçons nous ont été inculquées dans la famille, à l'église, dans la société, à l'école, par les médias, et même, par de purs étrangers. Ce code de conduite de l'ego, qu'on nous a fait assimiler de force, a fini par étouffer la voix intérieure profonde qui nous incitait à nous rappeler pourquoi nous étions ici. Petit à petit, nous avons appris à faire la sourde oreille à ces murmures de l'Esprit. À la joie, à la satisfaction et à la félicité s'est substitué un vide qui se demande : *Tout cela a-t-il un sens ?* Nous avons choisi de nous adapter, de vivre les rêves des autres et de faire de nos revenus et de nos possessions la mesure de notre réussite dans la vie. Le sentiment irritant qui nous a envahis est le résultat de l'abandon de notre véritable identité spirituelle comme pierre angulaire de notre vie. Mais reprenez courage : cette identité ne nous a jamais abandonnés, et elle est bien vivante en nous aujourd'hui.

Les messages inspirés par l'ego

Nous pouvons revenir à l'état originel où nous vivions en-Esprit. Pour cela, il nous faut d'abord examiner ce que l'ego a accompli dans notre vie. Ensuite, nous devons nous engager à faire un effort conscient pour résister aux pressions puissantes de notre *culture de l'ego*, et lui préférer une vie plus inspirée. L'ego n'est qu'une illusion… alors, demandez-vous si vous voulez continuer à être dominé par quelque chose qui n'est pas vrai ou si vous ne préférez pas, au contraire, vous tourner vers ce qui est vrai et ne change pas. Gardez en tête que l'Esprit est immuable, permanent et infini, tandis que l'ego va et vient au gré du vent.

Pour poursuivre cette discussion, j'ai adapté la liste qui vient d'un livre fascinant intitulé *The Disappearance of the Universe* [« Et l'Univers disparaîtra »] de Gary Renard. Celui-ci relate une conversation entre Gary et deux visiteurs spirituels qui lui enseignent le sens profond du livre *Un cours en miracles*. Que vous acceptiez ou non ces prémisses est votre choix — mais *je* crois que ces enseignements sont profonds et qu'ils méritent qu'on y réfléchisse sérieusement.

1. Votre ego dit : « Vous êtes un corps ». Le Saint-Esprit dit : « Vous n'êtes même pas un individu — vous êtes tout comme Moi, la Source de votre être ». Cet enseignement montre que notre ego insiste sur le caractère temporaire de la vie. Cela est à l'opposé de ce que nous enseigne Lao-Tseu (maître spirituel et mystique du 6ème siècle avant notre ère) : l'être est ce qui ne change jamais. Lorsque nous pensons à notre vie ici sur Terre, nous ne pouvons éviter de prendre conscience que tout ce dont nous faisons l'expérience, incluant notre corps, retourne en poussière pour renaître dans l'Esprit. Notre ego se refuse à accepter ce concept.

2. Votre ego vous dit : « Vos pensées sont très importantes ». Le Saint-Esprit insiste : « Seules les pensées inspirées de Dieu sont réelles — rien d'autre n'importe ». Cet enseignement explique que les pensées centrées sur soi, sur l'apparence, sur les possessions, sur les peurs ou sur les difficultés relationnelles ne sont pas seulement secondaires, elles sont aussi irréelles. *Aïe !* Notre ego est meurtri par de tels propos. Mais si nous examinons ces pensées du point de vue de l'Esprit, qui est infini, nous découvrons qu'elles sont, en effet, illusoires. Lorsque nous vivions totalement immergés en Lui, nous n'avions que les pensées de l'Esprit, parce nous n'étions nous-mêmes qu'Esprit. Lorsque nous Lui avons tourné le dos, nous avons opté pour des pensées importantes aux yeux de l'ego. *Un cours en miracles* nous dit que nous n'avions même pas à penser lorsque nous étions au paradis, parce que nous étions l'idée de Dieu. L'inspiration perpétuelle nous est donc toujours accessible si nous laissons nos pensées provenir de Dieu à nouveau. C'est parvenir à un état paradisiaque sur Terre.

3. Votre ego dit : « Dieu donne et reprend ». Le Saint-Esprit affirme : « Dieu donne et ne reprend jamais ». Lorsque nous vivons une vie inspirée, nous avons à cœur d'offrir notre vie. Lorsque nous constatons ce que nous recevons en retour, nous découvrons l'équité de l'univers. L'ego nous répète sans cesse que nous devons craindre de perdre ce que nous avons. Il nous prévient contre la cupidité d'autrui qui veut prendre ce qui nous appartient — mais Dieu ne nous retire jamais rien. Lorsque nous apprenons à penser de cette manière, nous attirons davantage ce qui nous est nécessaire dans la vie. La raison en est simple : nous devenons le reflet de nos pensées. Si nous pensons à donner, comme Dieu le fait, l'Univers pourvoira à nos besoins. Si nous pensons à ce que nous pouvons perdre, alors, c'est exactement ce que nous attirerons.

4. Votre ego dit : « Il y a le bien et le mal ». Le Saint-Esprit soutient que : « Il n'y a rien à juger, parce que tout n'est qu'illusion en premier lieu ». Lorsque nous adhérons exclusivement au Club de l'Ego, rien ni personne n'échappe au jugement du bien et du mal. Pourtant, nous possédons *tous* le même Esprit dont nous sommes la création. Par exemple, si j'affirme que je suis bon et que vous êtes mauvais, je nie alors, par ce jugement, la présence de l'Esprit en vous. Dieu voit les choses tout à fait différemment : notre Source spirituelle sait que *seul Dieu est réel* — le monde éphémère des formes et des frontières ne fait pas partie de Sa nature infinie. Au cœur de ce que nous sommes, de l'endroit d'où nous venons tous et où nous retournerons un jour, il n'y a personne ni quoi que ce soit à juger. Il faut un certain temps pour s'habituer à cette vérité, mais lorsque nous la comprenons, nous sommes libres de puiser à la Source de notre véritable inspiration.

5. L'ego dirige l'amour et la haine vers les individus. L'amour du Saint-Esprit est universel et il embrasse tout. L'ego nous pousse à aimer certaines personnes, à être indifférents à l'égard de la majorité, et à haïr les autres. Lorsque nous apprenons à réintégrer l'Esprit, nous redécouvrons ce que nous savions déjà avant l'avènement de l'ego : il n'y a pas de « ils », il n'y a que « l'un ». La Source unique de l'amour universel ignore toutes les frontières, les différentes coutumes, les divisions géographiques, les conflits familiaux, les différences entre les races, les croyances, les sexes, etc. Il ne connaît que *l'amour pour tous*.

L'ego est probablement à l'œuvre en vous à l'instant même, alors que vous lisez ces pages, essayant de vous convaincre de la folie d'une telle façon de penser. Voici quelle pourrait être sa réplique : « Comment pourriez-vous aimer ceux qui veulent vous faire du mal et qui sont vos ennemis déclarés ? » Lorsque votre moi s'exprime de cette façon, rappelez-vous les paroles de Jésus : « Vous avez appris qu'il a été dit "Tu aimeras ton prochain et tu haïras ton ennemi". » (Matthieu 5 : 43). C'est de cette manière que l'ego fonctionne — il vous dit d'offrir votre amour à certains et de répandre votre haine sur d'autres. Cependant, Jésus, qui vivait totalement en-Esprit, nous dit : « Eh bien ! moi je vous le dis : aimez vos ennemis, priez pour vos persécuteurs, ainsi serez-vous fils de votre Père qui est aux cieux » (Mt 5 : 44-45).

Jésus nous indique précisément la différence entre l'ego et l'Esprit. Lorsque nous étions en-Esprit, nous étions enfants de notre Père céleste : « Il fait lever son soleil sur les méchants et sur les bons. » (Mt 5 : 45). Cela signifie évidemment qu'ils ne sont qu'une seule et même chose : le bien et le mal, la vertu et le vice, tout est identique — certains se rapprochent de Dieu, tandis que d'autres s'en éloignent. Il s'agit-là d'une leçon importante et profonde à recevoir, au moment de prendre la route de l'inspiration pour vivre en-Esprit.

6. L'ego construit des raisonnements astucieux pour nous convaincre de suivre ses conseils mesquins. Le Saint-Esprit est certain que nous nous tournerons à nouveau vers Lui un jour. L'ego mettra en œuvre une logique irrésistible pour nous convaincre que notre corps, nos possessions, et nos réalisations sont très importantes et réelles. Il cherche à nous persuader, nous affirmant que le réel consiste en tout ce que nous pouvons voir, toucher, entendre, goûter ou sentir ; conséquemment, l'Esprit invisible n'est pas réel. L'ego reste alors attaché aux objets matériels et il fait de l'acquisition de l'argent, ou du pouvoir, un objectif de vie à long terme. Pour arriver à ses fins, il nous pousse à mépriser le pardon et à chercher la vengeance — une logique très persuasive lorsque nous constatons, en jetant un regard autour de nous, qu'il s'agit-là de ce que la majorité des gens font.

Lorsque nous regardons avec les yeux de l'inspiration, nous pouvons voir comment l'ego a déformé le message du Saint-Esprit. Nous cessons alors d'ourdir nos plans de vengeance ; nous

nous rendons compte que nous appartenons à une triste nation de gens avides, mais accomplissant peu, à une cohue d'avaleurs de pilules, cherchant à l'extérieur d'eux-mêmes une solution à leur existence déprimante, angoissante, sans joie et solitaire. Lorsque nous revenons vers l'Esprit saint, nous cessons d'être influencés par les propositions absurdes de notre ego.

7. L'ego veut que nous regrettions notre passé. Le Saint-Esprit veut que nous pratiquions le pardon inconditionnel. Le Saint-Esprit n'est pas limité par le passé et l'avenir — pour Lui, n'existe que l'éternel présent. Toute énergie que dirigeons sur les fantômes du passé nourrit la culpabilité et l'ego *adore* la culpabilité. Une telle énergie négative fabrique des raisons pour expliquer notre présent troublé et elle nous donne de nouveaux prétextes pour tourner le dos à l'Esprit. Ressasser ce que nous avons été, et ce que nous avons fait de mal, est le plus grand empêchement à la conduite d'une vie inspirée.

Lorsque nous sommes inspirés, par contre, nous sommes totalement engagés dans le moment présent. À l'intérieur d'un Univers infini qui n'a ni commencement ni fin, il ne peut y avoir de passé. Toutes les culpabilités et tous les regrets sont des moyens d'éviter d'être ici, dans le seul moment que nous ayons, et qui est maintenant. C'est là que nous reprenons contact avec l'Esprit — *maintenant*. Si nous choisissons d'employer ce moment béni pour regretter le passé, qui n'est qu'une pensée illusoire, alors nous sommes incapables de vivre la joie, l'amour, la paix que nous offre l'instant présent. Encombrer ce moment béni de sentiments coupables, de remords et de regrets est très important pour l'ego… et cela nous rend encore plus réfractaires à la vie en-Esprit.

Ces sept messages sont les plus importants que l'ego nous martèle sans cesse. Si nous cherchons à l'ignorer, il essayera de noyer notre inspiration en intensifiant encore davantage les pensées déconcertantes et inquiétantes. Je suis parvenu à dompter cette voix désagréable de l'ego, et c'est ainsi que son influence dans ma vie est maintenant pratiquement négligeable. Je sais que vous pouvez y parvenir aussi.

Comment je suis venu à bout des intrusions de l'ego

J'ai compris que la voix de l'ego nous avait convaincus de notre impuissance à prendre notre destinée en main. Il fut un temps où j'avais une attitude beaucoup plus conciliante envers l'ego, puisqu'il joue un rôle si prépondérant dans la vie de tant de personnes — aujourd'hui, toutefois, je le vois comme un adversaire à mettre hors d'état de nuire. Je n'accepte tout simplement plus que nous devrions apprendre à l'aimer et à l'accepter, simplement parce qu'il est déjà présent dans nos vies, pas plus que je ne crois qu'il nous soit d'une quelconque utilité. Sachant que nous avons été créés à l'image du Créateur et que nous possédons la même essence *et* le même pouvoir en puissance, il faut que l'ego plie bagage et se retire de nos vies ! L'ego nie notre réalité invisible originelle ; il doit donc être supprimé et banni à jamais de notre conscience.

Prendre conscience que l'ego trahit notre grandeur est ce qui m'a finalement permis de me libérer de son emprise. Je m'efforce constamment de me rappeler que l'ego n'est pas réel, malgré ses protestations et ses tentatives d'étouffer les élans de mon inspiration. Mon moi le plus élevé répond : « *N'oublie pas, Wayne, que ce qui essaie de t'entraîner vers le bas n'est pas réel.* »

Mon rôle de parent m'aide aussi à garder le cap. Je suis père de huit enfants et je peux me souvenir de milliers de situations où j'ai été aspiré dans le trou noir de la confusion et de l'incertitude à leur sujet. Les disputes au sujet du travail scolaire, des fréquentations douteuses, de la cigarette ou des drogues, de ce qui était juste de mon point de vue, et erroné du leur (et vice versa)... la liste pourrait s'allonger indéfiniment. Il y avait de la colère et des amours propres blessés, des nuits sans sommeil, et, bien sûr, tellement de bonheur, de joie et de satisfaction aussi.

Quand je jette un regard rétrospectif sur ces années de conflits entre parents et enfants, je comprends aujourd'hui, à cet instant même, que rien de tout cela n'existe. Ce n'est pas réel, parce que cela se produit dans le monde changeant du temps et de l'espace. De la même manière, je comprends que tout conflit ou lutte qui survient, ainsi que les expériences que j'appelle positives ou joyeuses, ne sont pas réels du point de vue de l'inspiration. Alors, si tout ce que nous sommes appelés à vivre tombe immédiatement dans l'illusion, pourquoi ne pas demeurer continuellement en communion avec l'Esprit ?

Aujourd'hui, bien qu'il m'arrive encore à l'occasion de retomber dans l'ornière, je suis capable de dire que tout différend avec mes enfants, qui sont pour la plupart des adultes maintenant, (ou avec quiconque, en fait), n'est pas vraiment entre moi et eux — cela se passe entre moi et Dieu. Je cherche des moyens d'être comme Dieu et de rester aimant, attentionné, enclin à pardonner et en paix avec moi-même, renonçant à mon besoin d'avoir raison, sachant que tout cela n'existera plus dans les instants qui suivent... et cela est vrai pour tout ce qui survient dans ce monde de l'illusion.

Je tiens à souligner que je ne suggère pas que la paix signifie de se trouver dans un lieu où il n'y a ni tumultes ni difficultés ; cela veut plutôt dire qu'au *milieu* de la tourmente, j'arrive quand même à me sentir en paix. Aucune des situations qui avaient l'habitude de me mettre hors de moi ou de me faire perdre la maîtrise de mes moyens, ne m'importe aujourd'hui — pas une seule. Tout cela est illusion, nourrie par le besoin de mon ego de se gonfler d'importance en « gagnant », en « ayant raison » ou en « arrivant au sommet ».

* * *

Je voudrais conclure ce chapitre d'une manière un peu différente, en vous proposant quelques passages tirés de la Bhagavad
Gita, le livre saint des Hindous, à partir duquel le Mahatma
Gandhi a fondé sa vie. Ces passages parlent de notre départ du
monde du pur Esprit, de l'inspiration et de notre incarnation. Il
exprime en versets spirituels anciens ce que j'ai essayé de transmettre ici. (Remarquez que dans ce texte spirituel consacré, le mot
Soi comporte une lettre majuscule — car il signifie le *Soi* spirituel
et éternel.)

> *Le Soi habite dans la maison du corps,*
> *Et franchit l'enfance, la jeunesse et la vieillesse.*
> *Ainsi, le Soi passe, au moment de la mort*
> *Dans un autre corps. Le sage connaît cette vérité,*
> *Et elle ne le trompe pas.*

> *Lorsque les sens entrent en contact avec les objets matériels,*
> *Ceux-ci produisent des sensations de chaleur et de froid,*
> *Le plaisir et la douleur vont et viennent.*
> *Accepte-les sereinement, comme le font les sages.*

> *Les sages, qui vivent libérés du plaisir et de la douleur,*
> *Sont dignes de l'immortalité.*

Comme j'ai essayé de l'exprimer dans ce chapitre, le plaisir et
la douleur, les temps d'adversités et de bonheurs, ne sont pas éter-
nels — Krishna nous conseille de les accepter calmement, mais
d'en rester détachés. Si nous le faisons, nous vivrons en-Esprit,
dans ce que j'appelle l'immortalité.

> *Les flèches ne le transpercent pas, le feu ne le brûle pas,*
> *Indifférent à l'eau et au vent,*
> *Le Soi n'est pas une créature physique.*

Ni blessé, ni brûlé, ni trempé, ni desséché,
Le Soi est toujours et en tout lieu,
Immuable et éternel.

Ce classique de la pensée spirituelle nous rappelle que nous ne sommes pas seulement des créatures physiques centrées sur notre ego — nous sommes le Soi et nous voulons nous fondre en-Esprit, partout et à jamais. Il s'agit-là de notre véritable essence. Lorsque nous accédons à cet espace de nous-mêmes, et que nous envisageons toutes nos expériences de vie de ce point de vue, nous sommes inspirés pour toujours.

Il y en a quelques-uns qui ont réalisé le Soi
Dans toute sa splendeur. D'autres en parlent,
Comme de quelque chose de merveilleux. Mais il y en a plusieurs,
Qui ne comprennent pas même ce qu'ils entendent.

L'immortalité est le Soi en toute créature,
Connaît cette vérité, et laisse toute peine derrière toi.

Quand nous suivons les conseils de Krishna et réalisons le Soi, nous vivons en sachant que notre être véritable est immortel. Cela nous est d'un grand réconfort, car nous pouvons laisser notre peine derrière nous et être inspirés.

Quelques suggestions pour mettre les idées de ce chapitre à votre service

— Ironiquement, c'est en voyant ce monde physique comme une illusion que nous arrivons à en jouir le plus et à rester inspirés. Exercez-vous à vous moquer de l'importance que vous-même, et ceux qui vous entourent, attachez aux choses ordinaires de la vie. Du point de vue de l'éternité, vous découvrirez que vous vous déchargez d'un bien lourd fardeau. (J'ai trouvé la formule *cela aussi passera* pour ne pas m'alourdir du fardeau de mes problèmes imaginaires, lorsque ceux-ci semblent inextricables.)

Votre ego veut que vous soyez imbu de votre propre importance, mais votre Esprit Saint sait que la seule chose qui importe vraiment, c'est d'être en harmonie avec l'Esprit. Conséquemment, tout ce qui n'est pas l'Esprit — comme la peur, la maladie, l'inquiétude, la honte, la colère et les émotions de même nature — sont aussi dignes d'un bon éclat de rire.

— Lorsque les autres essaient de miner votre quiétude, en vous faisant éprouver de la culpabilité, de l'inquiétude, de la peur ou toute autre émotion non-spirituelle, exercez-vous à sortir de vous-même, pour devenir l'observateur des choses transitoires qui constituent votre monde physique. Cultivez des attitudes qui vous inspirent des affirmations telles que : « Ceci ne m'appartient pas », « Je refuse d'en prendre possession » et « Je ne veux pas rompre mon harmonie avec l'Esprit ». À tout moment de votre vie, vous pouvez pratiquer la technique de l'observateur : retirez-vous mentalement de votre corps et observez ce qui cherche à vous empêcher de vous sentir inspiré. Alors, faites le vœu de revenir en Esprit en répétant les affirmations précédentes.

— Rappelez-vous constamment cette vérité physique et métaphysique qu'il n'y a aucun endroit dans l'Univers où l'Esprit n'est pas présent. Toute chose et toute personne est Esprit avant, pendant, et après sa manifestation dans une forme matérielle. Je vous exhorte à rechercher cet Esprit lorsque votre ego vous a convaincu de Son absence. Lorsque vous vivez des moments peu inspirés, faites taire la voix de l'ego. Recherchez ce qui est bien, ou une explication à ce qui arrive. Même dans les cas de désastres naturels, d'ouragans, de tsunamis, d'inondations, d'incendies ou de tout autre cataclysme, cherchez à en découvrir les aspects positifs. Du point de vue de l'infini, la mort n'existe pas ; lorsque vous soustrayez l'horreur des pertes de vie de l'équation, vous adoptez un point de vue différent.

— La vie perdue des autres nous enseigne à être davantage en-Esprit : à être plus gentils, à grandir en empathie et en compassion, et à devenir plus conscients de l'unité de l'Univers. Nous pouvons traduire cette plus grande sensibilité en étant plus généreux et enclins au pardon, et en manifestant notre désir d'aider et de coopérer. Vous découvrirez instinctivement une façon d'être davantage en en-Esprit, moins esclave de la peur et de la colère.

— Mourrez alors que vous êtes toujours en vie. Vivez les paroles de l'Ancien Testament qui vous disent que vous êtes *en* ce monde, mais que vous n'êtes pas *de* ce monde. Vous pouvez être ici sans être attaché à ce lieu, simplement en mettant de côté votre identification physique. Imaginez que vous êtes un champ d'énergie qui n'est accessible qu'à l'Esprit. Considérez, par exemple, que la critique et les sentiments de ne pas être à la hauteur sont *dans* ce monde, et conséquemment, incapables de pénétrer dans votre corps, parce que vous l'avez quitté, et que vous êtes un nuage translucide immatériel qui n'est plus *dans* cet univers.

Cet exercice vous libérera d'une multitude de problèmes auxquels vous êtes enchaîné dans votre imagination. Vous n'avez que l'instant présent et même lui disparaîtra dans un éclair. Accueillez le monde infini de l'Esprit ! H.L. Mencken, le fameux journaliste satiriste de la génération précédente disait : « Nous sommes ici et c'est maintenant : au-delà de cela, toute connaissance humaine n'est que douce lubie. »

— Travaillez tous les jours afin de dompter les exigences de l'ego. Faites de l'assassinat sans pitié de votre ego votre but le plus élevé, pendant que vous êtes toujours dans votre corps — il est condamné à la destruction au moment de votre mort pour réintégrer le royaume de la réalité dont vous provenez, de toute manière. Gardez à l'esprit que vous n'êtes pas cruel en détruisant votre ego, puisqu'il est faux.

* * *

Le meilleur moyen qui me vient à l'esprit pour résumer et conclure ce chapitre est de revenir à la citation du début, tiré de *Un cours en miracles*. Selon moi, cette observation nous aide à comprendre pourquoi nous avons quitté notre identification spirituelle : « Le sentiment d'être séparé de Dieu est la seule lacune que nous devons chercher à corriger. »

Mettons-nous maintenant au travail pour corriger cette séparation.

CHAPITRE 4

COMMENT ON SE SENT LORSQUE L'ON REVIENT VERS L'ESPRIT

« Le but et la raison d'être de la vie humaine
sont de connaître l'union avec Dieu. »

— ALDOUS HUXLEY

VOICI CE QUI DEVRAIT MAINTENANT ÊTRE CLAIR : nous sommes issus d'un champ d'énergie sans limite. Avant d'entrer dans le monde de la forme, nous étions en-Esprit — une parcelle de Dieu, si vous préférez. Nous nous sommes d'abord présentés dans ce monde matériel sous la forme d'une particule, d'une cellule, puis d'un fœtus, avant de naître et de devenir finalement, un être humain complètement développé. Mais la raison d'être profonde de cette expérience est de « connaître l'union avec Dieu », comme Huxley l'exprime si merveilleusement.

Tristement, dès notre plus tendre enfance, on nous a enseigné à abandonner notre identité spirituelle pour en adopter une autre fondée sur la conscience de l'ego, ou le sens de notre séparation d'avec l'Esprit. En quittant notre lieu d'inspiration, nous venions ici avec l'intention de demeurer tel que nous étions. Malheureusement, nous n'avons pas tenu notre promesse et nous avons renoncé, petit à petit, à la plupart des pensées qui nous inspiraient pour leur préférer les compromis de la « réalité » qui excluaient l'Esprit. Nous avons choisi le faux soi, et c'est pourquoi nous avons inexplicablement oublié le sens de notre présence sur terre.

En Occident, la psychologie traditionnelle n'accepte qu'avec la plus grande réticence l'existence de l'Atman, ou de l'esprit divin dans l'humain. Nos enseignements psychologiques et spirituels ne nous enseignent pas comment atteindre l'union parfaite du yoga. (Pour ce genre d'enseignements, nous devons nous tourner vers un maître ou une religion organisée). Nous voudrions recréer le lien avec le monde de l'esprit que nous avons connu avant notre vie sur terre, mais sans renoncer au corps que nous habitons pendant notre vie. C'est ici que les enseignements de Patanjali interviennent.

Patanjali, qui fut vénéré comme un saint à son époque, enseignait les *sutras* (les trames essentielles de la philosophie) qui élèvent les humains au sommet de leur potentialité. Il enseignait à connaître Dieu par la pratique de la méditation et du yoga, afin d'atteindre l'union avec la Source. Il décrivait aussi notre faculté de faire des miracles — ces prouesses rendues possibles par la connaissance d'aphorismes spirituels précis et la pratique quotidienne du yoga. Le reste de ce chapitre est consacré à vous livrer mes impressions des observations de Patanjali sur l'inspiration, datant d'environ 2 300 ans.

Lorsque vous êtes inspiré...

Mes vues personnelles sur les six idées présentées dans ces pages incluent ma croyance que nous portons tous en nous la conscience de Dieu. Mon but, dans les quelques pages qui vont suivre, est de vous aider à réaliser cette union parfaite du yoga et de vivre chaque jour de ce point de vue inspiré.

Voici ce que Patanjali nous a offert, il y a plus de deux millénaires et qui est, à mon sens, l'observation la plus profonde qui n'ait jamais été faite sur le rôle de notre appel spirituel :

« Lorsque vous êtes inspiré par une noble cause, par quelque projet extraordinaire, toutes vos pensées brisent leurs chaînes, votre esprit transcende toutes limitations, votre conscience s'épanouit dans toutes les directions, vous êtes plongé dans un monde nouveau, riche et magnifique. Des forces, des facultés et des talents dormants s'éveillent à la vie, et vous découvrez que vous êtes déjà une personne bien plus formidable que celle que vous avez toujours rêvé de devenir. »

Patanjali ouvre ses aphorismes avec une observation sur l'inspiration et enchaîne avec six conclusions. Ces six points forment la structure de ce chapitre. Ils décrivent ce que l'on peut ressentir en revenant vers le monde de l'Esprit.

1. Lorsque vous êtes inspiré … toutes vos pensées brisent leurs chaînes

Comme je l'ai expliqué précédemment, être inspiré est l'équivalent d'être de retour en-Esprit. Avant d'apparaître dans la forme, notre esprit et celui de Dieu étaient synonymes, ce qui veut dire que nous étions libres des entraves de la pensée égoïste. Cela illustre simplement la façon dont l'Esprit fonctionne : il est impossible d'être limité par des frontières ou par des chaînes que nous nous serions imposées à nous-mêmes. Lorsque nous sommes en harmonie avec l'esprit de Dieu, rien n'est impossible — après tout, nos pensées évoluent à un niveau d'énergie supérieure.

Tous nos désirs possèdent une composante d'énergie vibratoire. Lorsque nous projetons un désir dans notre imagination, ce vœu correspond généralement à une même vibration au sein de notre Source spirituelle : *Je veux attirer la prospérité, je veux me sentir bien physiquement, je désire une relation sereine, je veux me sentir bien face à ma vie*, etc. L'inspiration est intimement liée à l'énergie de nos pensées. Tout doute de voir un désir se matérialiser, ou d'être éclairés au moment opportun, est une pensée « dissonante » sur le plan vibratoire. Lorsqu'il surgit, nous imposons immédiatement des limites à nos désirs — qui prennent généralement la forme d'attitudes négatives qui minent notre inspiration.

Revenir à l'Esprit engendre une intime conviction que nous sommes en accord avec notre unique et Divine raison d'être. Imaginez un moment que vous êtes capable d'aller de l'avant pendant des heures et des heures sans éprouver la fatigue, la faim, la soif ou l'épuisement mental, et tout cela, grâce à un seul facteur : la volonté de revivre en-Esprit. J'ai découvert personnellement que, lorsque je me sens « inspiré par un idéal noble [ou] un projet extraordinaire », la fatigue m'abandonne. En d'autres mots, être en-Esprit supprime, d'une manière mystérieuse, les pensées qui envoient le signal « je suis épuisé » à mon esprit. Au milieu d'une phrase que je suis en train d'écrire, pendant une conférence, en vacances avec ma famille, dans le feu de l'action au tennis ou dans la pratique de toute autre activité qui m'inspire, mon esprit brise toutes ses chaînes et je ne peux me sentir fatigué.

De plus, faire correspondre mes désirs à des plans ou à des comportements sous forme de pensées ou d'actions, brisent les chaînes de la faim et de la fatigue. Il m'est déjà arrivé d'écrire pendant 14 heures consécutives sans manger ni être tenaillé par la faim. Le fait d'être inspiré permet à mes pensées de venir à bout de tous prétextes pour ne pas faire ce que je dois accomplir ici.

Cette observation de Patanjali, formulée il y a si longtemps, est stupéfiante. Pourquoi ne pas nous exercer à réintégrer l'Esprit et laisser nos pensées être en accord avec l'Esprit originel ? Vos pensées agiront sur votre corps et votre environnement, métamorphosant les obstacles en tremplins qui vous propulseront vers l'accomplissement de vos désirs.

2. Lorsque vous êtes inspiré...
votre esprit transcende toutes limitations

Ensuite, imaginez comment il possible de se sentir quand nous sommes habités par une foi absolue — une connaissance intime que rien n'est impossible, une absence complète de doute quant à notre capacité de créer tout ce qui capte notre intérêt. Je m'imagine que c'est de cette manière que Dieu se sent lorsqu'il se prépare Lui-même à créer, il doit avoir une telle confiance que le résultat sera conforme à Sa volonté.

Eh bien, lorsque nous sommes inspirés, nous nous souvenons que Dieu est toujours présent en nous, que nous sommes toujours en Lui, et qu'il est impossible d'avoir des pensées limitées. Nous sommes transcendants, nous avons dépassé le monde des frontières pour entrer dans un espace de savoir créateur. En d'autres mots, nous nous abandonnons... nous nous plaçons entre les mains et la bienveillance de notre Force Inspirée.

Je peux personnellement témoigner de ce processus d'abandon. Pendant toute ma vie, j'ai été animé par une foi inébranlable dans ma faculté d'attirer l'argent et la prospérité — même quand j'étais un jeune garçon en foyer d'accueil. J'ai toujours senti que j'avais droit à la richesse. Je *savais* simplement qu'il existait une prospérité inépuisable et qu'elle était totalement neutre, une énergie prête à se rendre là où on la dirigerait. Je ne sais pourquoi je l'ai toujours su, mais j'en suis encore plus conscient aujourd'hui.

Lors d'une entrevue télévisée, l'animatrice m'a demandé si j'éprouvais parfois un sentiment de culpabilité par le fait que je gagnais autant d'argent, grâce à mes écrits et à mes enregistrements. Je lui ai répondu, à sa grande stupéfaction : « Peut-être devrais-je me sentir coupable, mais je n'en suis pas responsable ». Lorsqu'elle me demanda ce que je voulais dire, je lui ai expliqué que l'argent a constamment afflué vers moi parce que j'ai toujours senti, en mon for intérieur, que *j'étais* l'argent. J'attire la prospérité parce que je crois que je le mérite ; en fait, je sens qu'il s'agit d'une définition de moi-même. L'argent est toujours venu vers moi et, par conséquent, je *le* dirige là où je perçois qu'il est bienvenu. Il s'agit simplement d'un système d'énergie que mon esprit a créé — il coule vers moi parce que c'est ce que je suis. Je n'ai jamais douté que je provenais d'un champ d'énergie d'une abondance pure et illimitée. En raison de cette foi inébranlable, j'ai toujours agi en accord avec cette conscience de la prospérité. Je n'ai jamais connu un seul moment de chômage, autant en périodes de croissance économique qu'en temps de récession.

Lorsque j'étais enfant, j'ai compris qu'en ramassant des bouteilles vides de boisson gazeuse, j'accumulerais des sous et qu'ils deviendraient des dollars. J'ai constaté qu'en aidant les dames âgées à porter leurs sacs d'épicerie, en déblayant la neige devant leur porte d'entrée ou en retirant les cendres de leur poêle à charbon, je posais des gestes de prospérité. Et, encore aujourd'hui, j'accumule les bouteilles vides, je déblaie la neige et je porte les cendres, mais à une bien plus grande échelle. La prospérité continue de s'agripper à moi parce que je suis toujours en harmonie avec mon Esprit originel, qui est abondance et prospérité.

Il y a quelques mois de cela, le coloré Curtis Martin des Jets de New York, champions de la Ligue nationale de football en 2004, était assis au tout premier rang lors d'une conférence que je donnais au Westbury Music Fair, de Long Island. À la conclusion de la soirée, l'homme — qui avait atteint le plus haut sommet dans sa profession — me glissa dans la main un morceau de papier qu'il tenait, tout en me remerciant pour mes propos.

De retour dans ma chambre d'hôtel, j'ai constaté que monsieur Martin m'avait remis un chèque personnel d'une valeur de 5 000 $, sans restriction ni directive sur son usage. Vous voyez, comme je le faisais remarquer à l'intervieweuse, ce n'est pas de ma faute ! (J'ai fait une contribution équivalente au don de Curtis et la somme fut employée pour l'achat d'une fourgonnette à l'intention d'une femme de Maui, qui se déplaçait en fauteuil roulant depuis plus de 22 ans). Bien sûr, lorsque nous sommes inspirés, nous attirons l'abondance de laquelle nous provenons. Et l'esprit transcende vraiment toutes limitations.

3. Lorsque vous êtes inspiré… votre conscience s'épanouit dans toutes les directions

Essayez maintenant de vous représenter vivant dans un monde sans points cardinaux : il n'y a ni nord ni sud, ni est ni ouest ; il n'y a ni haut ni bas ; il n'y a pas de passé ou de futur. Dans ce monde, *chaque* direction est *toute* direction. Bien qu'il soit très difficile d'imaginer un Univers sans direction, c'est exactement à cela que le monde de l'Esprit ressemble et l'impression qu'il procure.

Lorsque nous sommes en-Esprit, tous les chemins s'ouvrent à nous à tout moment, parce que notre conscience se produit dans notre esprit. Ce monde intérieur, fusionné avec son essence originelle, n'est pas contraint de penser d'une manière unidirectionnelle ; il peut envisager toutes les possibilités. Notre conscience est dans l'état absolu du « laisser devenir », toute résistance, sous la forme de pensées, est non-existante.

Je parle ici d'une émotion qui nous submerge lorsque nous sommes inspirés par « un noble idéal, un projet extraordinaire », qui nous plonge dans la félicité d'une conscience élargie, ouverte sans restriction à toutes et chacune des possibilités qui entrent dans notre vie quotidienne. Nous cessons de chercher des réponses dans des directions précises — elles ne nous arrivent pas d'un point situé au nord ou à l'ouest ; elles ne fondent pas sur nous d'en haut, et elles ne s'accrochent pas sous nos pieds. Nous commençons à comprendre le sens profond de la vie, ce que nous ressentons lorsque nous faisons à nouveau partie du *tout*.

Y a-t-il un endroit où Dieu ne se trouve pas ? Et si nous venons de Dieu, alors ne devons-nous pas être comme Dieu ? Vous voyez, nous sommes déjà en communication avec tout ce dont nous avons besoin pour être inspiré — ce qui survient est une restructuration intérieure permettant à toute chose, à tout événement et à toute personne de fusionner avec notre conscience inspirée. Lorsque nous émergeons à nouveau dans la parfaite unicité de l'Esprit, nous voyons chaque personne que nous rencontrons comme une alliée. Nous sentons que nous sommes guidés par des voies extraordinaires, et nous invitons les personnes, les événements et les circonstances à partager avec nous cet état privilégié. Il en est ainsi parce que nous avons transcendé les chemins élémentaires menant de la cause à l'effet, de la naissance à la mort, pour embrasser simultanément toutes les directions. Nous vivons dans l'acceptation totale, abandonnant toute résistance. Nous sommes de retour en-Esprit.

4. Lorsque vous êtes inspiré... vous vous trouvez dans un monde nouveau, extraordinaire et magnifique

Patanjali avait tellement raison — nous entrons assurément dans un nouveau monde lorsque nous sommes inspirés. Nous nous sentons autrement parce que nous ne « rejetons plus Dieu », comme le suggère l'ego. Nous sommes en harmonie avec l'Esprit, dans un monde où la limitation n'existe pas et qui ne comporte aucune chaîne. Nous avons quitté notre corps et toutes ses frontières pour vivre dans la conscience élargie de notre esprit. Nous commençons à penser que les miracles ne sont pas seulement possibles, mais qu'ils sont en cours d'accomplissement. Bientôt, nous cessons d'être surpris par toutes les choses qui croisent notre route et nous affirmons plutôt : *Ce qui est nécessaire est en marche*. L'expression : *Nous attendons les miracles* est plus qu'un slogan du

Nouvel Âge, c'est ce que nous croyons quand notre vie de tous les jours se déroule en-Esprit. Nous quittons le monde de l'angoisse, de la peur, du doute et de l'impossibilité pour pénétrer dans l'univers nouveau et merveilleux de l'Esprit, où tout est possible.

En 1976, j'ai fait le choix de vivre en-Esprit à chaque instant de ma vie. J'ai décidé de démissionner de mon poste de professeur à l'Université St. John pour écrire et enseigner sur une plus grande échelle. Je savais intérieurement que j'écoutais enfin avec sincérité la voix intérieure qui avait choisi ma destinée avant ma conception. Je m'étais incarné pour enseigner l'autonomie personnelle et pour aider les gens de notre planète à s'unir pour vivre le paradis sur Terre. Il m'a pourtant fallu 35 ans avant de me consacrer exclusivement à cette mission.

À l'âge de 36 ans, j'étais consumé par l'écriture de mon livre *Vos zones erronées* et la communication de son message, je débordais d'enthousiasme et de passion pour ce travail. Je n'avais jamais senti une telle plénitude dans ma vie précédente, même si j'avais un emploi stimulant et que j'étais entièrement satisfait dans l'enseignement et le counseling. Ce moment où j'ai démissionné pour vivre mon rêve — où j'ai rassemblé mon courage d'être en-Esprit — est aujourd'hui encore bien vivant dans ma mémoire, trente ans plus tard. Ce qui est arrivé depuis lors est précisément ce que Patanjali suggère. Je me suis trouvé plongé « dans un monde nouveau, riche et magnifique ». C'était comme si une lourde chape avait été retirée de mes épaules et que je pouvais sentir la fraîcheur de douces brises à chaque nouveau tournant du chemin que je prenais. Ce tournant dans la voie de l'inspiration m'avait ouvert les portes du monde.

Soudainement, j'ai commencé à recevoir des offres pour présenter à la télévision et à la radio les idées que je défendais passionnément. Plus j'en parlais (dans un état que je sais maintenant être l'inspiration), plus je recevais d'invitations. Les animateurs me convièrent pour de plus longues périodes d'antenne — parfois pendant six ou sept heures consécutives lors d'émissions de nuit, et plus tard, pour des engagements d'une durée d'une semaine — dans tout le pays. Je continuais d'être inspiré, savourant chaque moment, travaillant 18 heures par jour, prêt à faire tout ce qui était nécessaire pour rester en-Esprit.

Bientôt, les grandes chaînes de télévision nationales commencèrent à manifester de l'intérêt, et, en cours de route, les bonnes personnes se sont présentées pour m'enseigner et me guider dans le processus. Les publicistes, les éditeurs, les distributeurs de livres, les agents d'artistes, les agents de voyage, les banquiers... toutes les personnes dont j'avais besoin apparaissaient comme par enchantement. Tout ce que j'avais à faire était d'être fidèle à l'inspiration et « profiter de ma félicité », pour reprendre les mots de Joseph Campbell — c'était comme si une main gigantesque tirait les bonnes ficelles pour moi. D'instant en instant, jour après jour, j'étais abasourdi par ce qui m'arrivait, et je le suis toujours en écrivant ces pages, plusieurs années plus tard. Aujourd'hui, plus que jamais, je fais confiance au conseil de Patanjali qui nous enjoint de rester « en-Esprit ».

Cela ne veut pas dire que je n'ai jamais rencontré d'obstacles, et que je ne continue pas d'en connaître aujourd'hui. Il y a des moments où je me demande encore comment j'ai fait pour surmonter toutes ces difficultés. À l'âge de 65 ans, je pensais bien que plus rien ne pouvait me briser le cœur, mais pourtant, d'autres épreuves m'attendaient. Une crise cardiaque qui devait me laisser amoindri, une tragédie personnelle dans ma vie privée et un grave problème de dépendance chez un membre de ma famille se sont présentés tout à tour. En dépit de toutes ces épreuves, j'ai trouvé ces expériences enrichissantes en raison de la compassion, du pardon et de la gentillesse que j'ai dû cultiver.

Ces situations dites « négatives » ont eu un effet bénéfique sur mon écriture et mes conférences et elles m'ont permis de rejoindre un public beaucoup plus vaste, par le truchement de la télévision publique, où je présente un message positif et inspiré. La leçon apprise fut de rester en-Esprit et de sortir de mon propre corps et des circonstances de ma vie, afin d'observer avec détachement ce qui est déjà venu à moi, et continue de le faire. Il ne s'agit pas de moi ; il est plutôt question de rester en-Esprit, sachant que tout ce qui arrive est une bénédiction divine — incluant les épreuves.

Voici un petit conte sur l'art de surmonter l'adversité que je trouve particulièrement stimulant et inspirant :

Les carottes, les œufs et le café

Une jeune femme se plaignait à sa mère des épreuves et des difficultés de sa vie. Elle ne savait pas si elle voulait continuer ou simplement baisser les bras. La jeune femme disait : « Je suis fatiguée de ces luttes et de ces épreuves. Il semble que, dès qu'un problème est résolu, un autre surgit ». Pour toute réponse, sa mère l'emmena dans la cuisine et remplit trois casseroles d'eau. Elle les plaça ensuite sur le feu.

Bientôt, l'eau se mit à bouillir. Dans la première casserole, elle déposa des carottes, dans la seconde, des œufs et dans la dernière, des grains de café. Elle laissa le tout bouillir sans dire un mot et, au bout de 20 minutes, elle éteignit le feu. La mère retira alors les carottes et les plaça dans un plat. Elle prit les œufs et les déposa à leur tour sur la table. Finalement, elle versa le café dans une tasse. Se tournant alors vers sa fille, elle lui demanda : « Dis-moi ce que tu vois maintenant. »

« Des carottes, des œufs et du café », répondit la fille. La mère lui demanda de s'approcher plus près et de toucher aux carottes. Elle le fit et constata qu'elles étaient ramollies. La mère demanda ensuite à sa fille de prendre un œuf et de le briser. Après en avoir retiré la coquille, elle constata que l'œuf était devenu dur. Finalement, la mère demanda à sa fille de goûter au café. Elle sourit en savourant le breuvage.

La fille demanda alors : « Mais quelle est la signification de tout cela, maman ? »

Sa mère lui expliqua que chaque objet de l'expérience avait dû affronter la même épreuve, l'eau bouillante, mais que chacun avait réagi différemment. Les carottes crues étaient fermes, rigides et droites. Toutefois, après avoir été bouillies, elles avaient ramolli et perdu leur consistance. L'œuf, d'abord fragile avec sa mince enveloppe extérieure protégeant son précieux contenu, avait au contraire durci. Mais les grains de café étaient uniques en leur genre — après avoir été immergés dans l'eau portée au point d'ébullition, ils avaient transformé le liquide lui-même.

Le message à retenir ? Restez en-Esprit et utilisez l'adversité pour faire de votre monde un endroit nouveau, riche et merveilleux, comme les grains de café l'ont fait dans ce conte.

5. Lorsque vous êtes inspiré... des forces, des facultés et des talents dormants s'éveillent à la vie

J'apprécie Patanjali pour m'avoir enseigné cette grande vérité. En substance, il nous dit que lorsque nous nous dirigeons vers la conscience de l'inspiration, des forces que nous croyions, ou bien mortes ou inaccessibles, s'éveillent à la vie et sont disponibles pour nous, afin que nous puissions en faire usage pour réaliser nos désirs. Cela pourrait-il être vrai ? Est-ce que l'Univers collabore avec nous afin de tirer de leur torpeur des forces, des facultés et des talents assoupis depuis très longtemps ? Je sais que cela est vrai et ma réponse est un *oui* sans réserve ! Cette clairvoyance particulière me sert tous les jours de ma vie — en fait, à l'instant même où j'écris ces lignes.

Je suis confiant que tout ce que je dois écrire dans ces pages surgira sous une forme appropriée parce que, précisément, je baigne dans cette idée de l'inspiration — j'aspire si passionnément à aider les autres à découvrir l'importance d'être à l'écoute de l'*appel* de leur vie. Je dors avec un calepin et un stylo près de mon lit parce que la plupart des choses que je veux transmettre se révèlent en état de rêve. En marchant le long de la plage, ici à Maui, observant les baleines à bosse et les dauphins qui s'ébattent en pleine mer, je leur demande conseil. Je le reçois, je le note et je le partage avec vous.

Je sais que des forces existent pour me guider à travers les étapes de mon travail d'écriture. Quand je prends un livre, il m'arrive souvent de l'ouvrir fortuitement à la page désirée et de voir subitement apparaître devant moi ce dont j'ai besoin. Je souris intérieurement et je dis à voix haute : « Merci, Dieu. Vous m'accompagnez toujours lorsque j'écris, bien que je semble être seul dans la salle à dîner, en train de contempler l'océan magnifique. »

J'aime observer ces forces latentes s'éveiller et me guider dans mon œuvre d'inspiration. J'apprécie grandement que le talent, si longtemps assoupi en moi, se manifeste précisément lorsque je sais que j'accomplis les choses qui sont ma raison d'être ici. Je ne pourrais certainement pas employer ces forces si je vivais à un niveau de conscience ordinaire, celui que des forces extérieures bien intentionnées avaient prévu pour moi. Je ne peux accéder à ces forces latentes que lorsque je suis inspiré — c'est-à-dire, lorsque je fais la sourde oreille aux exigences de l'ego et que je réintègre le royaume magique de l'Esprit.

Ces forces dormantes viendront vers nous tous, sans exception — elles sont réellement vivantes et elles ont été à notre service depuis que nous sommes là. En ce moment, elles semblent éteintes parce que nous avons tourné le dos à notre raison d'être Divine, une décision que nous avons prise longtemps avant d'adopter l'ego insensé.

J'ai toujours aimé les histoires fabuleuses en relation avec la synchronicité. En voici une (considérée comme une légende urbaine par certains) qui illustre comment l'Univers conspire pour guider ceux qui optent pour une vie d'inspiration :

Un pauvre fermier écossais, nommé Flemming, entendit un appel à l'aide venant d'un marais voisin. Il laissa tomber ses outils et courut dans la direction des cris. Il trouva un garçon terrifié, enfoncé jusqu'à la taille dans de la boue noire, essayant de s'extirper de sa mauvaise situation. Le fermier Flemming sauva le jeune garçon de ce qui aurait pu être une mort lente et atroce. Le lendemain, un luxueux carrosse s'arrêta devant la modeste maison de Flemming. Un aristocrate vêtu avec élégance en sortit et se présenta au fermier comme étant le père du jeune garçon que celui-ci avait sauvé.

« Je désire vous récompenser, lui dit le visiteur, car vous avez sauvé la vie de mon fils.

— Non, lui répondit Flemming en repoussant l'offre. Je ne peux accepter une somme d'argent pour ce que j'ai fait. Au même moment, le fils du fermier apparut sur le seuil de la masure familiale.

— Est-ce votre fils ? demanda l'aristocrate.

— Oui, répondit le fermier fièrement.

— Je vous propose un marché. Laissez-moi lui procurer la même éducation que celle dont bénéficiera mon fils. S'il possède les qualités de son père, il ne fait aucun doute qu'il grandira pour devenir un citoyen dont nous serons tous les deux fiers. » Et c'est ce qui se produisit.

Le fils du fermier Flemming fréquenta les meilleures écoles et obtint plus tard son diplôme de la St. Mary's Hospital Medical School, affiliée à l'Université de Londres. Il fut bientôt connu dans le monde entier sous le nom de Sir Alexander Fleming, l'homme qui découvrit la pénicilline.

Bien des années plus tard, le fils de l'aristocrate qui avait été tiré du marais fut frappé d'une pneumonie. Qu'est-ce qui lui a sauvé la vie cette fois-là ? La pénicilline. Quel était le nom de cet aristocrate ? Lord Randolph Churchill. Et celui de son fils ? Sir Winston Churchill.

Quelles sont les forces en jeu ici ? Ce sont les mêmes qui cherchent à jouer en notre faveur lorsque nous décidons de vivre la vie inspirée, pour laquelle nous nous étions engagés à l'origine.

6. Lorsque vous êtes inspiré… vous découvrez que vous êtes déjà une personne encore plus formidable que celle que vous avez toujours rêvé de devenir

Le fait d'être inspiré par quelque grand projet nous permet de ressentir l'essence d'une entité spirituelle vivant une expérience humaine, plutôt que l'inverse. Patanjali suggère qu'il nous était impossible de rêver à notre grandeur, parce que nous avons été emprisonnés par nos croyances sur notre nature. Nous avons accepté l'idée que nous étions limités dans notre capacité de créer une vie d'envergure et que notre destinée était toute tracée d'avance. Nous avons défendu notre besoin d'acquérir davantage et de vivre dans la conscience de la rareté, ce qui nous a porté à entrer en compétition avec le reste du monde pour une maigre part du gâteau. Toutes ces pensées débilitantes provenaient du fait que nous n'étions pas guidés par l'esprit.

Entrer dans un état d'inspiration provoque la disparition de ces pensées. Comme Patanjali le fait observer, nous découvrirons une personne que nous ne pouvions imaginer parce que nous étions enfermés dans la prison de l'ego, retenus par ce que nous reconnaissons maintenant, de notre point de vue inspiré, être une illusion. Le poète Rabindranath Tagore (gagnant du prix Nobel de Littérature en 1913) écrit ceci à propos de ceux qui vivent exclusivement dans la fausse identité de l'ego : « Celui qui, dans le monde des hommes, va chantant de porte en porte, demandant l'aumône, avec son instrument pourvu d'une seule corde et sa longue robe en haillons rapiécés sur le dos ». Tagore décrit comment nos pensées et nos vies sont limitées lorsque nous ne sommes pas en-Esprit

Alors que nous avançons pour répondre à l'appel de notre vie, nous ne vivons plus exclusivement « dans le monde des hommes », nous savons donc que la grandeur nous attend tous. Nous devons nous éveiller du mauvais rêve qui nous a paralysés dans le brouillard de l'ego et vivre dans la perspective bénie offerte par l'Esprit.

Quelques suggestions pour mettre les idées de ce chapitre à votre service

— Soyez attentif à votre dialogue intérieur afin de surprendre les pensées qui pourraient entraver votre capacité d'agir. Même une réflexion aussi insignifiante qu'un doute sur votre résolution de vivre en-Esprit représente une énergie négative qui inhibe la création de vos désirs. Changez une pensée comme celle-ci : *Ceci a peu de possibilités de se produire parce que je n'ai jamais eu de chance*, par une autre comme celle-là : *Ce dont j'ai besoin est en route ; je serai à l'affût des preuves démontrant que je suis en harmonie avec la même énergie vibratoire que celle de mes désirs.* Soyez vigilant pour surprendre les pensées qui refont surface par la force de l'habitude et reflètent votre conviction intime que vous ne pouvez réaliser vos désirs.

— Répétez ce mantra aussi souvent que vous le pouvez, et faites-en un rituel personnel : *Il n'y a absolument aucune limite à ce que j'ai l'intention de créer »*. En répétant ces mots, vous découvrirez que vous glissez insensiblement dans le monde de l'Esprit où la réalité est « affranchie de toutes limites ».

— Faites un effort tous les jours pour vivre quelques moments en état de méditation, au cours desquels vous abandonnerez vos idées conventionnelles sur le temps, l'espace ou la linéarité des directions. Permettez-vous simplement d'être… Imaginez que vous êtes sans corps, sans possessions et sans attachements. De cette manière, vous commencerez à simuler le monde de l'Esprit. C'est précisément dans ce monde non-directionnel, sans avant ni arrière, sans haut ni bas, sans nord ni sud que vous rencontrerez l'inspiration. Une telle émotion peut arriver d'on ne sait où, mais elle surgit quand vous faites tout en votre pouvoir pour susciter une communion avec votre Esprit.

— Développez une confiance personnelle dans votre habileté à activer et à attirer les forces dormantes. Visualisez-vous dans le rôle d'un être qui peut commander à ces forces, apparemment inertes, de se mettre à son service. Rappelez-vous cette vérité : *Je demeure en harmonie avec mon Esprit originel. Cette Force Invisible, Toute-Puissante, travaillera en mon nom* ». Soyez-en intimement persuadé. Ensuite, restez aux aguets pour détecter les plus infimes indices indiquant que ces forces en hibernation s'éveillent de leur torpeur et commencent à vous obéir. En réalité, ces forces ne dorment jamais ; mais elles ne peuvent se mettre au travail que si vous vibrez en accord avec elles. Alors, changez vos attentes personnelles — anticipez le meilleur, anticipez l'arrivée de conseils opportuns, anticipez que le vent tournera en votre faveur, anticipez un miracle !

* * *

Rappelez-vous ces paroles de Michel-Ange : « Le plus grand danger qui nous guette n'est pas de viser un but trop élevé et de le rater, mais plutôt de choisir une cible trop modeste et l'atteindre ». Lorsque vous étiez en-Esprit avant votre matérialisation, vos buts étaient élevés et vos attentes avaient une ampleur Divine. Faites revivre en vous cette vision et commencez à vivre une vie inspirée… et pour débuter, tournez simplement la page.

CHAPITRE 5

TROUVEZ VOTRE CHEMIN PERSONNEL VERS UNE VIE INSPIRÉE

« Si nous examinons chaque époque de notre vie, nous découvrons que du premier jusqu'à notre dernier souffle, nous sommes sous le joug des circonstances. Et pourtant, nous possédons toujours la plus grande de toutes les libertés, le pouvoir de développer notre vie intérieure en harmonie avec l'ordre moral de l'Univers, méritant ainsi la paix du cœur en dépit de tous les obstacles. »

« Il est facile de dire et d'écrire cela. Toutefois, il s'agit d'une tâche à laquelle nous devons nous appliquer chaque jour. Tous les matins nous chantent : 'Fais ce que tu dois et aies confiance en ce qui arrivera'. »

— JOHANN WOLFGANG VON GOETHE

LORSQUE JE PARLE DE L'INSPIRATION ET DE LA RAISON D'ÊTRE DE NOTRE VIE, on me demande souvent : « Mais que faire si je ne sais vraiment pas ce qui m'inspire ? » ou « Comment trouver mon véritable but, si rien ne me fait vibrer à ce paroxysme du bonheur dont vous parlez ? » C'est pourquoi ce chapitre et le suivant seront consacrés à mes réponses les plus sincères à ces questions qui semblent susciter le plus de confusion chez celles et ceux qui voudraient répondre à l'appel de leur vie.

Le simple fait de nous interroger sur notre aptitude à vivre une vie inspirée représente la résistance même que nous nous devons d'examiner. Elle indique, en effet, qu'il y a quelque chose d'inadéquat dans notre quête spirituelle. Bien sûr, rien ne peut être plus éloigné de la vérité : dans le monde de l'Esprit d'où nous venons, il n'y a pas de déficit, de manque, de pénurie et il n'y a sûrement rien qui ressemble à une vie dépourvue de signification. Nous faisons partie d'un système intelligent — nous sommes des êtres Divins, et nous avons notre rôle à jouer dans le grand spectacle de la Création. En doutant de notre capacité à vivre dans l'inspiration, nous trahissons notre manque de foi en notre nature divine. Tout en gardant ce reproche amical à l'esprit, j'aborderai maintenant certains moyens pour entendre l'appel de notre vie et vivre en accord avec lui.

D'abord, afin de disposer une fois pour toutes du doute concernant notre droit de vivre une vie inspirée, nous devons proclamer notre Divinité. La vérité fondamentale qu'il faut affirmer haut et fort est la suivante : *Je suis une création Divine. Toute création possède une raison d'être. Je suis ici pour m'efforcer de ressembler à Dieu.* Nous devrions tatouer cette affirmation sur notre conscience et l'arborer fièrement !

Nous devons entreprendre ce processus conduisant à l'Esprit par une déclaration ferme dont nous ne dérogerons jamais. Voici un rappel poétique de cette vérité de l'auteur Walt Whitman : « …probablement que la plus profonde, la plus éternelle des pensées latentes de l'âme humaine est la pensée de Dieu, associée à celle du droit moral et de l'immortalité de l'identité. Grande, grande est cette pensée — ô ! plus grande encore que toute autre chose. »

Oui, comme Whitman l'affirme, cette pensée de ne faire qu'un avec Dieu transcende toutes les autres que nous puissions avoir. Après l'avoir compris, il est possible ensuite de nous interroger sur notre présence ici et sur ce qui nous inspire. Nous pouvons commencer par réitérer notre confiance dans l'intelligence qui fait battre notre cœur 50 à 60 fois par minute, fait tourner la Terre sur elle-même à toutes les 24 heures, maintient les planètes sur leur trajectoire et crée chaque milli-seconde. Notre tâche consiste à ressembler le plus possible à la Source de Toute Existence. Les questions frustrantes sur ce qui nous inspire et la raison de notre présence en ce monde, trouvent leur solution dans ce seul dessein. En affirmant que notre nature sainte et divine est notre essence, et non quelque chose qui reste à prouver, tout devient si clair. Le premier pas sur le chemin de la découverte du sens de notre vie et de l'inspiration est de tendre à ressembler à Dieu, dans nos pensées et nos actions.

J'ai cité Goethe au début de ce chapitre parce que je le considère comme étant l'un des grands humanistes, tant sur le plan spirituel qu'intellectuel, qui ait jamais vécu. Étudiez ses paroles avec attention en lisant ce chapitre, et gardez à l'esprit que chacun d'entre nous est capable d'être inspiré à chaque jour de sa vie ; après tout, c'est un droit qui nous est accordé par Dieu, avec qui nous travaillions main dans la main, avant même notre arrivée dans ce monde.

Le partage, c'est l'inspiration

La fusion avec notre Source s'accomplit quand nous devenons pareils à elle, et son essence est de donner et de partager. Conséquemment, afin de connaître notre raison d'exister et suivre l'appel ultime de l'inspiration, nous devons nous appliquer à donner plutôt qu'à recevoir.

Le principe d'action de cet Univers est la loi de l'Attraction — plus nous changeons nos désirs personnels en désirs d'abondance *pour les autres*, plus nous nous enrichissons. Lorsque nous disons à l'Univers : « Donne-moi ! Donne-moi ! Donne-moi ! » il nous répond de la même façon, et nous nous sentons exploités et désabusés. Mais si vous demandez à l'Univers : « Comment puis-je partager ? » Il demandera à son tour : « Comment puis-je partager avec *toi* ? Tu aimes partager, alors je redirige la même énergie vers toi. »

À première vue, tout cela peut sembler absurde, surtout si nous avons été élevés selon la conscience d'un ego pour qui le besoin « d'arriver toujours le premier », dominait tous les autres. Mais je vous assure que lorsque nous devenons des êtres de partage, nous n'avons plus à nous demander comment trouver l'inspiration. Dès que nous nous surprenons à « désirer davantage », la réaction appropriée est d'en faire un peu plus pour la société, l'humanité et l'environnement. Lorsque nous réagissons à un besoin par un acte de charité, nous nous sentons inspirés. Faire quelque chose pour les autres nous fait du bien ; c'est un simple fait de la vie.

Lorsque je mettais la touche finale au *Pouvoir de l'intention,* il y a quelques années, j'étais habité par l'émotion magique d'avoir été guidé tout au long de l'écriture de ce livre. J'ai alors décidé qu'il me fallait exprimer ma gratitude, plutôt que d'en prendre tout le mérite et de ne penser qu'à moi. C'est alors que j'ai pensé à ma fidèle collaboratrice, Joanna Pyle, qui, depuis bientôt trois décennies, rassemble mes pensées disparates et mes propos décousus pour en faire des livres cohérents. Je savais que mon amie, âgée aujourd'hui de 65 ans, n'avait jamais connu le bonheur d'être propriétaire d'une voiture flambant neuve — cela n'avait jamais été une priorité pour elle. J'ai donc fait en sorte que Joanna reçoive un camping-car tout neuf en témoignage de ma gratitude pour l'ensemble de son brillant travail d'édition, qui avait débuté dans les années 70. Grâce à ce seul geste de partage, j'ai tiré autant de joie et de bonheur que j'en avais eu à rédiger mon livre, un travail qui m'avait passionné pendant près d'une année.

Il faut bien comprendre qu'il n'est pas question ici de dilapider ses biens ou son argent ; il s'agit plutôt de vibrer au diapason de l'énergie de notre Source et de la canaliser vers tous. Nous devons penser aux autres avant de penser à nous-mêmes. En offrant l'amour que nous ressentons pour la vie, d'abord en pensées, et ensuite en actions, nous entrons en contact avec la Source de notre inspiration. Cela arrive parce que nous ne faisons plus qu'un avec notre Source, en intentions et en actions. Comme Goethe l'exprime si bien : « Nous possédons toujours la plus grande de toutes les libertés, le pouvoir de développer notre vie intérieure en harmonie avec l'ordre moral de l'Univers et de mériter ainsi la paix du cœur ». Un être de partage pense fréquemment de cette manière.

Lorsque nous contemplons notre créateur, nous prenons conscience que Dieu donne et distribue librement, sans rien demander en retour. On ne nous demande pas de donner, de rendre hommage ou de faire quoi que ce soit pour Dieu. Ce sont *nos* exigences qui nous éloignent de l'état d'inspiration — nous devons alors les abandonner et nous ouvrir à une attitude de partage. Je parle ici d'une transformation intérieure par laquelle le don d'amour devient notre principale disposition d'esprit. Cela peut prendre la forme d'un assentiment muet à l'égard d'une personne que nous aurions jugée auparavant, d'un message d'amour, d'une remarque gentille ou d'une pensée souhaitant le plus grand bien à toutes les personnes qu'elle touche. Aussi simple que cela puisse paraître, il s'agit de la plus puissante impulsion qui soit pour se sentir inspiré.

Bloquer la magie de l'inspiration

J'entends très souvent des personnes qui aimeraient être inspirées se plaindre en disant : « Je n'ai aucune idée de ce que je devrais faire pour avoir de l'inspiration ! » Ma réponse est toujours la même : « Le don de l'inspiration n'est pas une récompense — l'inspiration, c'est la part de nous-mêmes que nous mettons dans ce que nous faisons ». En d'autres termes, c'est en vivant en-Esprit que nous sommes inspirés, quelle que soit la nature de notre activité. Notre travail consiste à demeurer en communication avec notre essence spirituelle, et non pas à chercher la situation idéale qui nous procurera cette connexion.

Lorsque nous sentons que nous nous sommes égarés en recherchant l'inspiration, il est temps de trouver un refuge tranquille. Tout ce dont nous avons besoin, c'est d'un lieu où nous pouvons être seuls avec Dieu : notre propre maison, la plage, la campagne, ou au plus profond des bois. Nous nous imaginons alors en conversation avec notre Créateur bien-aimé, Celui en qui nous pouvons placer toute notre confiance. Converser avec Dieu confirmera simplement les réponses que nous possédons déjà en nous ; nous avons alors la possibilité de prendre conscience de ce que nous devons faire. Cela ne nous mènera pas toujours vers « l'emploi idéal », mais nous trouverons à coups sûr des façons d'ajouter de l'inspiration à notre travail. Cela arrivera si nous nous transformons en êtres de partage. Nous le devenons en distribuant l'amour qui nous a créés à toutes les personnes que nous rencontrons, plus particulièrement à celles qui semblent les plus ennuyeuses, et sur qui nous faisons porter le blâme pour notre propre manque d'inspiration.

Fondamentalement, deux choix s'offrent à nous pour surmonter les obstacles qui semblent nous séparer de la magie de l'inspiration. Le premier est *la voie de la fragilité*, celle que nous utilisons pour nous convaincre que nous sommes faibles et incapables. La frustration, les reproches et les larmes sont les signes révélateurs de ce choix, par lequel nous essayons de guérir un mal par un autre. La voie de la fragilité multiplie les tensions en focalisant notre attention sur ce qui manque dans notre vie, et elle sollicite souvent l'opinion des autres pour trouver une solution à nos frustrations personnelles et à notre manque d'inspiration.

Le second choix est de *pénétrer à l'intérieur de soi,* dans la certitude qu'au plus profond de nous, au-delà de tous les facteurs physiques et mentaux, réside l'Esprit et son lien éternel avec Dieu. Tout problème, et j'insiste ici sur *tout,* provient de notre incapacité à entrer consciemment en contact avec notre Source dans le moment présent. Lorsque nous sommes conscients de ce lien, nous ne sollicitons plus l'avis de tout un chacun, nous recherchons de l'*information* — ainsi les décisions se prennent entre le Créateur et nous. Nous avons fréquemment des échanges paisibles avec Dieu, en ayant l'assurance qu'une aide spirituelle est toujours disponible.

Lorsque nous nous sentons peu inspirés, nous savons que nous devons « vibrer » autrement, en modifiant nos pensées et nos comportements, afin d'être en accord avec notre *désir* d'être inspirés. Lorsque nous sommes « en accord » intérieurement, nous nous moquons de la folie qui nous a amenés à chercher l'étincelle hors de nous (dans une activité ou la recherche d'un nouvel emploi). En nous tournant simplement vers l'Esprit, nous permettons à l'inspiration de s'épanouir harmonieusement.

En écoutant la voix de Dieu

Lorsque nous prenons la décision de devenir des êtres de partage ; lorsque nous faisons un effort conscient et quotidien pour que nos pensées soient en harmonie avec l'énergie de l'Esprit, nous n'avons pas à chercher longtemps le sens de notre vie : il *nous pourchasse* où que nous allions. Après nous être tournés vers notre Créateur, nous ne pouvons plus lui échapper. Lorsque nous vivons la majeure partie de notre vie dans la conscience de Dieu, voyez-vous, rien ne peut aller mal. Les choses et les personnes dont nous avons besoin viendront à nous. Bientôt, la certitude que quelque chose de plus important que notre vie individuelle est en train de s'accomplir autour de nous et en nous, nous gagne irrésistiblement.

Notre relation la plus importante doit être celle qui nous lie avec l'énergie créatrice de Dieu. Lorsque nous allons vers notre Source, nous activons l'énergie qui nous remet en contact avec le sens de notre vie — l'inspiration surgit, même si nous avions cessé d'y penser. Le sens de notre existence peut emprunter plusieurs aspects. Il ne se limite pas à un choix de carrière précis ; en fait, il arrive souvent qu'il soit nécessaire de quitter une profession et de faire quelque chose d'entièrement nouveau.

Nous devons baigner dans la confiance que l'inspiration est déjà arrivée — elle nous échappe seulement parce que nous avons rompu le lien avec notre Esprit, qui était et demeure notre essence éternelle. J'ai reçu récemment une lettre d'une femme du Kansas qui illustre ce message à merveille. Subitement, sans aucun motif apparent, elle a senti l'impulsion de faire quelque chose qu'elle n'avait jamais envisagé auparavant, et voilà ! Elle fut inspirée et le demeure encore aujourd'hui. Avec l'accord de Gail, je vous présente sa lettre, retouchée quelque peu pour la rendre plus claire. (Pour en apprendre davantage sur le Japa, qui est une forme de méditation, consultez mon livre *Entrer au coeur du silence*).

Cher Wayne,

Je vous remercie infiniment pour vos livres et vos enregistrements. Vous êtes mon compagnon régulier lorsque je me rends à mon travail. Je voudrais simplement vous offrir dans cette lettre un témoignage sur la puissance du Japa.

Je méditais de temps à autres, mais je ne me rendais pas compte à quel point mes journées s'écoulaient plus harmonieusement lorsque je m'y adonnais. J'ai séjourné au Kenya en juin 2002, où j'ai fait la connaissance d'une jeune orpheline âgée de

8 ans. Dès que je me suis assise par terre, elle a rampé jusqu'à moi, puis s'est s'installée sur mes genoux. Une voix m'a alors dit : « Amène-la chez-toi ». Je me suis retournée, mais il n'y avait personne. J'ai entendu la voix à nouveau : « Amène-la chez-toi ». J'ai demandé à ma fille de 18 ans (qui m'accompagnait à ce moment-là) ce qu'elle pensait de l'idée d'adopter cette merveilleuse enfant. Sans hésiter un seul instant, elle répondit : « Fais-le ! »

Lorsque nous sommes rentrées à la maison une semaine plus tard, j'ai compris que si je n'allais pas de l'avant avec cette adoption, je le regretterais toute ma vie. Et le fardeau de tels regrets me semblait bien plus lourd que les procédures qui m'attendaient ! Je me suis mise à pratiquer le Japa à chaque matin, et grâce à une succession de miracles, cette petite fille spéciale a pu venir dans mon pays. Je l'ai appelée Nellie, et sa présence est une bénédiction pour moi et mes autres enfants.

L'adoption de Nellie était la deuxième partie du plan de Dieu. La première s'était déroulée quelques années auparavant, alors que je m'étais sentie appeler à animer une série de séminaires. Ceux-ci m'ont permis de gagner 10 000 $ au prix de bien peu de temps et d'efforts. Et devinez quel était le coût global de l'adoption ? D'abord, lorsque j'ai entendu cette voix intérieure pour la première fois, j'ai choisi de ne pas en tenir compte. Puis, pour y voir plus clair, j'ai fait une liste des avantages et des inconvénients. Mais ce n'est qu'en mettant sur pied ces séminaires que j'ai pu retrouver ma sérénité. Voici comment j'ai expliqué à ma famille que je devais aller chercher Nellie — suivre le chemin qui m'avait été indiqué, avait amené l'abondance dans nos vies… et il était maintenant temps d'en partager les bienfaits. Nellie a apporté l'abondance de l'amour et du pardon dans notre foyer. Elle est un véritable trésor.

Merci d'avoir partagé avec moi le présent de cette merveilleuse méditation. Cela a changé ma vie et celle de cette petite fille.
   Sincèrement,
   Gail Beale
   Topeka, Kansas

Gail a utilisé la méditation pour rester en contact avec son Créateur et laisser le sens de sa vie se frayer un chemin jusqu'à elle, et lorsque cette petite orpheline du Kenya a rampé sur ses genoux, son destin venait évidemment de se porter à sa rencontre. Gail appelle cela le « Plan de Dieu », mais elle est elle-même une partie de Dieu. Elle vient de Dieu et sa vie doit être à l'image de ce qui l'a créée. Ainsi, le plan de Dieu est aussi son plan et vice-versa. Dans la pratique de la méditation, Gail a entendu une voix — cette voix appartenait à son moi le plus noble, cette partie qui ne quitte jamais l'Esprit, qui est toujours inspirée et peut être entendue si nous la laissons arriver jusqu'à nous. C'est une voix qui vit aussi en chacun de nous.

Demandez et vous recevrez

Ce conseil biblique millénaire « Demandez et vous recevrez » peut paraître d'une trop grande simplicité, mais il est porteur d'un important message à notre intention, alors que nous entreprenons la recherche du chemin qui nous mènera vers une vie inspirée. Mon interprétation de *demander* signifie « laisser la sagesse de la Source refluer vers soi ». Rappelez-vous que permettre, c'est cesser de résister. Cela veut dire que nous sommes dans le processus qui nous permet d'entrer en harmonie avec l'énergie vibratoire de l'Esprit, et non d'implorer un être distant qui nous résiste. Lorsque nous sommes en harmonie avec l'Esprit, nous sommes comme Dieu et nos désirs sont les mêmes. Dans cet état, nous demandons à notre moi le plus noble de retrouver son équilibre, permettant à nos désirs de s'élever spirituellement.

Plus notre désir est grand, plus nous injectons de « puissance motrice » dans sa réalisation. C'est le vrai sens d'une demande : un appel à l'aide pour susciter la matérialisation de l'objet de notre désir. Plus ce désir est intense, plus grand sera l'amour investi dans notre demande et dans notre travail — et être en contact avec l'amour est l'essence même de l'Esprit et de l'inspiration. Des désirs tièdes attireront le doute et la faiblesse et nos efforts seront accompagnés par la monotonie et l'ennui. Cet état d'esprit nous mènera inévitablement vers l'abandon, alors que l'amour, lui, nous ouvrira les portes vers un espoir intarissable.

Ainsi, il m'est impossible de penser à mon métier d'écrivain en des termes qui expriment l'ennui. Mon désir est si intense que je ressens de l'amour pour mon travail, et la joie m'envahit lorsque je passe tout simplement près de mon bureau. J'éprouve des émotions agréables dans tout mon corps, parce que mon désir de transmettre ces idées et de partager ce que j'apprends quotidiennement est si intense qu'il correspond à l'énergie spirituelle de la Source de Toute Création. Ce que je souhaite, c'est que l'intensité de ce désir s'harmonise avec celle de ma Source spirituelle, afin que je puisse accomplir ce qui me tient à cœur. Manifestement, lorsque je demande conseil, mes pensées et mes interrogations sont dirigées vers mon esprit, qui entre alors en harmonie avec la Source Divine.

La qualité qui prédomine chez ceux qui sont inspirés est un désir brûlant d'intensité — il va au-delà du talent et des compétences pour mesurer le succès. Nous devons demander à la partie la plus digne de notre être de se tourner vers la Source. L'intensité de notre passion pour ce que nous sommes et ce que nous faisons doit être si grande qu'elle chasse la possibilité même de l'ennui, de la monotonie et de la fatigue. C'est de cette manière qu'une vision inspirée devient réalité.

Créer notre vision et s'y accrocher

Le désir de trouver notre route vers l'inspiration nécessite la création d'une vision dans laquelle nous vivons en-Esprit en tout temps. Même si n'avons pas la moindre idée des démarches à entreprendre, ou ce en quoi consiste notre mission, nous devons essayer de susciter cette vision par tous les moyens. L'image interne de soi doit être fondée sur le dessein de se sentir bien, ce qui est évidemment synonyme de se sentir avec *Dieu*.

Si nous faisons des quelques paroles qui suivent un mantra intérieur : *Je veux me sentir bien*, nous pouvons nous visualiser éprouvant de la joie, peu importe ce qui se passe autour de nous. Nous pouvons nous rappeler que tout ce que nous désirons est en route, en bien plus grande abondance que nous ne pouvons l'imaginer. Si nous gardons cette vision bien vivante dans notre esprit, la Source de Toute Création conspirera pour l'actualiser dans notre monde matériel. Mais le plus important, c'est de commencer à agir en fonction de notre désir et recevoir l'assistance Divine.

Voici une citation de Lao Russell que je garde toujours près de mon cœur :

> « Dans tout travail que vous accomplissez avec enthousiasme, Dieu œuvrera avec vous. Il fera autant pour vous que vous en faites pour qu'Il se manifeste. Les fermiers, les jardiniers et les forestiers sont bien conscients de cela. Ils savent qu'un peu de travail fourni par eux s'accompagne d'un peu de travail accompli par la Nature. Ce que vous donnez est toujours égal à ce qui vous est remis. Plus vous donnerez à la Nature, plus la Nature vous fera bénéficier de sa fertilité. »

Tout cela dépend de notre volonté d'alimenter notre désir avec la vision que nous portons en nous, peu importe ce qui se produit dans notre environnement actuellement. Puisque cette vision intérieure est le matériau avec lequel il nous faudra travailler, nous devons alors être très attentifs à ce que nous créons et cultivons en nous. Si nous nous voyons comme étant limités, sans valeurs, faibles, timides et maladifs, alors nous nous laisserons guidés par ces images intérieures. Par exemple, j'ai été marqué par ce passage du livre *Still Here*, dans lequel l'auteur Ram Dass se demandait de quelle façon on pouvait bien se sentir quand on devenait vieux et infirme. Il entretint cette pensée quelque temps et fut bientôt victime d'une crise cardiaque qui le rendit dépendant des soins constants de son entourage. En pensant « vieillesse », il s'est attiré ce qu'il redoutait tant.

En vérité, nous réagissons à la vision que nous créons et portons en nous — et c'est aussi ce que font les cellules de notre corps. Il est donc d'une importance primordiale de ne jamais douter de notre droit à l'inspiration. Il s'agit là de l'appel de notre vie et nous devons choisir d'être en-Esprit, même si tout dans notre milieu, nous suggère une autre voie. Nous devons opter pour devenir des êtres de partage, s'approchant le plus près possible de la réalisation Divine. L'ancien poète perse Rumi l'énonce merveilleusement bien dans les lignes suivantes :

Le jardin du monde n'a pas de limites,
sauf celles de votre esprit.

Sa présence est plus merveilleuse que celle des étoiles,
plus claire que le miroir poli de votre cœur.

Effacez les limites de votre mémoire et vivez dans le monde de l'Esprit, dont la présence, selon Rumi, est « plus merveilleuse que celle des étoiles ».

Quelques suggestions pour mettre les idées de ce chapitre à votre service

— Pratiquez le partage, mais faites-le discrètement. Le but est de vous unir au Créateur, et non pas de rechercher le crédit, la reconnaissance ou même un merci. Plus vous serez une personne charitable — au lieu de vous demander à tout moment *Quel est mon avantage ?* — plus vous serez récompensé en retour, au moment où vous vous y attendez le moins. Vous n'avez pas à conclure d'entente avec Dieu, prévoyant que vous accomplirez certains actes de charité en échange de faveurs spéciales. Efforcez-vous simplement d'être généreux sans attendre quelque chose *en retour*. Vous serez agréablement surpris de l'inspiration que cela vous procurera.

— Accordez-vous du temps et un espace paisible pour entrer en dialogue avec votre Source. Demandez librement conseil à l'Esprit — les réponses afflueront vers vous si vous communiquez de façon authentique. J'ai découvert que le moment le plus inspirant pour moi était très tôt le matin et je l'ai appelé « le temps en compagnie de Dieu ». Tous les matins, au réveil, je reste au lit et je me dis : « Je vais passer quelques moments tranquilles avec Dieu afin de lui demander conseil pour la journée qui s'en vient ». Ses directives comportent invariablement de la commencer par un geste de partage. Je chéris ces 10 à 15 minutes en compagnie de ma Source. Je débute ma journée sous le signe de la gratitude, parce que je suis en vie, en santé et en mesure d'aider les autres.

— Lorsqu'il est question de ce qui est nécessaire pour être inspiré, il importe de garder un esprit ouvert. Vous n'aurez peut-être pas besoin de changer de carrière ; mais vous pourriez avoir l'idée d'écrire votre propre version de *Mr. Holland's Opus*, d'aider des enfants orphelins, d'acheter un cheval de compagnie ou de compétition, d'acquérir une propriété vacante ou de partir en vacances à brûle-pourpoint. Toutefois, il est aussi concevable qu'un changement d'emploi et de lieu de résidence *soit* ce qui vous attire, alors soyez réceptif et laissez tout cela venir à vous. Peu importe les circonstances, vous devriez toujours demeurer en contact avec votre Esprit et faire confiance aux messages qu'il vous envoie.

— Souvenez-vous de cette vérité toute simple : *La réponse à la question « comment » est « oui »*. Vous ne savez jamais exactement comment vous procéderez pour répondre à ce sentiment d'inspiration, mais en disant *Oui !* à la vie et à tout ce qui vous interpelle, le « comment » s'occupera de lui-même.

— Supprimez les idées et les visions intérieures dont vous ne voulez pas. Au lieu de penser : *Je n'attirerai pas la maladie dans ma vie*, affirmez plutôt : *J'attirerai la santé dans mon univers, je ne laisserai jamais mon cerveau s'atrophier, je resterai actif toute ma vie.* Sachez que vous êtes en contact avec un courant continuel de bien-être. Laissez cette connaissance vous guider dans toutes vos visions d'inspiration.

* * *

Voici une question que Ralph Waldo Emerson posait, et à laquelle j'aimerais que vous réfléchissiez quelques instants avant de passer à la section suivante : « Nous sommes très près de la grandeur : un pas, et nous sommes saufs ; ne pourrions-nous pas le tenter ? »

Un pas. Bien sûr, vous pouvez franchir un pas en direction de votre propre grandeur inspirée…

DEUXIÈME PARTIE

LES PRINCIPES
FONDAMENTAUX
DE L'INSPIRATION

« En 6000 ans, la philosophie n'a pas exploré
tous les coins et les recoins de l'âme.

Dans ses expériences, il est toujours resté,
en dernière analyse, un résidu qu'elle n'est jamais parvenue
à résoudre. L'homme est un ruisseau dont la source demeure cachée.
Notre être arrive en nous d'un lieu inconnu…

Je suis contraint à chaque instant de reconnaître aux événements
une origine plus haute que la volonté que je dis mienne. »

— Ralph Waldo Emerson
Tiré d'*Essay IX : The Over-Soul*

CHAPITRE 6

LES PRINCIPES ESSENTIELS POUR TROUVER VOTRE CHEMIN VERS UNE VIE INSPIRÉE

« Tout homme a une religion ; possède quelque chose au ciel ou sur la terre pour lequel il sacrifierait tout — quelque chose qui l'absorbe — que d'autres pourraient juger inutile, et pourtant, c'est son rêve, c'est sa bonne étoile, c'est son maître. Cela, peu importe ce que c'est, s'est emparé de moi, m'a fait son serviteur, son esclave — m'a amené à mettre de côté les autres ambitions — une traînée de gloire dans les cieux, que j'ai suivie, suivie de tout cœur Car une fois convaincu, je ne lâche jamais… »

— WALT WHITMAN

DANS CE CHAPITRE, JE VOUS PRÉSENTE SIX PRINCIPES qu'il est important d'observer pour vivre une vie inspirée — il existe un plan que nous pouvons suivre pour reconstruire notre vie en-Esprit. Ces principes n'apparaissent pas dans un ordre particulier, car je crois qu'ils sont tous également importants.

Principe # 1 : Ne soyez pas dépendant de l'opinion favorable des autres

Pour vivre en-Esprit, nous devons afficher la même assurance qu'Arthur Miller, lorsqu'il affirme que la Source est toujours à l'œuvre en nous, ou la foi de Walt Whitman, lorsqu'il parle de l'appel de notre vie « que d'autres pourraient juger inutile — et pourtant, c'est (notre) rêve, (notre) bonne étoile ». En d'autres mots, l'inspiration doit être notre maître, même si choisir de la suivre risque de décevoir les autres.

Lorsque l'inspiration révèle sa présence, nous devons nous demander si nous sommes fidèles à nous-mêmes avant tout. La célèbre interrogation de William Shakespeare : « être ou ne pas être : telle est la question », symbolise le choix pressant que nous devons tous faire — sommes-nous en train de devenir ce que nous voulions être en venant ici, ou faisons-nous la sourde oreille à l'appel de notre vie ? Dans ce soliloque tant de fois répété, Hamlet va plus loin en se demandant : « S'il est plus noble pour l'esprit de souffrir / Les frondes et les flèches de l'outrageante fortune / Ou de combattre par les armes une mer de difficultés / Et, en s'y opposant, de les vaincre ? » Subir les vicissitudes d'une vie soumise aux rêves de quelqu'un d'autre n'a aucun sens ; nous devons plutôt nous opposer aux opinions extérieures qui essaient de nous contraindre à refuser notre destinée.

Nous comptons dans notre vie beaucoup de personnes bien intentionnées qui ont des idées bien arrêtées sur ce que nous devrions être ou ne pas être… les membres de la famille ont tendance à être des spécialistes dans ce domaine ! Si nous les laissons nous influencer par des conseils qui ne sont pas en accord avec ceux de notre voix intérieure, nous éprouverons de l'angoisse — « les frondes et les flèches » — d'une vie non-inspirée. Nous pouvons tous reconnaître l'appel de notre devenir ; lorsque nous sommes attentifs, il nous est possible d'entendre une voix qui nous presse d'accepter, et de mener à bien la mission qui nous est destinée dans le monde de l'Esprit. Mais lorsque nous acceptons que les opinions et les dictats des autres déterminent ce que nous deviendrons, nous perdons de vue notre objectif de vivre une existence inspirée.

Par un effort d'introspection, nous devons découvrir jusqu'où nous avons permis aux autres de décider d'aspects de notre vie aussi importants que notre profession, l'endroit où nous vivons, la personne avec laquelle nous vivons, et même la façon qu'on nous traite. Nous devons être conscients que personne d'autre ne peut savoir et sentir ce que nous sommes destinés à accomplir ici. Il est donc nécessaire que nous nous accordions la permission d'entendre notre voix intérieure et d'ignorer la pression des autres. Peu importe l'absurdité de notre appel, il est authentiquement *nôtre* ; il n'est pas nécessaire qu'il soit sensé pour notre entourage. La volonté d'écouter et d'agir en accord avec notre inspiration, indépendamment de l'opinion d'autrui, doit être impérieuse.

Principe # 2 : *Soyez prêt à accepter la désapprobation de votre entourage*

Dans la foulée du principe précédent, celui-ci met en évidence le fait que nous attirerons la désapprobation de nombreuses personnes, si nous suivons notre inclination à vivre en-Esprit, et menons la vie pour laquelle nous sommes venus sur terre. Il ne s'agit pas ici d'une attitude égoïste ou cynique : quand nous décidons de suivre l'appel de notre vie, *il y a* beaucoup de résistance. En fait, le but des « frondes et des flèches » lancées vers nous est de nous faire changer d'avis. Elles signifient tout simplement : « Fais-le à *ma* façon ! »

Toutefois, alors que la force d'ignorer les pressions conformistes augmente en nous, la résistance ira en diminuant pour se muer finalement en respect. Lorsque nous refusons obstinément de penser, d'agir et de nous conformer aux exigences des autres, la pression qui s'exerce finit par se relâcher. Tout ce qu'il faut faire, c'est supporter une certaine désapprobation initiale, comme la persuasion dogmatique, la colère, la bouderie, le silence, les interminables sermons... et nous cheminerons ensuite vers l'inspiration, plutôt que vers la frustration.

Voici un exemple récent tiré de ma propre vie. Lorsque j'ai choisi de verser la majorité des droits d'auteur et des avances pour ce livre dans un fonds d'études, bien des gens dans mon entourage ont tenté de me « ramener à la raison », et de me convaincre de ne pas « jeter mon argent par les fenêtres ». C'était de cette manière qu'ils percevaient ma décision. Mais c'était faire fi de l'extraordinaire obstination de ma voix intérieure en qui je place toute ma confiance. Depuis plusieurs années, je savais que je doterais un jour mon *Alma mater* d'un fonds qui servirait à financer des bourses d'études — la pensée que de jeunes étudiants désavantagés économiquement puissent profiter de la chance dont j'ai moi-même bénéficié à titre de jeune vétéran, m'inspire plus que je ne suis en mesure de l'exprimer dans ces pages. J'étais conforté dans ma résolution et capable d'ignorer la désapprobation que je subissais, offrant des réponses telles que : « Je sais ce que je fais et pourquoi je le fais », et « Ne perdez pas votre temps et le mien à essayer de me convaincre du contraire ». Et, tout naturellement, la résistance rencontrée initialement s'est transformée en acceptation.

Les gens qui sont tenus en plus haute estime dans la vie sont ceux qui s'en soucient le moins — alors, théoriquement, si nous voulons l'approbation des autres, nous devons cesser de nous en préoccuper et nous concentrer à devenir un être de partage. Une petite mise en garde ici : si nous élevons nos enfants en accord avec ces principes, et qu'ils nous observent quotidiennement les mettre en pratique, nous devons composer avec leur propre détermination à écouter leur appel intérieur. Par exemple, lorsque j'ai demandé à ma fillette Sommer, alors âgée de 11 ans, de me montrer son bulletin scolaire, j'ai été un peu interloqué par sa réponse : « Pourquoi veux-tu le voir ? » m'a-t-elle alors demandé.

Lorsque je lui ai dit : « Eh bien ! je suis ton père et je pense que j'ai le droit de savoir ce que tu fais à l'école », elle m'a répondu tout de go : « Il s'agit de mes notes, et non des tiennes. Si j'avais voulu que tu les voies, je te les aurais déjà montrées. »

Je vous assure qu'il n'y avait aucune insolence dans son attitude ; elle ne manifestait tout simplement pas le besoin de partager ses notes avec moi. Depuis, j'ai appris qu'elle réussissait très bien à l'école et j'ai laissé tomber — je l'ai laissée être ce qu'elle voulait être.

Principe # 3 : Ne vous accrochez pas aux résultats

L'inspiration ne surgit pas lorsque nous mettons le point final à une tâche ou quand nous réalisons nos objectifs : en fait, il s'agit là du plus sûr moyen de la voir nous échapper. Revenir à l'Esprit, voyez-vous, est une expérience qui permet de vivre pleinement le moment présent. Notre objectif dans la vie n'est pas de parvenir à une situation où nous trouvons l'inspiration, tout comme le but de la danse n'est pas d'atteindre un endroit en particulier sur le plancher. Le but de la danse — et de la vie —, c'est de savourer chaque moment et chaque pas, peu importe où nous nous trouvons lorsque la musique s'arrête.

La plupart d'entre nous se laissent séduire par l'idée qu'il est nécessaire d'avoir des objectifs pour vivre une existence heureuse. Des slogans tels que « Si vous ne savez pas où vous allez, comment saurez-vous que vous êtes arrivé ? » ou encore « On doit craindre davantage de ne pas avoir de buts que de ne pas les atteindre », nous ont littéralement lavé le cerveau. Cette logique pose un obstacle à l'inspiration, parce que nous menons une vie où nous nous évertuons à *réussir* en prévoyant les *résultats* de nos actions.

Une vérité spirituelle plus réconfortante nous enseigne que seul le moment présent existe — et lorsque ce moment passe, il sera remplacé par un autre, et ainsi de suite à l'infini. Gaspiller « l'instant actuel » au profit d'un « brillant futur », qui se transformera à son tour en « tremplin vers l'avenir », est la recette infaillible pour étouffer l'inspiration. Puisque seul le moment présent compte, c'est en apprenant à le vivre et à le savourer que nous sommes en-Esprit. Avoir le regard rivé sur un résultat, pour déterminer notre niveau de succès et de bonheur, nous éloigne de l'Esprit.

Le maître yogi Sri Swami Sivananda offrait, à mon sens, le seul but valable lorsqu'il déclarait que le sens de la vie était de « réaliser Dieu ». *Voilà* un but qui me plaît ! Après tout, cela me permet de vivre en-Esprit à tout moment de ma vie, tout en anticipant simultanément le prochain moment où je « réaliserai Dieu » (et le suivant). Comme le grand sage indien Ramana Maharshi le faisait remarquer un jour : « Il n'y a pas de but à atteindre. Il n'y a rien à accomplir. Vous êtes le Soi. Vous existez toujours ». Voilà ce que représente pour moi l'inspiration.

Au moment où j'écris ces mots, je n'ai pas de but précis en tête, et pourtant, j'ai confiance que ce livre existera un jour. Je l'ai vu, même si je suis encore à des mois du produit final. Je baigne dans la félicité de la création, ici et maintenant, savourant ces instants. J'ai la certitude que le résultat sera pris en main par la même Source qui inspire ces phrases, qui surgissent, semble-t-il, comme par miracle. Je suis ici, maintenant — en paix, dans l'amour et la joie. Mon unique but est d'entretenir cet état de conscience, d'en profiter à chaque seconde, afin de réaliser ce que j'avais convenu lorsque j'étais en-Esprit, avant de devenir la particule qui a entrepris ce merveilleux voyage.

Principe # 4 : *Sachez que nous n'avons besoin de rien /* *d'aucune possession pour être inspiré*

Nous sommes venus dans ce monde de frontières d'un champ d'énergie dépourvu de forme de l'Esprit. Nous ne possédions rien / aucune possession lorsque nous avons fait notre entrée dans ce monde et nous le quitterons de la même façon. Notre raison d'être, « réaliser Dieu », n'en exige pas non plus. Nous sommes tout ce dont nous avons besoin pour être inspirés et pour que notre vie ait un sens. Toutes les choses qui continuent d'affluer dans notre vie ne sont que des symboles de l'abondance infinie de notre Source. En d'autres mots, ces choses n'ont aucune valeur intrinsèque parce que, dans le monde matériel, tout change et tout s'évanouira dans le néant à la fin.

L'Univers objectif n'est *pas* fait d'objets — il est fait de vagues en mouvement qui *simulent* les objets de la réalité, celle à laquelle on nous a appris à croire. Une fois que nous acceptons que, dans une perspective infinie, toutes les choses que nous voyons dans la nature ne sont pas vraiment ce qu'elles semblent être, elles s'évanouissent. Ainsi, nous comprenons que les objets que nous croyions nécessaires pour être inspirés n'existent pas en ce qui concerne l'Esprit, qui est la connaissance de toute chose. C'est ce qui distingue une personne physique d'une personne spirituelle, l'être non-inspiré de l'être inspiré.

Nous sommes des êtres d'Esprit, animés par l'Esprit (plutôt qu'un corps avec toutes les contraintes qui lui sont inhérentes). Si nous communiquons avec Dieu dans le langage de la lumière et de l'énergie, nous constaterons Sa tolérance amusée devant notre obsession pour l'illusion de la possession. Nous n'avons nul besoin d'une plus grande quantité de quoi que ce soit pour connaître l'inspiration ; nous devons plutôt détourner notre attention de ce qui se trouve devant nos yeux, pour entrer dans le monde miraculeux de l'Esprit, où la joie et la félicité nous attendent.

Ne l'oublions pas : *Nous sommes attachés à tout ce qui, d'après nous, fait défaut dans notre vie.* Se situant au-delà et en deçà de la portée de la perception de nos yeux et de nos oreilles, toute l'activité de la création nous est invisible et inaccessible — mais, lorsque nous cessons de chercher avec nos sens, pour faire confiance à ce que nous savons, nous découvrons la futilité de pourchasser quoi que ce soit pour être inspiré. Tout ce qu'il faut faire, c'est réorienter notre conscience, de telle sorte que les vibrations de nos pensées s'harmonisent avec l'Esprit qui, nous le savons maintenant, fait déjà partie de nous. Et c'est notre état d'inspiration qui permet cette transformation.

En nous accordant avec ce que nous savons, plutôt qu'avec ce que nous voyons, nous découvrons immédiatement que l'Univers entier fait écho à toute pensée de Dieu. Nous observons certaines choses entrer dans notre vie, d'autres la quitter, mais nous demeurons toujours en-Esprit, parce que nous savons qu'elles n'ont rien à voir avec notre état d'inspiration. Nous n'avons besoin de rien de plus pour être inspirés, puisque nous sommes déjà en contact avec l'Esprit. L'ancien poète perse Omar Khayyâm nous a proposé ces mots qui résument ce principe — tout est ici, maintenant :

Oublie ce jour qui a été retranché de ton existence ;
Ne t'inquiète pas pour demain qui est encore à venir,
Cesse de compter sur ce qui n'est plus ; vis l'instant avec plaisir,
Et n'éparpille pas ta vie à tous vents.

Principe # 5 : *Ne laissez pas le doute vous paralyser*

Ce principe est extrêmement important dans la quête d'une vie inspirée parce qu'il nous motive à agir — après tout, nous ne voulons pas être remplis de regrets parce que nous avons omis de répondre à l'appel de notre vie. Il est toujours inspirant de tenter quelque chose, même si nous ne réussissons pas. En effet, nous n'avons pas tendance à regretter ce que nous faisons, mais à nous repentir de ce que nous *n'avons pas fait*. Même une tentative futile peut être épanouissante, parce que nous savons que nous avons au moins tenté le coup. C'est le doute qui nous ronge, quand l'hésitation nous paralyse, qui nous laisse angoissés et insatisfaits.

Lorsque je joue au tennis et que je perds un point parce que j'ai hésité à prendre une initiative, j'ai créé une situation typique où je me demanderai toujours ce qui serait arrivé si j'avais foncé tête baissée. Dans ces moments-là, je me répète : Cesse de ruminer les « si j'avais fait… »

L'inspiration n'a rien à voir avec le fait de gagner ou de perdre ; en fait, si nous jouons simplement la partie de la vie, nous aurons notre part de gains et de défaites, peu importe le talent dont nous sommes gratifiés au départ. Si nous n'osons pas essayer, par crainte du rejet ou parce que nous doutons de nous, nous traverserons la vie paralysés par le doute, ce qui nous empêche de chercher et de trouver l'inspiration.

La plupart d'entre nous, moi le premier, arrivons facilement à nous souvenir de l'intensité de notre premier élan amoureux — tout comme nous nous rappelons ces moments où nous n'avons pas suivi notre inspiration. Par exemple, je me suis toujours demandé ce qui serait arrivé si j'avais osé adresser la parole à une jeune fille du nom de Janice Nelson, qui me plaisait énormément, alors que je fréquentais l'école secondaire. Je voulais l'inviter à sortir avec moi, mais j'ai laissé la peur du rejet m'empêcher de faire les premiers pas, que je brûlais pourtant de faire. À plusieurs reprises, j'ai composé son numéro de téléphone, pour raccrocher au moment précis où j'entendais sa voix à l'autre bout du fil. Je n'ai pu surmonter mes pensées paralysantes et le doute l'a emporté.

Trente ans plus tard, lors d'une réunion d'anciens élèves, j'ai eu l'occasion de danser avec Janice et je lui ai confié les sentiments que j'avais pour elle à l'époque. Je lui ai même raconté de quelle manière je raccrochais brusquement le téléphone par timidité. À mon plus grand plaisir — de même qu'à mon plus grand chagrin — Janice me fit la confession suivante : « *J'ai* toujours eu le béguin pour *toi*. J'aurais tant aimé que tu m'invites. J'ai même essayé de te le faire comprendre indirectement, mais en vain ». Aie ! Voilà un exemple parfait de regrets pour une chose que l'on a pas faite.

Dans *Faust*, Goethe fournit une description poétique des deux âmes qui cohabitent en nous : un esprit qui nous permet de faire cet appel et proposer l'invitation, peu importe les résultats, et l'autre qui s'accroche au monde de la peur, et qui vit torturé par le doute :

> *Hélas, deux âmes vivent dans ma poitrine,*
> *Et l'une d'entre elles veut se séparer de l'autre.*
> *La première s'accroche au monde des passions terrestres,*
> *Et s'y maintient avec ses vrilles entrelacées,*
> *La seconde s'élève avec force passion,*
> *Vers le sommet des cieux.*

Si nous nous élevons « avec force passion vers le sommet des cieux », nous ne nous laisserons jamais plus paralyser par le doute.

Principe # 6 : Rappelez-vous que nos désirs ne se réalisent pas toujours à l'heure prévue

Il existe un aphorisme ancien qui dit : « Si vous voulez vraiment faire rigoler Dieu, parlez-lui de vos plans ». En substance, cela veut dire que tout ce que nous désirons arrivera dans notre vie, mais seulement lorsque nous serons en harmonie avec l'énergie de notre Source, et pas avant. L'ego ne sera pas consulté pour connaître, ou décider, du moment approprié — le Créateur révèle Ses intentions lorsque tel est Son bon plaisir. Notre travail consiste à cesser d'être obsédés par le « quand » et à consacrer notre énergie à communier avec notre Esprit originel. Cela veut dire de cesser d'acculer Dieu au pied du mur, exigeant de Lui des réponses, et de nous appliquer plutôt à Lui ressembler. Notre tâche est de comprendre et d'accepter que toutes les choses qui apparaissent dans notre vie, qui nous semblent souvent contradictoires ou déroutantes, ne s'y trouvent que parce que nous les avons attirées... et que nous avions besoin d'affronter ces obstacles pour déblayer la route conduisant à notre véritable raison d'être en-Esprit. Cela peut exiger que nous changions radicalement notre façon de penser, une chose que Tom Barber sait trop bien.

Tom est le professionnel attitré du Griffith Park de Los Angeles et il administre le Tom Barber Golf Center, dont il est le propriétaire, au sud de la Californie. Son père, Jerry, était le champion de la Professional Golf Association (PGA) en 1961. Tom est un de mes amis intimes et nous pouvons nous parler ouvertement sur à peu près n'importe quel sujet. Un jour, il m'a avoué que ses affaires battaient de l'aile. Il se faisait du souci parce qu'en raison de la récession, les golfeurs étaient moins nombreux sur les parcours.

Je l'ai laissé s'épancher aussi longtemps que j'étais disposé à absorber ce genre d'énergie négative, avant de l'interrompre finalement : « Tom, tu abordes l'ensemble de la question d'un point de vue qui garantit, presque à coup sûr, que ce casse-tête financier ira en s'amplifiant. Essaie plutôt d'affirmer : *Ce que je désire est en marche. Cela se produira en accord avec le plan de Dieu, pas le mien. Tout ce qui m'arrive en ce moment est déguisé en problème, mais je sais qu'il s'agit d'une bénédiction. Ce que je souhaite est en route, et en bien plus grande abondance que je ne peux l'imaginer. C'est ma vision, et je vais m'y accrocher avec un sentiment de gratitude, peu importe ce qui arrive.* »

Environ deux mois après notre conversation, j'ai reçu une lettre de mon ami dans laquelle il me disait : « Merci pour ton petit sermon d'encouragement. Lorsque je me suis mis à affirmer que les affaires et la situation financière que je désirais, étaient en marche, le vent s'est mis à tourner en ma faveur ». Ce qui s'est produit, c'est que Tom a décidé de se tourner vers l'abondance sans bornes de l'énergie de l'Esprit.

Comme le cas de mon ami Tom l'illustre, plutôt que de demander à Dieu de se plier à notre échéancier pour trouver l'inspiration, nous pouvons lâcher prise et abandonner, en ayant confiance que tout se passe dans l'ordre Divin des choses. Nous avons bien plus de succès lorsque nous permettons à l'inspiration de surgir selon le bon vouloir de Dieu, plutôt que de manifester de l'impatience et d'imposer nos exigences. Comme toujours, notre tâche de « réaliser Dieu » consiste à devenir davantage à Son image — c'est-à-dire nous soumettre à Son rythme, qui est toujours parfait, même s'il nous laisse parfois un peu perplexes.

Gardez ces six principes à portée de main et laissez-vous guider par eux dès que vous manquez d'inspiration. Souvenez-vous également que nous sommes entraînés naturellement dans le monde de l'inspiration. Il nous fait signe de « lâcher prise et suivre Dieu », pour reprendre l'expression d'un mouvement de renaissance personnelle. J'aime aussi beaucoup ce conseil offert par un de mes professeurs préférés, Napoleon Hill : « Si vous ne pouvez faire de grandes choses, faites les petites d'une façon grandiose. N'attendez pas les grandes occasions. Saisissez au vol les choses courantes de la vie de tous les jours et donnez-leur de l'envergure. »

Quelques suggestions pour mettre les idées de ce chapitre à votre service

— Prenez l'engagement écrit de vous libérer des pressions des personnes qui essaient de vous dicter le cours de votre vie, selon le modèle suivant : *J'ai l'intention de suivre mes propres idées en ce qui concerne ma vie. Je serai réceptif aux conseils des autres, mais je ferai ce que ma conscience me dicte, même si cela m'attire leur désapprobation.* En écrivant vos intentions, et en les gardant à portée de main pour vous rafraîchir la mémoire au besoin, vous cultiverez l'énergie et l'inspiration qui vous permettront de poursuivre vos propres intérêts. L'intention derrière ces mots est de vous soutenir et de vous inciter à demeurer ferme dans votre résolution de suivre votre propre inspiration. N'employez pas la colère ou la violence pour vous libérer de l'opinion des autres — vous êtes un Esprit, un champ d'énergie où règne l'amour. Vous devez être amour pour être en-Esprit.

— De petits pas activeront le processus qui accordera vos vibrations avec vos désirs. Ainsi, si votre rêve est de vivre près de la nature, organisez une excursion à l'endroit de vos rêves et faites l'expérience, aussi modeste soit-elle, afin de découvrir ce que vous en retirez. Si vous ne pouvez le faire, ou n'êtes pas prêt à tenter l'expérience, vous pouvez lire des livres ou louer des films pour vivre l'expérience indirectement. Soyez attentif à l'énergie vibratoire de vos pensées et des actions que vous offrez à l'Esprit.

Lorsque ma fille Skye manifesta le désir de produire un CD de ses propres compositions, elle fut d'abord découragée par la tâche écrasante que cela représentait. Il lui aurait fallu écrire ses chansons, les interpréter, les enregistrer, réserver du temps en studio et engager des musiciens. Elle temporisait et n'osait entreprendre ce qui l'inspirait vraiment. Je l'ai donc encouragée à faire un premier pas modeste consistant à écrire une seule chanson. Je lui ai fait une suggestion pour le titre et je lui ai fixé une échéance précise — et j'ai alors observé avec joie et fierté que devant son piano, plongée dans l'inspiration, elle créait. Un petit pas à la fois sur la voie de l'inspiration, tout comme Napoleon Hill le suggérait.

— Plutôt que de vous fixer des buts, prenez l'engagement de vivre joyeusement dans le moment présent. Cessez de rêver au futur, et replonger dans la seule chose qui nous appartient tous : maintenant. Décidez de vivre dans le moment présent, chassant de votre esprit le passé et le futur. Votre désir d'être inspiré anime le monde de l'Esprit d'où vous venez. Votre futur imaginaire et vos supposés objectifs ne sont que des moyens de gaspiller le moment présent. *Be Here Now* [*Ici et Maintenant*], n'est pas seulement le titre d'un grand livre écrit par Ram Dass, c'est l'essence même de l'inspiration. Vivre dans l'instant présent est un moyen d'éliminer l'angoisse, le stress et même certaines maladies.

Ici et maintenant, attablé devant ma feuille, je peux rêver éveillé autant que je le désire à la tâche de compléter ce livre. Tout ce qu'il m'est possible de faire, toutefois, (et c'est précisément ce que je fais), c'est d'écouter ma voix intérieure, offrir des vibrations appropriées à mes appels intérieurs, et éprouver la joie de laisser mes pensées jaillir d'elles-mêmes sur ces pages. Mon « objectif » a été mis de côté, préférant me mettre au service du « Grand Patron » qui me souffle ce que je dois faire. Le résultat final va de soi, tout bonnement parce que je le vois dans mon esprit, et que je vis le moment présent en harmonie avec ma vision.

— Respectez le silence et le désir brûlant qui se trouvent en vous — ne le rabrouez pas, et refusez d'être critique ou de porter des jugements. Créez un espace sacré chez vous, un endroit privé où vous pourrez placer un autel, symbolisant la résidence de votre vision intérieure. En passant à proximité de cet autel, offrez une prière silencieuse et exprimez de la gratitude pour la présence de l'inspiration dans votre vie. Cet autel peut comporter des photographies, des articles de magazines, des artefacts, des totems, des bijoux, des plaques commémoratives… tout ce qui peut vous rappeler votre passion. Aussi « insensée » ou « tirée par les cheveux » que puisse vous sembler cette idée, rappelez-vous que si vous parlez et vivez en compagnie de rappels quotidiens de l'Esprit, vous vibrerez en accord avec l'énergie de l'appel de votre vie.

Lorsque j'étais beaucoup plus jeune, plusieurs personnes ridiculisaient et regardaient de bien haut ma vision de devenir auteur et conférencier. J'ai toutefois traité mon appel intérieur avec toute la vénération qu'une chose sacrée mérite. En tenant ma vision personnelle en haute estime pendant mes années d'adolescence, j'ai pu me lancer dans l'écriture d'un roman, sans tenir compte des opinions exprimées autour de moi. Lorsque vous faites confiance à votre vision intérieure, vous placez votre confiance dans la sagesse même qui vous a créé.

— Affirmez que tout ce qui crée de la passion, de l'enthousiasme et de l'inspiration dans votre vie est en marche et se dirige vers vous. Répétez souvent : *C'est en chemin, cela arrivera à temps, et en plus grande abondance que je ne suis en mesure de l'imaginer.* Alors, soyez à l'affût du plus petit indice qui vous aidera à vibrer en harmonie avec votre affirmation. Vous obtiendrez l'objet de vos pensées, que vous le vouliez ou non.

* * *

C'est par les paroles d'un homme, qui fut à la fois philosophe et empereur romain, que je conclurai ce chapitre. Marc-Aurèle dédaignait les pensées violentes et se refusait à faire la guerre ; en fait, il fit régner sur son empire une philosophie de paix et de respect pour son prochain. Il parle ici des choses que nous oublions lorsque nous ne sommes pas inspirés ou cessons d'être en-Esprit.

> « Lorsque vous laissez quelque chose vous inquiéter, vous avez oublié ceci, que toute chose se produit en accord avec la nature universelle ; et vous avez oublié ceci, que les actes répréhensibles d'un homme ne vous concernent pas ; et vous avez oublié ceci, que tout ce qui arrive, est arrivé de la même manière, et surviendra de la même manière partout ; vous avez encore oublié combien la filiation est étroite entre un homme et toute la race humaine, car c'est une communauté, non pas de sang ou de racines, mais d'intelligence. Et vous avez oublié aussi que tout homme est un dieu, et qu'il est un flux de déité ; et vous avez oublié ceci, que rien n'appartient en propre à l'homme, mais que son enfant, son corps et son âme même sont des dons de la déité ; et vous avez oublié que tout homme ne vit uniquement que le temps présent, et ne perd que celui-là. »

Employez ces mots comme un répertoire de choses à ne pas oublier lorsque vous cherchez à retrouver le chemin de l'inspiration.

CHAPITRE 7

L'INSPIRATION
ET VOTRE PROPRE MAGNIFICENCE

*« Pour changer une personne, il est nécessaire de changer
la perception qu'elle a d'elle-même. »*

— ABRAHAM MASLOW

*« Tu es une existence primordiale, un fragment distinct
de l'essence de Dieu et tu possèdes en toi une certaine partie de Lui.
Pourquoi es-tu ignorant de la noblesse de ta naissance ?
Tu portes Dieu en toi, pauvre hère, et tu ne le sais même pas. »*

— ÉPICTÈTE

DANS CE CHAPITRE, il sera question de notre magnificence
Divine. Nous examinerons par quels moyens nous pouvons
arriver à ne plus jamais l'oublier, pour le restant de notre vie.

Il est primordial d'éliminer les opinions qui peuvent nous
amoindrir à nos propres yeux ou nous faire douter de notre grandeur Divine. La citation d'Abraham Maslow ci-dessus donne le
ton à notre entreprise : si nous voulons passer de la désillusion à
l'inspiration, de l'apathie et de l'indifférence à la passion et à

l'enthousiasme, alors nous devons changer radicalement notre perception de nous-mêmes.

Je suis un observateur attentif du genre humain. Je m'intéresse sans cesse au comportement des gens, à la façon dont ils s'occupent de leur corps, à ce qu'ils mangent et à leur manière de se mouvoir ; je prête une oreille attentive aux paroles faussement désinvoltes qui trahissent leur opinion à leur sujet. Je suis fasciné par ce que les gens pensent d'eux-mêmes — et il est bien rare l'individu dont l'image de lui-même correspond à la description d'Épictète, en tête de ce chapitre.

Alors, qu'est-ce qui nous interdit de penser que nous sommes « d'essence divine » et de « noble naissance » ? Seul l'ego nous en empêche et seulement si nous le lui permettons. Un point de vue non-égotiste doit être fermement enraciné pendant le voyage vers une vie inspirée et passionnante. Nous devons prendre la décision de revenir à l'image de nous-mêmes que nous savions être vraie lorsque nous étions dans la dimension immatérielle, en train d'envisager notre transformation en un être physique porteur d'une mission.

Qui suis-je ? Voilà la « grande question ». Nous sommes si habitués de nous identifier à nos possessions, à nos réalisations, à nos revenus et à l'opinion des autres, que nous avons perdu le contact avec notre identité originelle. La réponse à cette question est la suivante : *je suis un fragment unique de l'essence de Dieu. Mon origine est en-Esprit, et pourtant, j'ai oublié cette vérité fondamentale.* Si nous en étions pleinement conscients, nous serions tous résolus à entendre l'appel de notre vie et à vivre une existence inspirée. Chacun se verrait comme un être spirituel, libre de toute limitation et confiant que la lumière Divine éclairera son chemin à chaque pas. Si nous ne nous sentons pas comme cela présentement, il est vital que nous suivions le conseil du Dr Maslow et que nous changions notre état d'esprit.

Changer notre perception de nous-mêmes

Comment penserions-nous et agirions-nous au quotidien si nous étions vraiment conscients de notre nature Divine ? Manifestement, nous n'aurions aucun reproche à nous faire, car nous ne douterions jamais de nos aptitudes. Nous regarderions notre réflexion dans la glace en éprouvant de l'amour et de l'appréciation : nous serions persuadés de pouvoir attirer vers nous tout ce que nous désirons ; nous traiterions notre corps avec respect et égards, reconnaissants pour sa conception Divine ; nous célébrerions chacune de nos pensées, conscients de leur origine Divine ; nous reconnaîtrions nos brillants talents et serions éblouis par nos accomplissements.

Nous devons éveiller notre conscience à toutes les facettes de notre magnificence. Lorsque ce sera fait, les semences de l'inspiration se mettront à éclore. Voici une expression de cette vérité fondamentale offerte dans les écrits de Bahaullah, fondateur de la foi bahaïe : « Cet Océan immense, impalpable et émergeant est près, étonnamment près de vous. Voyez, il est plus près de vous que la veine même de votre vie ! En un clin d'œil, vous pouvez, mais seulement si vous le voulez, atteindre et profiter de cette faveur impérissable, de cette grâce donnée par Dieu, de ce présent incorruptible, de cette abondance intarissable, de cette générosité si glorieuse que les mots sont impuissants à la décrire. »

Il est impossible d'être en-Esprit sans une transformation préalable de notre conscience ; en l'accomplissant, nous nous accordons la faveur de nous débarrasser de nos défauts, de nos limites, de nos lacunes et de nos imperfections, pour vivre en accord parfait avec notre magnificence.

Cette abondance « si glorieuse que les mots sont impuissants à la décrire » est tout près de nous… tout ce que nous devons faire, c'est effectuer quelques changements qui ne prendront qu'un « clin d'œil » à accomplir. Alors, pourquoi ne pas les faire maintenant ?

Dans ce qui suit, nous décrirons trois des transformations de notre conscience les plus évidentes et les plus importantes que nous puissions réaliser.

1. Changer notre perception de nos dons et talents magnifiques

Je voudrais insister sur un point extrêmement important : je ne me penche pas sur l'estime de soi, pas plus qu'il n'est question ici de fortifier la confiance en soi. Ce que je dis plutôt, c'est que nous devons garder l'importante question : *Qui suis-je ?* à l'avant-scène de notre conscience. Cette question n'est pas reliée à certaines expériences de vies antérieures ; elle n'a rien à voir avec ce que l'on nous a dit au sujet de nos qualités spéciales ou de nos talents uniques ; et elle n'est pas liée au sentiment de notre valeur ou de notre manque de valeur personnelle — il n'est question ici que de la simple vérité.

Comme Épictète, philosophe au premier siècle de notre ère, l'a si bien dit : «*Tu portes Dieu en toi, pauvre hère, et tu ne le sais même pas* ». Tout comme Épictète qui, né esclave, est néanmoins devenu l'un de nos plus grands penseurs, nous sommes venus au monde remplis de talents. Nos facultés sont illimitées, à l'image de celles de Dieu, parce que nous sommes une portion distincte de Son essence — et il existe un moyen infaillible de commencer à employer ces facultés et à créer comme Il le fait.

Ce moyen, c'est de prendre conscience que tout sujet qui déclenche notre enthousiasme est un indice que nous avons le talent pour y exceller. Tout ce qui nous fascine vraiment est la preuve d'un talent Divin (bien que latent) qui signale sa présence à notre conscience. Manifester de l'intérêt pour un sujet est le signe d'une pensée en communication avec notre appel — cette pensée est une énergie vibratoire dans ce vaste Univers. Si quelque chose nous séduit *vraiment* et qu'il déclenche en nous de l'enthousiasme, mais que nous croyons être dépourvus du talent nécessaire pour le concrétiser, nous sommes probablement en face d'une vibration encore plus énergique.

Tout ce qui nous emballe est la preuve d'un message spirituel qui nous dit : « Tu peux le faire — oui, tu peux y arriver ! » Si nous réagissons à ce message autrement que par : « C'est vrai — *Je peux* y arriver ! », alors nous avons sélectionné la vibration de la résistance, ignorant celles de l'excitation et de l'intérêt qui nous sollicitaient.

Comment pourrait-il en être autrement ? Nous ne penserions pas à des thèmes qui nous intéressent et nous emballent, si nous n'avions pas les habilités nécessaires pour agir dans le sens de ces pensées. Ceci est d'autant plus vrai que nous sommes une partie de la Force Toute Créatrice, Toute Puissante et d'une Infinie Sagesse. Le fait de manifester de l'intérêt et de l'enthousiasme pour quelque chose est la seule preuve dont nous ayons besoin — c'est l'inspiration droit devant soi, nous implorant d'être attentifs à sa présence. Conséquemment, nous devons modifier notre conscience, afin d'être attentifs à ce qui nous stimule plutôt qu'à l'opinion des autres. Nous devons ignorer les résultats de certains tests d'aptitudes, mais surtout, notre propre inventaire d'expériences passées qui nous a fait conclure que n'étions pas talentueux ou incapables.

Nos pensées sur ce que nous sommes, sur ce qui nous excite et sur ce que nous nous sentons appelés à être et à faire, sont toutes Divinement inspirées. Elles nous viennent toutes avec les lumières et l'assistance dont nous aurons besoin pour actualiser ces buts. La décision à ce carrefour est la suivante : Sommes-nous prêts à écouter ces pensées Divines qui piquent notre curiosité, ou nous contenterons-nous d'écouter le faux soi qui fait de nous, pour reprendre les mots d'Épictète, « un pauvre hère ».

* * *

Plutôt que de procéder à l'étude de cas dont je n'ai qu'une connaissance indirecte, j'utiliserai ici quelques épisodes de ma vie pour illustrer l'écoute du faux soi.

Mon passé apparaîtrait comme une illustration peu convaincante de ce que j'appelle ici, la magnificence. Voici comment je pourrais le décrire en quelques lignes : *Né d'un père alcoolique qui a abandonné ses trois enfants ; années d'enfance passées en foyers d'accueil ; étudiant peu motivé, typique produit de l'école publique ; adolescence passée au bas de l'échelle sociale ; n'a bénéficié d'aucun avantage financier ni d'aucun modèle à suivre, ou d'ambitions particulières pour poursuivre des études supérieures ; engagé pendant quatre ans dans la Marine américaine ; accepté conditionnellement à l'université à l'âge de 22 ans en raison de notes inférieures à la moyenne à l'école secondaire ; s'est frayé un chemin jusqu'aux études supérieures, en occupant des emplois de caissier et de manutentionnaire dans une épicerie de Détroit.* Il ne s'agit pas précisément du cheminement recommandé pour devenir l'auteur de 25 succès de librairie et conférencier en demande.

Je ne m'attarderai pas ici sur tous ces professeurs d'écritures et d'expressions créatives qui m'ont décerné de mauvaises notes lors de mes premières tentatives. Tout ce que je peux affirmer avec certitude, c'est que j'ai toujours su que l'écriture m'attirait et que la perspective de divertir et d'informer un auditoire m'enthousiasmait — n'importe quel auditoire ! D'après les critères « reconnus », je n'avais aucun don pour l'écriture. Ce que j'avais (et que j'ai encore) était de l'intérêt et de la passion pour l'écriture : cela m'inspirait, me faisait frissonner de plaisir, me transportait. Du point de vue de l'inspiration, j'avais toutes les habiletés requises, et c'est tout ce qu'il me fallait savoir.

Alors, tout comme maintenant, j'ai placé ma confiance dans l'Univers afin qu'Il s'occupe de tous les détails, incluant : *Est-ce que je serai publié ? Est-ce que les critiques approuveront mon travail ? Est-ce que mon livre aura du succès ? Ma mère m'approuvera-t-elle ? Aurai-je droit à des excuses de l'un de mes anciens professeurs ?* Mais qui se soucie vraiment de tout cela ? Le fait que l'écriture me passionne, est tout ce que j'ai besoin de savoir. En constatant que je suis le fil de cette idée et que j'y reste fidèle, je conclus que j'ai les aptitudes et le talent qu'il faut… et vous aussi.

Il est facile, pour vous aussi, de découvrir ce qui vous fait vibrer. Qu'est-ce qui vous fascine ? Est-ce que l'apprentissage du yoga et l'idée de devenir entraîneur vous séduit ? Alors, vous avez votre réponse. Il n'est pas ici question de talent ; il s'agit d'être en harmonie, en-Esprit, dans vos pensées et vos comportements actuels. Je me souviens encore de la joie que j'ai ressentie lorsque j'ai été admis au programme de doctorat. Aucun autre membre de ma famille n'avait envisagé pareil cheminement, je ne connaissais pas une seule personne ayant entrepris, et encore moins terminé, des études avancées, et pourtant, j'étais enthousiasmé à un point qu'il m'est impossible de décrire ici. Je savais que le talent et les aptitudes qui me seraient nécessaires en chemin ne me feraient jamais défaut.

Alors, qu'en est-il de votre vie ? Vivez-vous dans la résistance, ou laissez-vous votre enthousiasme et votre fébrilité vibrer au diapason de ce qui vous fascine ? Gardez à l'esprit qu'à titre d'une des pensées glorieuses de Dieu, vous provenez d'un champ d'énergie qui ne connaît que les possibilités. Alors, demeurez en harmonie vibratoire avec cette idée et sachez que vos pensées — qui émergent sous les dehors de l'intérêt, de l'enthousiasme, de frissons intérieurs et de sensations lumineuses — sont des indications que vous avez les habiletés nécessaires pour ne faire qu'un avec votre magnifique créativité. Vous provenez de cette magnificence, et vous êtes toujours magnifique.

2. Changer notre perception
de notre magnifique présence physique

À l'époque où j'écrivais ce livre, alors que je participais à un passionnant match de tennis, j'ai surpris les propos d'une femme qui conversait sur son cellulaire : « Je ne peux croire qu'elle ait pu dire pareille chose — elle est si moche elle-même ». J'étais sur le point de servir la balle à mon partenaire, mais je me suis arrêté, le temps de prendre une note me rappelant d'écrire au sujet de cet incident et de la question qu'il soulevait : « *Comment une créature de Dieu peut-elle être moche, de quelque façon que ce soit ?* » me suis-je alors demandé.

L'image d'une tarte aux pommes m'est alors venue à l'esprit : une part doit sûrement être identique à toute la tarte — le fruit d'une section ne peut se changer en ananas ou en banane. Cette même logique s'applique à nous tous : si nous provenons de la Source, comment pourrions-nous lui être différents ? Je doute que cette dame ose jamais affirmer que Dieu est « moche », mais c'est bien ce qu'elle a fait sans s'en rendre compte. Et nous faisons exactement la même chose lorsque nous apposons des étiquettes péjoratives sur notre corps, le temple magnifique que nous occupons.

Dans la section précédente, nous avons répondu à la question *Qui suis-je ?* en termes spirituels plutôt que physiques. Posons alors la même question en ce qui concerne notre corps. Même si nous l'habitons depuis le moment où nous n'étions qu'à l'état d'embryon, il est toujours pertinent de se demander : *Quel est ce corps qui a émergé de l'Esprit ?*

Notre corps est composé d'éléments chimiques qui sont bien trop nombreux pour que je puisse tous les énumérer ici, mais en voici quelques-uns : le fer, le magnésium, le calcium, l'azote, l'hydrogène, etc. Ces éléments font partie d'une réserve limitée d'éléments chimiques sur Terre et c'est ainsi que, ce qui circule dans nos veines, fait partie de cet inventaire fini. Le fer qui se trouve maintenant dans notre sang était autrefois quelque part ailleurs — peut-être dans un dinosaure, dans le corps de Jésus ou dans une montagne de l'Afghanistan — et maintenant, il est dans notre corps. Et lorsque nous le quitterons, notre réserve de fer se logera quelque part ailleurs sur Terre.

En d'autres termes, notre planète est constituée des mêmes éléments chimiques qui composent notre organisme. Du point de vue du chimiste, il n'y a pas de différences entre les êtres humains, les minéraux, les arbres, les orangs-outans ou les étoiles lointaines — pulvérisez-les et vous retrouverez les mêmes éléments constitutifs. Notre présence physique est un méli-mélo d'éléments physiques spirituellement animés et, en fin de compte, nous sommes fabriqués avec les mêmes matériaux que les étoiles. Nous sommes de la poussière d'étoiles. C'est exact, la substance des rêves — tourbillonnante, magique, d'une grande beauté, de la poussière d'étoiles, constellée de lumière !

Souvenez-vous que l'Esprit qui nous a engendrés peut tout créer, y compris des univers entiers. Alors pourquoi choisirait-il des créations laides ou sans attraits ? Nous sommes ici, occupant ce corps parfait pour la durée de notre incarnation. Il s'agit d'un véritable miracle qui vit et respire. Il est guidé et animé par une Force invisible qui dirige toute chose et tout être dans l'Univers : celle qui fait battre notre cœur, digère nos aliments, fait circuler notre sang, fait pousser nos cheveux et efface nos coupures et nos ecchymoses, sans tenir compte de nos opinions.

J'ai écrit précédemment au sujet de l'indépendance à l'égard de l'opinion des autres. Dans cette foulée, nous ne sommes pas beaux ou attrayants en fonction de la manière dont nous soutenons la comparaison avec un top modèle — nous sommes beaux parce que nous venons de la beauté, parce que nous devons être identiques à ce dont nous provenons. Toutes les étiquettes, telles que *moche, laid, commun,* et *repoussant* (de même que *joli, attirant, beau* et *superbe*) sont des jugements conçus pour comparer une personne avec une autre, en se basant sur des normes artificielles établies par des personnes et des organisations dominées par leur ego.

Vivre en-Esprit signifie que nous voyons notre corps avec toutes ses caractéristiques uniques et que nous éprouvons de la reconnaissance pour ce temple idéal qui loge temporairement notre véritable « existence primordiale ». Qu'il soit petit ou grand, chauve ou chevelu, trapu ou mince, témoignez-lui chaque jour votre appréciation et votre amour. Même s'il ne peut voir ou entendre, occupe un fauteuil roulant ou un lit d'hôpital, a les dents gâtées ou seulement trois orteils — peu importe — aimez cet amalgame de poussière d'étoiles ! Vous pourriez lui exprimer votre gratitude en récitant une prière comme celle-ci : *Je pense à mon corps comme à un élément de l'Éternel, à une expression individualisée de Dieu. Je vis en-Esprit, inspiré, parce que je suis composé de la même énergie aimante qui m'a créé, laquelle est parfaite.*

Réfléchissez à la logique de ce que je dis ici. Manifestement, nous ne pourrons vivre une vie d'inspiration si nous sommes incapables de percevoir l'enveloppe physique qui nous accompagne partout comme une création Divine et parfaite. Notre attitude à l'égard de notre corps, incluant notre façon de le nourrir et de l'entraîner, doit être à la hauteur de l'Esprit. Puisque nous venons de l'amour, nous devons accorder de l'amour et de l'appréciation à notre corps en tout temps, pour connaître la véritable inspiration.

3. Changer notre perception à l'égard de notre magnifique histoire personnelle

Le troisième et dernier changement à l'égard de notre magnificence inspirée est sans doute notre plus grand défi. De quelle façon pouvons-nous évaluer tout ce que nous avons fait (et tout ce que nous ne sommes pas parvenus à faire) à travers la lentille de notre grandeur, surtout si nous avons été habitués à ressentir de la honte et à nous couvrir de reproches pour nos déficiences perçues et nos faiblesses. Très tôt dans la vie, on nous a enseigné à juger notre valeur comme être humain en fonction de notre capacité d'adaptation, de nos résultats académiques et des symboles honorifiques que nous méritions. Plus tard, lorsque nous sommes devenus adultes, nous avons été évalués selon l'importance de nos revenus, de nos promotions, de nos bonnes ou mauvaises relations et des fautes que nous avons commises. Et la liste de ces jugements dictés par l'ego, ceux qu'on nous a inculqués et ceux que nous nous sommes imposés, s'allonge toujours.

À ce stade-ci, il nous faut voir notre passé dans la perspective que tout ce que nous avons accompli, tant nos succès que nos échecs, sont derrière nous. Nous ne pouvons les *dé*faire ou les *re*faire — mais nous avons le choix de regarder le passé à travers le jugement de l'ego ou du point de vue de l'inspiration. Nous pouvons nous pardonner ou, au contraire, nous couvrir de honte. Puisque notre but est d'être davantage à l'image de notre Source Créatrice, qui est générosité et pardon, nous devons adopter la clémence — mais il ne s'agit pas là du scénario privilégié par l'ego.

Dans le passé, il nous est tous arrivé de réagir à certaines situations d'une manière que nous ne voudrions pas répéter aujourd'hui. J'ai fait moi-même plusieurs choses que je ne voudrais pas revivre — toute personne qui a surmonté, ou qui surmonte présentement une dépendance, considère avec gratitude l'expérience qui lui a permis d'atteindre un lieu plus valorisant, plus aimant, plus sobre. Comme je l'ai mentionné ailleurs, la vraie noblesse ne consiste pas à être meilleur qu'un autre, mais plutôt à être meilleur de ce que nous avions l'habitude d'être. Chacune des expériences de ma vie, jusqu'à ce jour précis, m'a été nécessaire pour me permettre d'arriver jusqu'ici, et d'écrire ces mots. Quelle preuve puis-je offrir à l'appui de cette affirmation ? Cela s'est produit — et c'est la seule démonstration qui compte.

Quand nous jetons un regard rétrospectif sur notre vie, nous découvrons que nous n'avons jamais échoué... tout ce que nous avons fait, c'est produire des résultats. Il est impératif que nous prodiguions de l'amour à ceux que nous avons blessés et que nous nous pardonnions à nous-mêmes, afin de guérir nos agonies intérieures. Nous pouvons alors reconnaître qu'il fallait que nous vivions ces expériences pour accéder à un endroit plus élevé. Une chose que j'ai apprise au cours de mes 65 années d'existence, c'est que virtuellement chacun de mes progrès spirituels, ces moments où je me suis tourné davantage vers l'énergie Divine, a été précédé par une forme ou une autre de disgrâce. Ces « erreurs » me permettent d'écrire et de parler avec plus de compassion — comme si elles me procuraient l'énergie pour me propulser vers des états plus élevés. En réalité, je bénis ces « échecs » parce que je sais que j'avais besoin de passer par *là* pour arriver *ici*.

Soyez indulgent avec vous-même et apprenez à vous pardonner vos fautes. Laissez tomber toutes vos hontes et refusez de vous enliser dans l'auto-répudiation. Léon Tolstoï a écrit que « la chose la plus difficile — mais néanmoins essentielle — c'est d'aimer la Vie, de l'aimer même si on souffre, parce que la Vie est tout. La Vie est Dieu, et aimer la vie, c'est aimer Dieu. »

Alors, aimez chaque moment de votre vie, en particulier votre passé parsemé d'échecs.

Quelques suggestions pour mettre les idées de ce chapitre à votre service

— Lorsque vous croisez des personnes que vous aviez l'habitude de juger sévèrement, interrompez le cours de vos idées et rappelez-vous qu'elles partagent la même force Divine que vous. Substituez aux jugements tels que, *exagérément gros, négligé, inqua-*

lifiable, ou peu importe la terminologie que vous utilisez normalement, par une pensée sereine de pur amour, en vous rappelant que personne n'est repoussant aux yeux de Dieu. Cherchez les occasions de remplacer les jugements méprisants par des appréciations bienveillantes. Faites-moi confiance — chaque fois que vous exprimez de l'amour à ceux qui n'en reçoivent jamais, vous plantez la graine de l'inspiration.

— Se pardonner à soi-même pour ce qui nous remplit de honte est excessivement important. Tout ce qui est survenu était nécessaire, alors laissez tomber les regrets et remplacez vos sentiments négatifs par de la gratitude pour ce que vous avez appris. Si votre objectif est d'être inspiré, alors vous devez éliminer la résistance que vous opposez à ce magnifique état d'être.

Après vous être pardonné, accordez le même traitement à ceux qui vous ont maltraité. Il y a trois personnes dans ma vie pour lesquelles je ressentais tant de colère et de haine, que j'en devenais littéralement malade dès que je pensais à elles. Toutefois, après avoir présenté mon amour à ces individus, des choses magnifiques sont venues vers moi du monde de l'Esprit.

Pratiquez le pardon à chaque jour. Les situations où cela est le plus difficile, voire impossible, sont les plus importantes !

— Conservez une liste de tout ce qui vous intéresse ou vous emballe, peu importe si cela vous semble insignifiant. Rappelez-vous qu'il s'agit-là d'indicateurs et d'indices, qu'autour de vous et en vous, se trouvent le talent et l'assistance spirituelle nécessaires pour en faire une réalité.

— Et pourquoi ne pas consacrer un peu de temps pour honorer et aimer le temple dans lequel vous habitez. Votre corps physique est un espace sacré — il est divin, merveilleux et parfait — vous pouvez certainement l'améliorer de toutes les manières qui vous viennent à l'esprit : le raffermir, éliminer ses toxines et même le décorer. Gardez toutefois à l'esprit que votre corps, béni, divin et parfait, est capable de vous procurer tout ce dont vous avez besoin lorsque vous êtes en-Esprit.

— Voici une pensée inspirée que vous devriez garder près de votre cœur : *Tout comme vous ne trouverez jamais la lumière en analysant la noirceur, vous ne trouverez jamais votre magnificence en vous acharnant sur ce que vous trouvez banal à votre sujet.* Cherchez les occasions de confirmer votre grandeur et admettez sans fausse pudeur que vous êtes une création merveilleuse. Dès qu'une pensée dévalorisante surgit dans votre esprit, appliquez immédiatement les freins, et faites une affirmation comme celle-ci : *Je suis un être Divin, un fragment distinct de l'essence de Dieu.* Ce rappel silencieux fera davantage pour votre inspiration qu'un millier de livres et une centaine de séminaires.

* * *

J'ai débuté ce chapitre en citant le Dr Abraham Maslow, sans doute l'un des penseurs les plus influents dans ma vie, déjà depuis plusieurs années : « *Pour changer une personne, il est nécessaire de changer la perception qu'elle a d'elle-même* ». Réfléchissez à la manière dont vous voudriez suivre ce conseil. Il vous est impossible d'être médiocre, parce que vous êtes magnifique en tout. Alors, cherchez des moyens qui vous permettront de changer la perception que vous avez de vous-même, de prendre conscience de votre magnificence et d'être réceptif à l'inspiration, à l'appel de votre vie.

CHAPITRE 8

L'INSPIRATION EST SIMPLE

*« J'ai vécu suffisamment longtemps pour savoir
ce dont je peux vraiment me passer. . . .
Celui qui a besoin de bien peu de choses est le plus près de Dieu. »*

— SOCRATE

PENDANT UN MOMENT, IMAGINONS ce qui se passerait si nous étions vivants, mais sans enveloppe physique, dépourvus de toutes ces choses dont nous avons besoin, ou que nous désirons, pour nous maintenir en vie sur Terre. Par notre seule énergie mentale, nous pourrions nous déplacer vers l'avant ou l'arrière, vers le haut ou le bas et créer instantanément tout ce que nous souhaiterions. Nous serions libres de goûter à une existence exquise, libérée des contraintes du temps ou de l'espace, telles que nous les connaissons. Nous serions dans un état de pure félicité, en amour avec toutes choses et avec tous les êtres. Nous n'aurions aucune obligation, aucun paiement à honorer, aucune peur de perdre quoi que ce soit, il n'y aurait personne pour nous juger, aucune propriété à assurer, aucun délai à respecter et aucun but à atteindre.

Ce que nous sommes en train d'imaginer est, en réalité, le monde de l'Esprit dont nous avons fait l'expérience avant de venir sur Terre, et où nous retournerons lorsque nous nous dépouillerons de notre corps (ou comme William Butler Yeats l'appelle poétiquement, notre « manteau en loques sur un bâton »).

Souvenez-vous de l'une des prémisses centrales de ce livre : l'inspiration est un état où nous sommes à la fois ici et maintenant dans ce monde physique, tout en recréant un contact avec notre origine spirituelle. Pour être réceptifs à l'inspiration, nous devons nous délester du superflu sous lequel l'ego étouffe la plupart d'entre nous — après tout, si nous sommes préoccupés par des événements et des activités qui n'ont rien à voir avec l'inspiration, nous n'entendrons probablement pas ses invitations. Afin d'opérer l'union avec notre appel ultime, nous devons émuler le monde lumineux et exempt de complications de l'Esprit.

Les trois clés d'une vie simple

Même si l'idée centrale de ce chapitre est que l'inspiration est simple, cela ne veut pas dire que nous devrions nous croiser les bras en attendant l'arrivée de l'Esprit ; cela signifie plutôt que nous devons avoir confiance que notre connexion spirituelle s'épanouira si nous consacrons notre vie à la joie, à l'amour et à la paix. Si nos activités quotidiennes sont si écrasantes qu'il est impossible de placer ces trois éléments en tête de nos priorités, c'est que nous ne sommes pas encore acquis à la valeur d'une vie simple.

Examinons maintenant les trois « clés de la simplicité » plus en détails.

La joie

Un horaire surchargé rempli d'activités superficielles exclut l'expérience de l'inspiration. Par exemple, quand nous cédons à l'obligation de siéger sur des comités ou des conseils d'administration, acquiesçons à toutes les demandes pour écrire sur des sujets qui ne nous inspirent pas, ou acceptons les invitations à des événements qui nous ennuient, nous sentons la joie se vider de notre corps et de notre esprit.

Nous devons être réceptifs aux invitations de l'Esprit pour nous sentir inspirés. Lorsque notre emploi du temps devient trépidant, rempli de turbulences inutiles parce nous n'avons pas pris la peine d'en simplifier l'organisation, nous ne pouvons entendre les appels parfois subtils de notre Source... et nous laissons le stress, l'angoisse et même la dépression se glisser en nous. Alors, peu importe ce qui nous procure de la joie, nous devons simplement agir dans ce sens.

Quelle que soit notre situation sociale présente, nous avons le devoir spirituel de faire de la joie un compagnon de chaque jour — nous devons apprendre à faire le choix conscient de refuser tout ce qui nous entraîne hors du sentier d'une vie inspirée. Nous pouvons le faire en douceur, tout en signifiant à notre entourage, d'une manière non-équivoque, que c'est de cette manière que nous avons choisi de vivre. Nous pouvons décliner les invitations à poser des gestes qui ne concordent pas avec le motif profond de notre présence ici.

Même au travail, nous pouvons trouver des moyens de ne jamais repousser l'inspiration au second plan. Par exemple, pendant mes années d'enseignement universitaire, je me souviens qu'on me demandait sans cesse de participer à des activités qui me rebutaient. J'ai alors trouvé un moyen simple de m'y soustraire : j'ai augmenté le nombre de cours que je donnais et, en contrepartie, mes collègues participaient aux meetings d'élaboration des programmes académiques, siégeaient sur les comités de recherches et rédigeaient des rapports sur l'aménagement des bâtiments. Je veillais à toujours écouter mon cœur qui réclamait de la joie.

Gardez à l'esprit qu'il n'y a que les vibrations de nos propres pensées qui peuvent nous empêcher d'éprouver de la joie. Si nous comprenons que nous n'avons pas à vivre une existence remplie d'activités pénibles, alors nous pouvons choisir le chemin de l'inspiration. Adopter la joie exige de s'accorder des moments de loisir, au lieu de se laisser enchaîner à un emploi du temps cauchemardesque de bourreau de travail. *Nous méritons de vivre la joie — il s'agit-là de notre appel spirituel.* En nous accordant du temps pour lire, méditer, faire de l'exercice et des promenades dans la nature, nous invitons dans notre vie le guide intérieur qui attend patiemment l'occasion de nous communiquer ses messages inspirants.

Il n'y a pas non plus de lois nous obligeant à être constamment aux ordres et au service des membres de notre famille. Je ne vois pas de raison de ressentir autre chose que de la joie, lorsque nous nous sentons justifiés de répondre à notre vocation, même si cela entre en conflit avec les désirs de l'un de nos proches. En fait, les enfants bénéficient de savoir que le rôle des parents consiste à leur apprendre à *ne pas* dépendre d'eux. Élever des enfants indépendants, capables de trouver leur inspiration personnelle et découvrir leur propre bonheur est important pour tous — nous voulons qu'ils fassent ce qu'ils se sentent appelés à faire, pour eux-mêmes, et non pour nous. Nous pouvons tirer un grand plaisir à assister à leurs parties de soccer, à leurs récitals et à nous trouver en compagnie de leurs amis — et lorsque nous sommes inspirés, nous y prenons *vraiment* plaisir. Mais aidons-les à vivre leur propre joie, avec *ou sans* notre présence à leurs côtés.

En fin de compte, nous pouvons nous simplifier la vie en éliminant le va-et-vient désordonné qui nous éloigne de nos véritables intérêts. Nous devons faire cesser l'agitation pour écouter l'Esprit et nous tourner vers la joie à laquelle il est si simple d'accéder.

L'amour

Les pensées et les actions qui ne sont pas en symbiose avec l'amour empêcheront l'inspiration de parvenir jusqu'à nous. Nous devons toujours nous rappeler que nous provenons d'une Source de pur amour. Cela signifie que l'amour doit nécessairement être l'un des trois piliers d'une vie simple.

Ce petit poème de quatre lignes, extrait de *Rubaiyat d'Omar Khayyâm* écrit il y a environ 1 000 ans, nous enseigne comment faire pour que l'amour demeure au centre de notre vie :

Ah, l'Amour ! Si toi et moi conspirions avec le Destin
Pour arrêter la marche de ce triste monde,
Nous le réduirions en poussière – pour alors
Le refaire, selon les désirs de notre cœur.

Lors des événements tragiques du 11 septembre 2001, ce qui est resté à jamais gravé dans ma mémoire, ce sont ces appels téléphoniques de détresse lancés par les passagers des avions entraînés vers leur destin tragique. Chacun de ces appels était fait à une personne aimée, pour renouer le lien affectif et échanger d'ultimes paroles d'amour. Il n'est venu à personne l'idée de communiquer avec son employeur ou avec son courtier pour obtenir le bilan final de ses avoirs financiers. Seules des relations fondées sur l'amour ont occupé les pensées de ces personnes qui savaient qu'elles étaient sur le point de quitter ce monde physique. Leur priorité absolue était de conclure leur vie dans l'amour : « Dis aux enfants que je les aime ». « Je t'aime ! » « Dis à maman et à papa que je les aime. »

Tout comme l'amour est ce qui compte le plus aux derniers moments de la vie, il doit aussi l'être tandis que nous simplifions notre vie *maintenant*. Nous pouvons accéder à une existence plus limpide en examinant et en purifiant nos relations avec ceux que

nous aimons, avec nous-mêmes et avec Dieu. Ce que nous recherchons, ce sont des connexions nous permettant de baigner dans
l'énergie de l'amour, la plus élevée et la plus rapide de l'Univers.

L'amour possède aussi un pouvoir de guérison incroyable.
Cela me rappelle un article que j'ai lu récemment intitulé : « Un
baiser salvateur ». Il décrit de façon détaillée la première semaine
d'existence de deux jumeaux nés prématurément. Les bébés, dont
la vie du plus faible ne tenait plus qu'à un fil, se trouvaient dans
deux incubateurs séparés. C'est alors que l'infirmière Gayle
Kasparian, enfreignant les règlements de l'hôpital, décida de les
placer dans le même incubateur. Lorsque Gayle les eut réunis, le
garçon, plus vigoureux, enlaça sa sœur agonisante — son rythme
cardiaque se stabilisa rapidement et sa température redevint
normale.

Même encore nourrissons, notre élan spirituel inné nous
pousse à nous aimer les uns les autres. Il s'agit d'un message
simple et pourtant si puissant. Si nous organisons notre vie en
fonction de l'amour — l'amour pour Dieu, pour nous-mêmes,
pour notre famille et nos amis, pour l'humanité entière et pour
toute la Création — nous supprimerons une grande partie du
chaos et du désordre où nous vivons. Cela simplifiera notre existence et, ce qui est plus important encore, il s'agit d'un moyen
infaillible d'attirer l'inspiration.

La paix

Notre plus grande priorité en tout temps n'est-elle pas de
vivre en paix ? Nous venons d'un endroit de paix et pourtant,
sans trop savoir comment, nous nous sommes sans cesse éloignés
de nos origines. En devenant dépendants de l'ego, nous avons
opté pour le chaos même si la paix était juste là, à notre portée.
L'inspiration et la paix vont main dans la main.

Je sais que la paix, tant intérieure qu'extérieure, est tout simplement vitale pour moi. J'évite le tumulte, les conflits et l'agitation à tout prix. Je me retire de tous ces éléments qui tuent l'inspiration dès que je le peux. Après tout, je ne peux être l'entité spirituelle que je souhaite devenir, ou vivre la réalisation de Dieu, si mon univers personnel est un véritable tohu-bohu.

D'une façon ou d'une autre, j'ai été dirigé vers l'état de paix que je recherche en laissant ces « forces dormantes », dont parle Patanjali, me servir pendant toute ma carrière. Plusieurs personnes qui jouissent d'une « modeste célébrité » comparable à la mienne sont entourées d'une petite armée d'assistants qui orchestrent pratiquement tous les aspects de leur vie. Pour ma part, j'ai choisi une voie plus simple et l'Univers a répondu à mes désirs en dépêchant vers moi un très petit nombre de personnes capables de combler mon désir de paix. Je voudrais consacrer le reste de cette section à vous les présenter, afin que vous voyiez clairement comment ces personnes merveilleuses m'ont aidé à demeurer en-Esprit.

— Il y a déjà plusieurs années, je me suis bien rendu compte qu'il me fallait de l'aide pour diriger mon entreprise en plein essor. Toutefois, l'idée de m'entourer d'une foule d'agents, d'administrateurs, de conseillers, d'avocats, de comptables, de négociateurs, d'accompagnateurs personnels et de représentants ne me souriait pas particulièrement. Plusieurs personnes dont les activités s'apparentent aux miennes, à une échelle parfois encore plus modeste, se sont entourées d'un personnel nombreux. Il m'est arrivé d'entendre leurs doléances à l'endroit de tous ces « courtisans » qui représentent souvent un fardeau financier bien supérieur à la valeur des services rendus.

Ce n'est pas ma manière de faire les choses — en fait, il n'y a à mon service *qu'une* personne qui s'occupe de pratiquement toutes mes affaires. Un jour, alors que je m'entraînais pour un marathon, Dieu a placé sur ma route la personne idéale pour s'acquitter de la majorité des tâches et des exigences de ma profession. Elle m'est apparue sous les traits d'une femme qui avait abandonné ses études secondaires dans un pays étranger, pour venir s'installer aux États-Unis avec ses deux filles. Elle ne détient pas une kyrielle de diplômes exotiques ou de compétences spécialisées. Ce qu'elle possède en abondance, par contre, c'est un cœur aussi grand que le ciel, une loyauté à toute épreuve et la volonté de faire tout ce qu'il faut pour apprendre les ficelles du métier.

Originaire de la Finlande (et aujourd'hui citoyenne américaine), Maya Labos est l'image achevée de la proverbiale « femme-orchestre ». En trois décennies, il ne lui est jamais arrivé de dire : « Mais je ne peux pas faire cela ! » ou encore « Ce n'est pas mon travail ! » Elle s'occupe de toutes les requêtes qui me sont adressées, répond au courrier, gère le calendrier de toutes mes conférences et de mes apparitions dans les médias, vient me chercher et me conduire à l'aéroport et protège ma vie privée en filtrant les communications d'importance secondaire. Elle étudie aussi les centaines de propositions d'appui à diverses causes et les projets d'écriture qu'on me soumet constamment. Et, comme si tout cela n'était pas suffisant, elle se charge également pour moi d'innombrables corvées, incluant le marché, l'achat de vitamines, l'entretien ménager de mon bureau, de porter mes vêtements chez le blanchisseur, etc. Je peux compter sur elle pour s'occuper de tout ce qui m'est nécessaire pour fonctionner.

Lorsque j'ai fait la connaissance de Maya, il y a environ 30 ans, elle était fauchée comme les blés ; aujourd'hui, elle possède sa propre maison près de la mer, elle est ma meilleure amie, ma confidente et mon associée. Vous voyez, lorsque nous sommes prêts à faire correspondre notre désir de paix et de simplicité avec la paix et la simplicité de notre lieu d'origine, Dieu nous envoie ses messagers. Dans mon cas, j'ai hérité d'un « personnel complet composé d'une seule personne », qui s'occupe de tout ce qu'une myriade de « spécialistes » n'arrivent pas à accomplir pour tant de mes collègues.

— Tous les écrivains ont besoin d'un réviseur. Il y a environ 30 ans, Dieu s'est rendu compte de cela et il m'en a envoyé un, sous les traits de Joanna Pyle, une personne dont la culture n'a d'égale que la compétence. Elle a été ma seule et unique collaboratrice de rédaction pour les 25 livres dont je suis l'auteur. Je ne soumets pas mes écrits à des comités de rédaction. Joanna fait pour moi ce que plusieurs auteurs exigent d'une équipe de réviseurs, de conseillers en rédaction, de correcteurs, de rédacteurs, de commentateurs, d'annotateurs, etc. J'aime dire les choses simplement et Joanna connaît mon style. Elle était aussi la seule personne capable de déchiffrer mes gribouillages, puisque j'écris toujours à la main.

Au moment où l'informatique a envahi le monde de l'édition, Joanna s'est initiée de son propre chef aux nouvelles technologies — elle ne m'a jamais demandé d'écrire à l'ordinateur ou de changer quoi que ce soit à ma façon de faire. Elle connaissait mes préférences pour la simplicité et la paix de l'esprit, et elle m'a toujours comblé. Lorsque je termine un chapitre, je l'envoie à Joanna en toute confiance, sachant que les modifications qu'elle apportera au texte seront en accord avec l'esprit dans lequel je l'ai écrit. Elle le transcrit, le tape, le restructure et l'informatise — le tout avec un sourire et l'assurance qui naît de l'authentique compétence. Joanna est moi ; je suis Joanna. Lorsque j'ai été en mesure de la convaincre d'abandonner son emploi peu satisfaisant d'agent de bord, pour vivre son rêve de se consacrer exclusivement à l'écriture, elle a finalement pu ressentir la joie et la paix qui viennent lorsque nous consacrons nos énergies à la réalisation de nos désirs. Elle vit l'inspiration et c'est ce qui me permet de faire de même.

— Je n'emploie qu'une seule personne pour s'occuper de toutes les questions complexes de fiscalité, en particulier, celles qui touchent les droits d'auteur provenant de sources étrangères. Je ne fais pas appel à une équipe de conseillers légaux rémunérés à l'heure ou de fiscalistes dont les honoraires sont aussi élevés que les montants que je dois verser en impôts. Bob Adelson, un homme qui connaît mon désir de simplifier les choses autant que possible, s'occupe de tout à ma place. Il travaille avec la diligence et l'application de la personne qui aime son travail. J'apprécie au plus haut point sa présence dans ma vie.

— En 1976, après la publication de mon livre *Vos zones erronées*, j'ai décidé de quitter New York pour m'établir en Floride. Je ne connaissais absolument personne dans ma ville d'adoption et j'avais besoin d'un expert en investissements pour m'aider à placer les revenus dus au succès de mon premier livre. Ayant été enseignant et professeur d'université auparavant, je ne possédais aucune expérience en placements (parce que je n'avais jamais eu d'argent à investir), et j'ignorais pratiquement tout du monde de la finance. Alors que je réfléchissais à la meilleure manière de me constituer un portefeuille d'investissements, je me suis arrêté à une station-service pour faire le plein d'essence. En démarrant, je ne me suis pas rendu compte que ma serviette, contenant environ 800 $ en espèces, avait glissé hors de ma voiture près de la pompe.

Quelques heures plus tard, un homme me téléphona pour me dire qu'il avait retrouvé ma serviette — incluant son précieux contenu. C'est dans ces circonstances que j'ai fait la rencontre de John Darling, un ange envoyé par Dieu pour s'occuper de toutes mes questions d'argent au cours des 29 années qui ont suivi (et qui est toujours l'un de mes meilleurs amis et confidents). Au moment où j'ai eu besoin d'une personne de confiance, l'Univers m'a délégué un étranger qui m'a rapporté mes 800 $. Il va sans dire que je n'ai jamais connu un seul moment d'inquiétude au sujet de mes investissements durant les trois dernières décennies. John a tout géré pour moi, tenant toujours compte de ma préférence pour les choses simples, sans risques et dénuées de complexités, gardant à l'esprit mes objectifs financiers et ce que je désirais pour ma famille.

— J'ai quitté une importante maison d'édition de New York pour m'associer à Hay House, principalement parce que je trouvais que tout devenait beaucoup trop compliqué dans la « Grosse pomme* ». Mon éditeur précédent avait à son emploi des employés exceptionnels, mais la société était beaucoup trop grande. C'était une hydre aux têtes trop nombreuses : l'une ne tenait pas les promesses de l'autre et elles n'arrivaient jamais à s'entendre entre elles (ou avec moi). Je sentais que l'on me répétait trop souvent : « Ce n'est pas de notre faute. L'erreur a dû se produire au service des finances ou du marketing. Le problème provient peut-être de la distribution ». Combattre ce monstre tentaculaire était au-dessus de mes forces.

J'ai opté une fois de plus pour la tranquillité d'esprit et la simplicité. Et là encore, Dieu m'a fait un présent — cette fois en la personne de Reid Tracy, président et directeur général de la maison d'édition de Louise Hay, Hay House. Dès notre première rencontre, nous avons rapidement compris que nous étions faits pour nous entendre. Cet homme — qui n'avait pas peur de se retrousser les manches pour décharger les camions, même s'il occupait un poste de cadre supérieur — m'a promis de s'occuper de moi personnellement, et il a tenu parole. Nous parlions tous les jours des avantages d'une maison d'édition aux dimensions humaines qui respectait ses auteurs. Reid m'a promis que je n'aurais jamais à traiter avec un large conglomérat. Il ajouta : « Si vous désirez quelque chose, dites-le moi et je m'en chargerai personnellement ». J'adore cette absence de complexité, car je ne veux plus

---

* NdT. « the Big Apple » surnom donné à la ville de New York.

jamais être un atome égaré dans un vaste labyrinthe corporatif. *Simplifiez ! Simplifiez ! Simplifiez !*

Notre collaboration fut une expérience glorieuse tant pour Reid (que je considère comme l'un de mes amis les plus intimes) que pour moi. Comme auteur, je voulais la paix de l'esprit, et Louise Hay que j'ai toujours admirée, de même que son président exceptionnel, m'ont permis de créer en toute sérénité.

Comme vous pouvez le constater, j'ai choisi de permettre au monde de l'Esprit de m'envoyer ces personnes qui sont toutes venues pour m'aider, jamais pour me nuire. Sans leur présence et leur amitié précieuse, je ne pourrais pas être ici à Maui, jouant au tennis ou déambulant sur la plage. Mais ce qui compte le plus, c'est que je suis en mesure d'écrire avec mon cœur et de le faire dans un cadre paisible, sachant que l'Univers s'occupe des détails selon ses propres voies Divines. Lorsque *vous* désirez la paix, la simplicité, l'honnêteté et que vous émettez une vibration communiquant ce désir à l'Univers, tout ce que je peux vous dire, c'est ceci : « Soyez attentif ! Cela arrive ! »

Un programme en 12 étapes vers la simplicité

Ce chapitre se terminera sur une note un peu différente. Plutôt que de vous offrir quelques suggestions de nature générale pour mettre en pratique les idées présentées ici, je vous donnerai 12 outils précis pour simplifier votre vie. Utilisez-les dès aujourd'hui, si vous désirez véritablement entendre l'appel d'une vie d'inspiration.

1. Allégez votre vie. Vous sentirez un élan d'inspiration lorsque vous vous débarrasserez de toutes les choses qui ne jouent plus aucun rôle utile dans votre vie :

- Si vous ne les avez pas utilisées depuis un an ou deux, recyclez-les pour que d'autres puissent en bénéficier.

- Débarrassez-vous de vos vieux dossiers qui occupent de l'espace et qui sont rarement, sinon jamais, consultés.

- Donnez les jouets, les outils, les livres, les bicyclettes et la vaisselle dont vous ne vous servez plus à des organisations charitables.

Débarrassez-vous de toutes ces vieilles acquisitions qui encombrent inutilement votre vie. Pour reprendre les mots de Socrate : « Qui a besoin de bien peu de choses est le plus près de Dieu ». Moins vous aurez de choses à assurer, à protéger, à épousseter, à réorganiser et à déménager, plus vous serez en mesure d'entendre la voix de l'inspiration.

2. Rayez de votre agenda les activités et les obligations rebutantes et qui ne sont pas absolument nécessaires. Si vous n'êtes pas disponible pour l'Esprit, vous ne connaîtrez vraisemblablement pas l'illumination de l'inspiration. Si je n'avais pas eu assez de temps libre pour courir tous les jours dans les années 1970, Maya ne serait pas entrée dans ma vie. Si je ne m'étais pas éloigné de la frénésie de New York pour aller en Floride (où j'avais envie de vivre), je n'aurais pas connu John. Et si j'avais consacré tout mon temps à me plier aux demandes de comités de rédaction intransigeants, pas de Joanna. Dieu travaillera de concert avec vous et il vous enverra les conseils — et les personnes — dont vous avez besoin. Toutefois, si vous êtes esclave d'un horaire surchargé, vous ne serez pas là pour accueillir ces présents qui changent le cours d'une vie. Alors, appliquez-vous à dire non aux exigences déraisonnables et ne vous sentez pas coupable d'injecter une dose de loisirs dans votre routine quotidienne.

3. Assurez-vous que vos temps libres restent *libres*. Soyez sur vos gardes lorsqu'on vous invite à remplir des fonctions qui peuvent vous maintenir au sommet de la pyramide sociale, mais qui inhibent l'accès aux joies de l'inspiration. Si les cocktails, les rencontres sociales, les campagnes de collecte de fonds ou même les réunions impromptues autour d'un verre pour parler de choses et d'autres ne sont pas des façons agréables pour vous de passer le temps, ne les faites pas. Commencez par refuser les invitations qui n'activent pas votre « fibre » de l'inspiration.

Je trouve que passer une soirée à lire et à écrire des lettres, à regarder un film en compagnie de personnes que j'aime, à dîner avec mes enfants ou même à m'entraîner seul, est bien plus inspirant que de m'habiller de pied en cap pour m'acquitter d'un rôle qui ne consiste le plus souvent qu'en bavardages inconséquents. J'ai appris à me déclarer indisponible pour de tels événements sans m'excuser, et c'est ainsi que j'ai davantage de temps libre pour jouir de l'inspiration.

4. Consacrez un peu de temps à la méditation et au yoga. Accordez-vous au moins 20 minutes par jour pendant lesquelles vous demeurerez tranquillement assis pour établir un contact conscient avec Dieu. J'ai écrit un livre à ce sujet intitulé *Entrer au coeur du silence*, je n'élaborerai donc pas davantage dans ces pages. Je dirai seulement que j'ai reçu des milliers de messages (incluant celui de Gail Beale que j'ai partagé avec vous au chapitre 5) de gens des quatre coins du monde, m'exprimant leur appréciation pour leur avoir appris à se simplifier la vie par la méditation.

Je vous encourage aussi à trouver un centre de yoga près de chez vous et d'en commencer régulièrement la pratique. Les bienfaits en sont tellement puissants : vous serez en meilleure santé, moins stressé et inspiré par ce que vous parviendrez à accomplir en peu de temps avec votre corps, et pour votre corps.

5. Revenez à la simplicité de la nature. Rien ne surpasse l'inspiration que nous offre le spectacle grandiose de la nature. La fantaisie de revenir à une vie moins tumultueuse est presque toujours associée à une existence dans la splendeur des montages, des forêts et de la toundra, ou sur une île, ou près de l'océan, ou en bordure d'un lac. Il s'agit-là d'une impulsion universelle, puisque la nature a été créée par la même Source que nous et que nous partageons les mêmes éléments chimiques (nous sommes de la poussière d'étoiles, vous rappelez-vous ?)

Votre désir ardent de simplifier votre vie et de vous sentir inspiré est alimenté par cet autre désir, celui d'être naturel — c'est-à-dire, votre *nature* même. Alors, accordez-vous la permission de faire une randonnée ou une expédition dans les bois ; de nager dans une rivière, un lac ou un océan ; de vous asseoir près d'un feu de camp ; de faire de l'équitation dans les sentiers ou de descendre les pentes de ski. Il n'est pas nécessaire pour cela de planifier de longues vacances plusieurs mois à l'avance — peu importe où vous vivez, vous n'êtes qu'à quelques heures ou à quelques instants d'un parc, d'une aire de camping ou d'un sentier qui vous permettra de jouir du sentiment d'être en contact avec l'Univers entier.

6. Mettez une saine distance entre vous et ceux qui vous critiquent. Recherchez la compagnie d'autres personnes qui sont en quête de la simplicité d'une vie inspirée. Ayez une bonne pensée pour celles qui vous trouvent des défauts ou qui cherchent toujours la confrontation, et retirez-vous de leur champ d'énergie le plus vite possible. Votre vie se trouve grandement simplifiée quand vous n'avez plus à vous défendre face à qui que ce soit, lorsque vous recevez du soutien plutôt que de la réprobation.

Vous n'avez pas à accorder à la critique davantage qu'un merci poli et la promesse de prendre en considération ce qui vous a été dit — toute autre réaction crée un état conflictuel qui efface la possibilité même de trouver l'inspiration. Vous n'avez jamais besoin de vous justifier ou de rendre compte de vos désirs à personne parce que ces sentiments intérieurs sont l'Esprit qui vous parle. Ces pensées sont sacrées, alors ne laissez jamais personne les piétiner.

7. Accordez-vous du temps pour vous occuper de votre santé. Le problème de santé numéro un en Amérique présentement semble être l'obésité. Alors, comment pouvez-vous vous sentir inspiré et vivre dans la simplicité, si vous vous gavez de nourriture et que vous supprimez l'activité que votre corps réclame ? Rappelez-vous que votre corps est un temple sacré que vous occupez durant votre vie. Accordez-vous donc un peu de temps à tous les jours pour l'exercer. Même si vous ne pouvez faire qu'une simple promenade autour de votre pâté de maisons, allez-y. Dans le même esprit, gardez le sens de l'expression *ration contrôlée* à l'esprit — votre estomac est de la taille de votre poing, non d'un tonneau ! Respectez ce temple sacré *et* simplifiez votre vie en devenant un adepte de l'exercice et en mangeant raisonnablement. Je vous assure que vous serez inspiré si vous commencez dès aujourd'hui !

8. Jouez ! Jouez ! Jouez ! Vous simplifierez votre vie et serez inspiré si vous apprenez à faire votre chemin dans la vie en jouant, plutôt qu'en travaillant d'arrache-pied. J'adore être entouré d'enfants parce que leurs rires et leur frivolité m'inspirent. En fait, on m'a dit un jour, et on me l'a répété des milliers de fois : « Wayne, tu ne vieilliras jamais ! Tu es toujours en train de jouer ! » C'est vrai, et j'en suis très fier ! Je m'amuse sur scène lorsque je donne une conférence, et présentement, écrire ces lignes est comme un jeu pour moi.

Il y a plusieurs années, on m'a offert l'occasion unique d'être invité au célèbre *Tonight Show* de Johnny Carson. Howard Papush, un remarquable agent artistique, est l'homme qui a pris ce risque pour moi, en m'invitant, même si j'étais un inconnu à cette époque-là. Il s'agissait de ma première percée d'importance et j'ai participé à l'émission à 36 reprises par la suite.

Alors, c'est à mon tour de remercier Howard. Il est l'auteur d'un merveilleux livre intitulé *Quand prendre des vacances ? Frayez votre chemin dans la vie en jouant* [*When Recess ? Playing Your Way Through the Stresses of Life*] que je vous encourage à lire. (Howard anime des séminaires au cours desquels il enseigne aux gens à jouer et à avoir du plaisir dans la vie). Dans ce livre, il partage cette citation remarquable de Richard Bach : « Vous êtes guidé dans cette vie par la créature intérieure apprenante, l'être spirituel enjoué qui est votre véritable moi ». Je suis parfaitement d'accord — de grâce, reprenez contact avec votre véritable moi, curieux et enjoué, et profitez de toutes les occasions de jouer ! Vous verrez comment tout vous apparaîtra plus agréable, et bien plus simple.

9. Ralentissez. Une des observations les plus pénétrantes de Gandhi nous rappelle que : « il y a plus à faire de la vie que d'en accélérer le rythme ». Il s'agit d'un conseil précieux pour quiconque cherche à se simplifier la vie — en fait, cherchez à modérer votre allure dans tout ce que vous faites. Lisez ces mots lentement. Ralentissez votre respiration, de manière à être conscient de chacune de vos inspirations et expirations…

Lorsque vous êtes en voiture, décélérez et détendez-vous. Parlez plus posément, calmez votre dialogue intérieur et le rythme frénétique de tout ce que vous faites. Prenez le temps d'é-couter les autres. Prenez conscience de votre propre tendance à interrompre toute conversation pour la clore au plus vite, et choisissez d'écouter. Arrêtez-vous pour admirer l'éclat des étoiles dans la nuit claire ou la formation de nuages lors d'une journée fraîche. Asseyez-vous dans un Centre commercial et observez les gens qui semblent si pressés d'aller nulle part.

En ralentissant, vous simplifierez votre existence et vous vous unirez à la cadence parfaite du fonctionnement de la création. Imaginez que vous essayez de presser le mouvement de la nature en tirant sur les feuilles d'un plant de tomate — vous êtes aussi naturel que cette plante, alors accordez-vous le bonheur d'être en harmonie avec la perfection de la nature.

10. Évitez l'endettement à tout prix. Rappelez-vous que nous tentons de nous simplifier la vie ici. Cessez d'acheter ces choses qui ne feront que compliquer et encombrer votre vie. Si vous n'avez pas les moyens de vous offrir quelque chose, profitez-en pour économiser. En vous endettant, vous ne ferez qu'attirer un peu plus d'anxiété dans votre vie. À son tour, cette inquiétude vous éloignera de la paix intérieure, ce lieu où vous êtes en-Esprit. Si vous devez travailler très dur pour acquitter vos dettes, les moments présents de votre vie sont moins agréables ; par conséquent, vous êtes encore plus loin de la joie et de la paix qui sont les marques distinctives de l'inspiration. Vous êtes en bien meilleure posture lorsque vous possédez moins, profitant de chaque jour de votre vie, qu'endetté, invitant ainsi le stress et l'anxiété, là où la paix et la tranquillité devraient régner. Et souvenez-vous que tout l'argent que vous possédez n'est que de l'énergie — alors, refusez de vous brancher à un système d'énergie empruntée.

11. Oubliez la valeur monétaire des choses. J'essaie de penser à l'argent le moins possible, parce que j'ai remarqué que les gens qui le font ne pensent généralement à rien d'autre. Alors, faites ce que votre cœur vous suggère pour apporter de la joie dans votre vie, plutôt que de procéder constamment à des analyses coûts / bénéfices. Si ce que vous aimez par-dessus tout, ce sont les excursions pour observer les baleines, alors prenez la décision de satisfaire ce plaisir — ne vous privez pas des joies de la vie pour des détails monétaires. Ne faites pas vos achats en vue de réaliser des aubaines et ne vous privez pas d'un plaisir simple parce que vous ne pouvez l'obtenir à rabais. Vous pouvez vous permettre une vie heureuse et épanouissante. Si ce que je dis vous laisse sceptique parce vous pensez que votre situation financière est sombre, il est peut-être temps d'affronter vos propres résistances face à l'argent.

Faites un effort pour éviter d'attribuer une valeur monétaire à tout ce que vous possédez ou à tout ce que vous faites — dans le monde de l'Esprit, il n'y a pas d'étiquettes de prix. Gagner de l'argent ne doit pas être le principe directeur de toutes vos activités ; simplifiez plutôt votre vie et revenez en-Esprit en découvrant la valeur inhérente de toute chose. Un dollar n'est pas un indicateur de valeur, même si vous vivez dans un monde qui tente de vous persuader du contraire.

12. Souvenez-vous de *votre* Esprit. Lorsque la vie tend à devenir trop compliquée, trop rapide, trop encombrée, trop réglée par la prochaine échéance à respecter, ne favorisant que les personnalités de type « A », arrêtez-vous et rappelez-vous votre propre esprit. Vous êtes en route vers l'inspiration, un endroit simple, paisible où vous serez en accord avec le rythme parfait de la création. Soyez là, dans votre esprit, et faites des pauses fréquentes pour vous demander ce que vous désirez vraiment.

* * *

On aurait peine à croire qu'un homme personnifiant si bien le succès, tant intellectuel que social, puisse être l'auteur du commentaire suivant sur l'art de se simplifier la vie. Voici pourtant ce qu'Albert Einstein nous dit à ce sujet : « Les possessions, les attributs extérieurs du succès, la célébrité, le luxe — tout cela m'est toujours apparu méprisable. Je crois qu'un style de vie simple et sans prétention est ce qui convient le mieux à tout le monde, tant pour l'esprit que pour le corps. »

Eh bien ! Voilà un conseil des plus intéressants, ne trouvez-vous pas ?

CHAPITRE 9

IL N'Y A RIEN DE PLUS PUISSANT QU'UNE IDÉE DONT L'HEURE DE GLOIRE EST ARRIVÉE

« …pas plus que quiconque, peu importe le nombre de blessures reçues, ne meurt avant d'avoir épuisé le temps de vie qui lui a été imparti, cet homme, assis paisiblement auprès du feu sous son propre toit, n'échappera pas à son destin fatidique. »

— ESCHYLE

L'INSPIRATION DEMANDE DE LA FOI — après tout, le retour en-Esprit, alors que nous sommes toujours dans notre enveloppe physique, a peu de chances de réussir si nous ne croyons pas que cela est possible. Raviver notre foi, pourrait même constituer notre préparation à l'inspiration, car c'est la foi qui nous permet de faire confiance à l'immense puissance responsable de toute création dans l'Univers, et de la mettre ainsi à notre service.

La foi est le savoir intime que l'Esprit Créateur nous procurera toujours ce dont nous avons besoin à point nommé. Cela ne veut pas dire que nous n'avons pas voix au chapitre dans ce qui nous arrive — nous l'avons, mais cette voix ne peut se faire entendre que si nous nous écartons de l'ego pour nous tourner entièrement vers l'Esprit. Lorsque notre esprit collabore avec l'Esprit Divin, nous pouvons participer à la création de notre vie et comprendre le sens véritable du titre de ce chapitre : « Il n'y a rien de plus puissant qu'une idée dont l'heure de gloire est arrivée. »

Il existe un synchronisme parfait dans l'Univers et notre venue sur cette Terre fait partie de cette synchronicité. En d'autres mots, *nous* sommes une idée de Dieu dont l'heure de gloire a sonné. Ce chapitre introduit le concept de synchronisme parfait et ce que nous devons faire pour en prendre conscience, le percevoir, nous insérer dans sa trame et l'appliquer.

La foi chasse tous les doutes

Nous savons que l'ego n'a virtuellement aucun contrôle sur ce qui nous arrive : notre corps croît, se développe, change et entre en déclin, indépendamment de l'opinion ou des désirs de l'ego. Nous savons que nous devrons éventuellement nous séparer de ce vêtement que nous avons porté toute notre vie − non pas quand l'ego le décidera, mais quand l'heure sera venue. Relisez la citation d'Eschyle au début de ce chapitre sur le « temps de vie qui nous est imparti ». Il s'agit d'une illustration de ce à quoi je fais allusion ici.

Eschyle, l'auteur dramatique et le philosophe le plus célèbre de son époque, affirmait que ses écrits étaient d'inspiration Divine. (Il fut également un contemporain de Socrate, de Lao-Tseu, de Zoroastre, de Bouddha et de Confucius, qui vécurent tous au 5ème siècle avant notre ère. Il est intéressant de noter combien de visionnaires se sont trouvés sur cette planète simultanément !) En substance, il nous dit que notre vie doit suivre le sentier qui lui a été tracé et que nous sommes ici pour réaliser ce que l'Esprit a décidé. Selon Eschyle, nous devrons quitter la Terre et nous départir de notre corps physique en accord avec le plan que l'Esprit a prévu pour nous. Que nous ayons 17, 25 ou 105 ans, il nous conseille de nous en remettre en toute confiance à notre Source. (J'ajoute à ce message que, peu importe notre âge, il est approprié de prendre conscience que nous sommes engagés dans le processus de soumission à l'Esprit pour la portion restante du temps qui nous a été alloué.)

La question devient maintenant : pouvons-nous nous joindre à l'Esprit et jouer un rôle décisif dans la sélection des idées, des circonstances, des événements ou des personnes qui apparaîtront dans notre vie ? La réponse est un *oui* vibrant ! Rappelez-vous encore ces mots de Patanjali que j'ai partagés avec vous dans un chapitre précédent : « Lorsque vous êtes inspiré… des forces, des facultés et des talents dormants s'éveillent à la vie ». C'est ici que la foi devient d'une importance cruciale.

Voyez-vous, il faut avoir foi en un Univers qui a été créé et qui est guidé par une intelligence plus grande que notre ego — un Univers dans lequel il n'y a pas de hasard. Lorsque l'heure de gloire d'une idée est arrivée, rien ne peut l'arrêter — mais en haussant nos vibrations pour qu'elles correspondent à celles de la Source Universelle de l'Être, nous avons la possibilité de faire survenir ce moment décisif. Nous pouvons élever notre niveau de conscience au-dessus de celui de la domination de l'ego et du groupe pour atteindre, ce que j'appelle, la « conscience visionnaire », dans laquelle nous reprenons contact avec l'esprit de Dieu. La *connaissance*, qui est un niveau de conscience plus élevé que la *croyance*, bannit le doute. On pourrait alors dire que notre vision et celle de Dieu ne font plus qu'une. Permettez-moi de vous montrer, par un exemple, de quelle manière cette conscience visionnaire se manifeste.

L'un de mes plus grands professeurs — et un homme que je considère maintenant comme un ami — est Ram Dass. Il vit dans la foi spirituelle dont il est question ici, sans doute et sans peur. Pendant 30 ans, j'ai été un de ses adeptes et disciples anonymes, mais je savais qu'un jour, j'aurais le bonheur de le connaître personnellement. J'en étais persuadé sans toutefois ressentir le besoin d'accélérer ou de brusquer cette rencontre qui, je le pressentais, devait se produire de notre vivant. Et lorsque l'heure de cette idée est finalement arrivée, Ram Dass s'est installé à Maui, l'endroit d'où j'écris maintenant ces lignes.

Aujourd'hui, j'ai l'immense plaisir d'être au service de mon professeur, lui apportant mon aide à l'automne de sa vie. La lettre suivante que j'ai écrite récemment, qui se passe d'explications, a été diffusée sur mon site Internet **www.drwaynedyer.com**. Je l'inclus ici précisément pour illustrer comment les idées de ce chapitre peuvent se déployer dans la réalité.

Un des véritables grands hommes de notre temps a besoin de notre aide et j'écris ces mots pour solliciter votre générosité et votre soutien. Dans les années 60, un professeur de Harvard, nommé Richard Alpert, quitta la frénésie du monde académique et voyagea en Inde — là-bas, il rencontra un maître spirituel qui insuffla un nouveau sens à sa vie. Il lui donna aussi un nouveau nom. Il s'agit, bien sûr, de Ram Dass.

Son guru lui conseilla d'aimer son prochain, de nourrir les indigents et de voir Dieu en toute chose. Ram Dass devint l'homme d'une mission, accomplissant ce que la plupart d'entre nous ne vivent qu'en intentions. Il entra en contact avec son esprit, consacrant sa vie au service des autres.

En 1969, il écrivit et publia un livre culte sur la spiritualité et l'atteinte d'une conscience plus élevée, *Ici et maintenant* [*Be Here Now*]. En accord avec son engagement d'aimer et d'aider son prochain, il en céda tous les droits d'auteur et les profits à des fondations qui se consacrent justement à ces causes. Alors que des millions de dollars étaient en jeu, Ram Dass a simplement choisi de vivre en homme qui a placé sa vie au service de Dieu.

Après des années passées en Inde à la recherche d'un état de conscience plus élevé, plus lumineux, tant pour lui-même que pour notre monde perturbé, il rentra aux États-Unis et sillonna le pays pour répandre son message. Il attirait des foules nombreuses partout où il se produisait, et, comme toujours, il remettait ses gains afin de soutenir des causes qui lui permettaient d'être en harmonie avec sa mission de service. Il fut le cofondateur de la Seva Foundation (**www.seva.org**) et ses honoraires d'écrivain et de conférencier ont été principalement investis dans son œuvre de compassion et d'inspiration.

Pour ma part, Ram Dass était et demeure l'orateur le plus doué que j'ai jamais entendu. Point à la ligne ! Il a été mon modèle sur la tribune : toujours affable et doux, s'exprimant (sans notes) avec son cœur, partageant ses histoires inspirantes avec un bel humour. Je vous dis ceci en toute sincérité : je pouvais l'écouter pendant des heures et j'étais toujours triste lorsque ses conférences prenaient fin. Il était la voix de la Spiritualité Appliquée — sa vie en était le modèle. Lorsqu'on menaça de révéler ses préférences sexuelles au monde, à une époque où le placard demeurait le seul abri offrant une précaire sécurité, Ram Dass convoqua une conférence de presse et annonça fièrement au monde entier sa préférence. Il a pavé le chemin à la tolérance et à l'amour, à une époque où personne d'autre n'osait le faire.

La plupart d'entre nous oseraient à peine rêver de défier les conventions établies, pour vivre l'appel de sa vie et épouser une cause supérieure digne d'un sacrifice total — quitter la sécurité d'une carrière assurée et un pays où le confort règne pour s'établir dans une contrée lointaine aux conditions de vie rudimentaires, voyager et méditer pour l'avènement d'un monde plus pacifique. C'est ce que saint François d'Assise fit au 13ème siècle, et ce que Ram Dass a accompli à notre époque.

Lorsque le père de Ram Dass, qui s'était montré très sévère envers le style de vie peu conformiste de son fils, fut près de la mort, Ram se consacra exclusivement à son service pendant ses dernières années. Il le nourrit, le baigna, et l'accompagna à la toilette jusqu'à sa mort. Pourquoi ? Parce qu'il sentait que cela faisait partie de sa mission. Il désirait vivre l'expérience du service total, celui auquel on consacre chaque instant de sa vie, et connaître toute la joie de faire le sacrifice de sa vie pour aider son prochain. Pendant plus de 30 ans, sans jamais prendre aucun répit, Ram fut au service des autres.

En 1997, Ram Dass a été victime d'une attaque d'apoplexie qui le laissa à moitié paralysé, cloué à un fauteuil roulant. Malgré tout, il écrivit ses aventures dans un livre percutant

Vieillir en pleine conscience. Il continua de voyager, bien qu'incapable de marcher, et continua de parler en public malgré un corps aux capacités amoindries — mais, encore et toujours, il le fit pour servir.

Maintenant, c'est à notre tour... Le corps de Ram Dass ne peut plus supporter les rigueurs des déplacements. Il est venu à Maui, pour y vivre et écrire. Je converse avec lui fréquemment et je ressens une grande humilité lorsque je vois les larmes qui brillent dans les yeux merveilleux de cet homme de 73 ans, et qu'il s'excuse de ne pas s'être adéquatement préparé à subvenir aux soins de santé de sa vieillesse — il se perçoit maintenant comme un fardeau pour les autres. Il a toujours l'intention d'écrire et d'enseigner, sans se déplacer toutefois — mais nous pouvons maintenant venir à lui. Maui le guérit — Maui est l'endroit où Ram Dass désire demeurer pour l'instant.

Il vit présentement dans une maison dont il n'est pas propriétaire et qu'il est menacé de perdre. Je vous prie tous de contribuer à acheter cette maison et à mettre sur pied une fondation pour aider cet homme qui a distribué tant d'argent pour assurer l'avenir d'un si grand nombre — de faire pour lui ce que Ram Dass a fait toute sa vie pour les autres. S'il vous plaît, soyez généreux et diligent — nul n'est aussi digne que lui de notre amour et de notre soutien financier. Cette fondation aura pour effet de faire en sorte que Ram Dass et son œuvre touchent une nouvelle génération, en lui rappelant que c'est en donnant que nous recevons.

S'il y eut un grand esprit qui vécut à notre époque, consacrant littéralement sa vie aux principes les plus élevés de l'Esprit, Ram Dass fut celui-là. J'aime cet homme ; il a été mon inspiration et celle de millions d'autres parmi nous. Le moment est maintenant arrivé de lui montrer ce que nous ressentons en faisant ce qu'il nous a tous appris à faire — soyons tout simplement présents pour cet homme, maintenant.

Prière d'envoyer vos dons à : Ram Dass, à l'attention de Hay House, P.O. Box 5100, Carlsbad, Californie, CA 92018-5100.

Dans l'amour et la lumière,
Wayne W. Dyer

En vérité, donner c'est recevoir, et vice-versa. Ram Dass a vécu une existence de don de soi ; en demeurant en-Esprit, j'ai été conduit vers cet homme qui a eu une si grande signification pour moi. J'ai toujours eu l'intuition que je serais impliqué dans sa mission et dans sa vie — c'est une idée que j'ai conservée en-Esprit pendant plusieurs décennies. Son heure de gloire est maintenant venue et elle est irrésistible. (Si vous vous sentez appelé à aider, vous pouvez faire parvenir vos contributions à l'adresse ci-dessus et je veillerai à ce qu'elles soient versées directement à Ram Dass.)

C'est la foi inébranlable de Ram Dass en son maître spirituel, au moment où ce dernier lui a révélé le sens de sa vie qui a permis l'avènement de tout ce qui est arrivé ensuite. Lorsque nous bannissons le doute pour lui préférer la foi, il n'y a rien de plus puissant sur cette planète. Vous devez y croire, et alors, vous verrez « cela » se produire devant vos yeux.

Le synchronisme de l'Esprit au travail

La puissance d'une idée dont le moment est arrivé est vraiment la puissance de l'Esprit à l'œuvre. L'égalité pour tous, par exemple, est la manière d'être de Dieu et nous voulons Lui ressembler. Lorsqu'un nombre suffisant d'entre nous, en compagnie d'une ou deux consciences visionnaires, adhèrent à ces idées inspirées, rien ne peut en arrêter la marche. Prenons quelques instants pour examiner quelques-unes de ces idées tirées de l'histoire américaine :

— Lorsque l'abolition de l'horrible pratique de l'esclavage a été décidée, il s'agissait d'une idée dont l'heure était arrivée. Cela s'est produit parce qu'une masse critique de personnes se sont appropriées une nouvelle vision de l'humanité, formulée quelques générations auparavant : « Nous croyons à l'évidence de cette vérité que tous les hommes sont créés égaux ». Il a fallu plus de 85 ans pour que les gens entendent ces paroles de Thomas Jefferson, mais, lorsque cela s'est produit, cette idée ne pouvait plus être arrêtée — même si les esclaves ne représentaient qu'une petite partie de la population et qu'ils étaient dépourvus du droit de vote. Lorsqu'un homme doté d'une conscience visionnaire, Abraham Lincoln (en compagnie de plusieurs autres) a fait sienne cette idée d'un point de vue inspiré, il était clair que le temps de mettre un terme à l'esclavage était venu. Cette nouvelle idée de l'égalité pour tous était la voie de l'Esprit.

— On reconnaît aussi l'évidence d'une idée arrivée à maturité dans le droit de vote accordé aux femmes en 1920. En dépit de l'opposition d'un président non-visionnaire (Woodrow Wilson) et de l'objection de la majorité des hommes jouissant du droit de vote, l'idée a inexorablement suivi son cours. Des femmes de vision, soutenues par un grand nombre de leurs compatriotes des deux sexes, en ont fait une réalité — un droit que nous tenons pour acquis aujourd'hui.

— L'intégration raciale aux États-Unis est un autre exemple d'une idée dont le jour était arrivé. Lorsque ce concept a commencé à poindre dans la conscience visionnaire de quelques individus, tels que John F. Kennedy, Martin Luther King, Lyndon Johnson et Rosa Parks, rien ne pouvait en arrêter la marche — en dépit de l'opposition de millions de personnes, dont plusieurs détenaient un pouvoir politique considérable. Dans les écoles où se pratiquait autrefois la ségrégation raciale, des étudiants d'ethnies multiples se côtoient tous les jours maintenant. L'intégration raciale est un processus en cours de réalisation dans l'ensemble de notre société, et beaucoup de chemin reste encore à parcourir. Mais il ne faut pas s'y méprendre, cette idée ne peut être freinée.

— La reconnaissance des droits des homosexuels est une autre idée dont l'heure est arrivée. L'une des raisons pour laquelle j'admire tant Ram Dass est qu'il fut l'un des tous premiers à prendre position en faveur des droits des personnes de toutes orientations sexuelles. Aucun individu ni aucun groupe de personnes ne devraient se voir refuser des privilèges légaux ou sociaux. Nous venons tous d'une Source, et celle-ci n'exclut personne. Une idée arrivée à maturité est toujours en parfaite harmonie avec notre Esprit originel.

— Un dernier exemple d'une idée arrivée à maturité est le changement qui s'est opéré dans les consciences en ce qui concerne l'usage du tabac dans les endroits publics, acceptable autrefois, mais qui n'est plus toléré maintenant. L'idée a pris un essor décisif lorsqu'une compagnie aérienne visionnaire a banni la cigarette à bord de ses vols. Puisque nous provenons d'une Source nontoxique de Bien-Être, notre destinée consiste à nous tourner vers Elle et rien ne peut empêcher cela.

Je pourrais continuer encore longtemps à énumérer d'autres exemples d'idées comparables se manifestant dans notre société, mais je suggère plutôt de chercher autour de nous des indices annonçant que l'heure de gloire de certaines idées est imminente. Voyez-vous, lorsque nous sommes prêts à les accueillir, que nous nous ouvrons à elles et que nous les embrassons, la sagesse Divine que nous recherchons entrera spontanément en action. Il en a été ainsi pendant toute notre existence. Par exemple, les personnes avec lesquelles nous avons eu des relations amoureuses — peu en importe la durée — ont été des acteurs de ce rêve nommé « notre vie ». Elles viennent vers nous pour toutes sortes de raisons, nous aider à créer un enfant (ou des enfants) par exemple, enseigner le pardon ou réaliser notre destinée.

Il est difficile pour l'ego de le comprendre, mais chaque personne qui s'est glissée et retirée de notre vie fait partie de l'expérience Divine que nous avons choisie — c'est-à-dire, qu'elle représentait une idée dont il nous fallait faire l'expérience à ce moment-là. Au moment d'entrer dans une vie d'inspiration, nous trouverons plus facile, ou même nécessaire, d'être reconnaissants à l'égard de ces personnes et de réfléchir sérieusement à ce qu'elles nous ont apporté, tant au moment de leur arrivée que lors du départ de notre vie.

De la même manière, lorsque nous avons eu besoin de vivre une certaine expérience formatrice, elle s'est présentée à nous au moment opportun. Parce que nous offrions une correspondance vibratoire naturelle à ce qu'elle représentait, nous l'avons acceptée et nous en avons tiré exactement ce dont nous avions besoin. Et lorsque nous avons cessé d'être en harmonie avec cet emploi, cette personne, cette ville, cette maison, ou peu importe ce dont il s'agissait, nous sommes partis.

Nous sommes dans un système dirigé par une Intelligence Suprême et nous y jouons un rôle. *Tout a sa raison d'être.* Ce sont les correspondances vibratoires qui déterminent ce que nous attirons et repoussons dans notre vie. Il n'est pas nécessaire de s'attarder sur ce qui s'est déjà passé ou sur ce que nous avons vécu ; nous devons plutôt élever nos vibrations afin qu'elles soient en harmonie avec l'Esprit et alors — et seulement alors — les idées spirituellement inspirées viendront frapper à notre porte. Ces idées n'abandonneront pas et elles ne s'en iront pas, car nous savons qu'il n'y a rien de plus puissant dans l'Univers qu'une idée dont l'heure est arrivée. Notre responsabilité est simplement d'anticiper et de nous préparer à recevoir des idées inspirées dont rien ne peut arrêter la marche.

Manifester les idées de l'Esprit

Nos attentes sont des idées virtuelles qui se manifestent dès maintenant dans notre vie. Souvenez-vous que nous recevons ce qui correspond à l'énergie que nous émettons. Si nous persévérons à croire en une idée, son heure viendra nécessairement. C'est notre tâche de modifier l'énergie de nos pensées afin qu'elles s'harmonisent avec ce que nous voulons vraiment attirer.

Il y a plusieurs années, par exemple, j'ai cru en quelque chose que j'ai appelé « la panne de l'écrivain », ces périodes où les idées refusent de surgir. Aujourd'hui, mon point de vue est différent : je sais que, d'une certaine manière, c'est Dieu qui écrit tous les livres, c'est Lui qui construit tous les ponts. Maintenant, lorsque je m'installe pour écrire, j'anticipe que les idées transiteront par moi avant d'apparaître sur les pages. Je sens que je suis en correspondance vibratoire avec les idées qui veulent s'exprimer en mots ; conséquemment, je sais qu'il s'agit-là d'idées dont l'heure est arrivée − elles sont en harmonie avec moi ici et maintenant, et elles sont irrésistibles.

Si je me demande : « D'où proviennent toutes ces idées que je jette sur papier ? » je sais qu'elles ne m'appartiennent pas. Les mots s'écoulent de l'Esprit vers leur manifestation physique parce que je me permets d'être un agent récepteur, disposé à les coucher sur papier pour en faire un livre. J'attends l'arrivée des idées et je sais que rien ne les arrêtera. Je suis assis ici, stupéfait, dans un état d'amour et de gratitude parce que je peux servir d'instrument d'une façon tellement inspirante − tout en écrivant au sujet de l'inspiration elle-même !

Le message central ici est de *faire correspondre nos désirs et nos attentes*. Nous devons ressentir que la matérialisation d'un désir est en marche et reconnaître que rien ne peut l'arrêter. Nous devons apprendre à sourire intérieurement à ceux qui se moquent de notre optimisme et continuer à attendre la manifestation de nos idées en-Esprit, en restant à l'affût des indices précurseurs de leur arrivée. Au plus petit signe de leur apparition, nous pouvons leur communiquer de l'énergie additionnelle par notre gratitude.

La simple découverte d'une pièce de monnaie sur le sol peut être un indice que notre espoir d'abondance est sur le point d'être comblé. Cette pièce se trouve précisément là où elle doit être et nous devons la traiter comme une piste dans notre chasse au trésor. Nous devons assumer avec reconnaissance qu'elle a été placée là pour modifier notre état d'esprit, afin qu'il devienne compatible avec la prospérité que nous recherchons. Nous devons dire : « *Merci Dieu, pour ce symbole d'abondance* », dans la certitude que nous avons mis en branle une nouvelle idée si puissante que son heure arrive à l'instant même !

Nous devons créer une compatibilité avec l'Esprit en modifiant nos attentes, afin qu'elles s'accordent avec la prémisse centrale de ce chapitre : *Il n'y a rien de plus puissant qu'une idée dont l'heure de gloire est arrivée.* Affirmez ces mots pour vous « brancher » à vos nouvelles attentes : *Je le désire. Cela est en route. Je n'ai aucune raison de m'inquiéter.* Quelle que soit la nature de ce « cela » — un emploi, une promotion, du financement, la bonne personne, le bien-être, la santé recouvrée, une information, etc., dites-vous : *Il s'agit d'une idée qui ne peut être arrêtée parce je suis en parfait équilibre avec la Source de l'Être. Je suis en train de réaliser Dieu, et, avec Dieu, tout est possible, alors il faut y croire.*

Nous ne voulons pas demander à l'Univers d'être différent pour que nous puissions nous y sentir mieux. Par contre, il est possible de *choisir* de changer nos anticipations de manière à vibrer en harmonie avec l'Univers. Nous n'avons pas à imiter quelqu'un d'autre pour réaliser cette harmonie vibratoire parce que nous sommes des expressions individuelles de Dieu, uniques, tant par nos qualités que par nos désirs. Après tout, lorsque nous nous approchons d'un grand buffet, nous ne nous attardons pas à éliminer ce dont nous ne voulons pas ; nous harmonisons les vibrations de nos pensées avec ce que *nous voulons* et nous ignorons ce qui ne nous plaît pas.

Gardons à l'esprit que nos attentes nous sont propres. Ce sont des idées dont l'heure est arrivée... et qui ont toujours été en marche.

Unicité et identité

J'aimerais prendre quelques instants pour vous expliquer toute la différence entre l'unicité et l'identité. Nous sommes tous uniques, mais nous ne sommes pas *identiques*. Si cela sonne comme une contradiction à vos oreilles, pensez au fait qu'il n'existe qu'une lumière, mais qu'il y a plusieurs couleurs ; il n'y a qu'un feu, mais beaucoup de feux de joie ; l'eau est unique, mais il y a une multitude de lacs, de fleuves et d'océans. De la même manière, bien que nous provenions tous d'une Source unique, nous en sommes des expressions individualisées, et par conséquent, uniques.

Nous vivons dans une société qui nous encourage à nous conformer et à tous entrer dans le même moule. Pourtant, l'Esprit a créé chacun de nous comme une entité séparée et distincte, qui est unique dans toute la création. Donc, pour être inspirés, nous devons préserver notre individualité singulière, tout en reconnaissant notre liaison avec notre Source, avec tous les êtres et avec toutes choses dans l'Univers. Chacun d'entre nous est une idée à nulle autre pareille dont l'heure de gloire est arrivée : nous ne nous sommes pas manifestés pour être pareils aux autres mais pour être comme Dieu, et nous exprimer comme nous avions convenu de le faire lorsque nous avons adopté notre forme matérielle.

Leo Buscaglia est l'un de mes auteurs favoris. Voici une petite histoire qu'il avait l'habitude de raconter et qui illustre parfaitement ce que j'essaie de démontrer.

Un jour, les animaux se rassemblèrent dans la forêt et décidèrent de créer une école. Il y avait un lapin, un oiseau, un écureuil, un poisson et une anguille, et, ensemble, ils fondèrent le Ministère de l'Éducation. Le lapin insista pour que la course fit partie du programme scolaire. L'oiseau, pour sa part, demanda que l'apprentissage du vol fut obligatoire. Le poisson suggéra qu'on ajoute la natation, et l'écureuil, l'escalade des arbres. Toutes ces idées furent rassemblées et c'est ainsi que fut élaboré le Programme d'études. On décréta de plus que *tous* les animaux devaient apprendre *toutes* ces disciplines.

Le lapin obtint facilement un « A » à la course, mais il éprouvait de la difficulté à grimper aux arbres ; malgré tous ses efforts, il retombait toujours lourdement au sol. Un jour, il se blessa à la tête et ne fut plus jamais le même. Alors qu'auparavant, il était toujours bon premier à la course, il devait maintenant se contenter d'un « C ». Quant à l'escalade des arbres, sa note habituelle « F » pour échec, demeura inchangée. L'oiseau, pour sa part, volait magnifiquement au début des classes. Au sol, par contre, il se déplaçait laborieusement. Il se brisa le bec et les ailes en rampant, de telle sorte qu'il cessa de briller dans les airs. Il devint médiocre en vol, échoua à la course et continua d'éprouver d'insurmontables difficultés à grimper dans les arbres. Et c'est contre toute attente qu'à la fin de l'année scolaire, le premier de la promotion fut l'anguille. C'était l'élève le moins brillant du groupe, qui faisait tout à moitié et réussissait tant bien que mal. Malgré tout, les éducateurs, de leur côté, étaient heureux, car les élèves avaient étudié tous les sujets et avaient bénéficié, selon eux, « d'une culture générale ».

Respectez votre caractère unique et repoussez toutes les pressions exercées pour vous faire entrer dans les rangs — soyez celui ou celle que vous avez choisi d'être en venant dans ce monde. Après tout, *vous* êtes une idée puissante dont l'heure de gloire est arrivée.

Quelques suggestions pour mettre les idées de ce chapitre à votre service

— Soyez conscient de tous les obstacles dans votre environnement, particulièrement ceux que vous seriez enclin à qualifier de « peu significatifs » ou « d'accidentels ». *Rien* n'est dépourvu de signification dans cet Univers, alors souvenez-vous que tout ce qui se présente dans votre vie y a été attiré. Par exemple, un accident n'est pas du tout une rétribution du karma ou une chose dont vous devriez vous sentir coupable — cela veut simplement dire que vous étiez une conjonction idéale pour lui. Lorsque vous vous heurtez un orteil ou le coude, que vous vous coupez la main, que vous ressentez un élancement, un mal de tête ou peu importe, rappelez-vous qu'il s'agit d'une énergie qui s'est manifestée au moment approprié. Essayez de noter ce à quoi vous pensiez à ce moment-là, et soyez ouvert à l'idée que cela est arrivé pour vous enseigner quelque chose.

— *Ce à quoi vous pensez vous arrive, que vous le vouliez ou non !* *Alors, choisissez judicieusement vos pensées.* Mémorisez cette merveilleuse petite homélie et placez-là dans un endroit bien en vue dans votre foyer ou au travail. Soyez toujours conscient de vos pensées au sujet de ce que vous anticipez de l'Univers.

— Bénissez toutes les personnes qui ont croisé votre chemin dans la vie ou qui continuent d'y jouer un rôle. Un serveur à la mine maussade peut vous rappeler, par son attitude, d'offrir de l'amour à autrui si c'est ce que vous voulez recevoir en retour. Votre ex-conjoint devrait être béni pour ce qu'il ou elle vous a offert, ne serait-ce que parce qu'il ou elle a été votre ex. Un automobiliste qui roule lentement devant vous est une idée de Dieu qui se manifeste à point nommé — remerciez-le de vous avoir donné l'occasion de ralentir et d'éviter ainsi la contravention que vos vibrations étaient sur le point de vous attirer.

— Résistez aux pressions d'entrer dans le rang : faites-le gentiment, mais faites-le tout de même. Chaque fois que quelqu'un essaie de vous inciter à vous conformer, affirmez : *je suis une expression individualisée de Dieu*. C'est tout ce dont vous avez besoin de vous rappeler. Alors, trouvez en vous un lieu où vous sentez que vous ne faites qu'un avec Dieu, et envoyez un message d'amour à ceux qui essaient de vous pousser sur le chemin de l'uniformité et des conventions établies. Refusez d'être une « anguille peu douée qui s'en tire tant bien que mal », ou pire encore, qui fait ce que les autres attendent d'elle.

— Mais encore plus important : *ayez la foi*. Faites confiance à cet Univers infini, qui crée infiniment. Ayez foi que la Source Créative de Tout sait exactement ce qu'elle fait. Soyez assuré qu'il ne peut y avoir d'accidents dans un système aussi intelligent. Contemplez l'immensité de l'Univers et admirez la puissance de sa Source — ce faisant, vous modifierez votre énergie. Pratiquez cela à chaque jour.

* * *

En vérité, absolument tout dans cet Univers, et cela inclut notre personne, arrive à point nommé. Il n'y a pas de morts injustes ou d'erreurs — ce qui arrive nous est destiné et cela se produit exactement au moment approprié. Avant de passer à la troisième partie de ce livre, j'aimerais que vous pensiez à cette sagesse toute simple que l'ancien esclave et philosophe Épictète partageait avec nous il y a 2,000 ans : « Il est de mon devoir de gérer consciencieusement et adroitement tout ce qui arrive ». Voilà une idée puissante dont l'heure glorieuse est arrivée !

TROISIÈME PARTIE

DONNER ET RECEVOIR L'INSPIRATION

« Nous devrions, dans la mesure de nos moyens,
aspirer à l'immortalité et faire tout ce que nous pouvons
pour vivre en accord avec ce qu'il y a de plus noble en nous ;
car même si cela est faible en quantité, en force et en valeur,
c'est de loin supérieur à tout le reste. »

— ARISTOTE

CHAPITRE 10

S'INSPIRER DE L'INSPIRATION DES AUTRES

« Un homme peut n'être jamais entré dans une église ou dans une mosquée, n'avoir jamais officié aucune cérémonie religieuse, mais s'il réalise Dieu en lui-même et, par cela, s'élève au-dessus des vanités du monde, cet homme-là est un bienheureux, un saint ou ce qu'il vous plaît de l'appeler… »

— VIVEKANANDA

L'UN DES MEILLEURS MOYENS À NOTRE DISPOSITION pour entendre l'appel de notre vie est de nous rapprocher des saints auxquels le moine Vivekananda faisait allusion, il y a plus d'un siècle. La personne sainte mentionnée dans ce contexte ne pratique pas nécessairement une religion officielle ; en fait, il est peu probable qu'elle soit vêtue d'habits sacerdotaux ou engagée dans des études théologiques quelconques. Ces personnes, que nous considérons comme des êtres inspirants, sont plutôt celles qui irradient vers nous une vibrante énergie spirituelle et qui correspondent à la brillante description de Vivekananda. Ce sont des gens qui sont parvenus à la « réalisation de Dieu » à un niveau plus élevé que la plupart d'entre nous. Ils ont occulté leur ego et ont été portés par le souffle d'une puissante énergie pendant toute leur vie. Il s'agit d'êtres spirituels vivant une expérience humaine, plutôt que l'inverse.

Ce que nous devons absolument savoir au sujet de l'énergie, c'est que plus celle-ci est intense et vive, plus elle dynamise les vibrations faibles, convertissant ces dernières en énergie supérieure. Ainsi, la lumière introduite dans une pièce obscure ne fait pas qu'éliminer l'obscurité, elle la transforme en lumière (si ce concept pique votre curiosité, je vous conseille de lire mes livres *Il existe une solution spirituelle à tous vos problèmes* et *Le Pouvoir de l'intention*.)

Le parallèle que j'essaie d'établir ici est que, lorsque nous entrons dans le champ d'énergie d'une personne qui vit en contact avec l'Esprit, nous découvrons que, non seulement nous renonçons à nos comportements insipides, mais que notre propre énergie acquiert la même intensité. Cependant, reconnaître ces personnes qui vivent en-Esprit n'est pas aussi simple qu'il n'y paraît.

Ce que les gens inspirés ne sont pas

Il est possible pour un individu de réussir brillamment, d'être adulé de tous, universellement admiré et respecté, mais néanmoins, de ne pas vivre en-Esprit. Les gens inspirés ne sont pas nécessairement hautement motivés au sens où on l'entend le plus souvent dans la société ; après tout, les personnes motivées ne sont peut-être qu'à la conquête des symboles du succès, satisfaisant leur désir de domination et de contrôle en s'emparant du plus grand pouvoir possible. Les personnes qui *nous* ont motivés ne sont peut-être pas très inspirées elles-mêmes : nous avons été stimulés par celles qui nous menaçaient, nous battaient ou nous injuriaient, nous traitaient d'insensés ou de mauviettes parce que nous ne faisions pas ce que nous aurions dû faire, selon elles.

Manifestement, l'inspiration ne faisait pas partie de leur motivation !

Ainsi, nous ne pouvons prendre pour acquis que tous nos professeurs ont suivi l'appel de leur vie. Un bon instructeur peut être très compétent dans son domaine et extrêmement talentueux pour transmettre ses connaissances aux étudiants, mais il ou elle peut être, en même temps, très loin de la réalisation de Dieu. Les professeurs ont souvent une si piètre estime d'eux-mêmes qu'ils se trompent de voies et se dévouent à quelque chose qui est très éloignée de leur véritable vocation — en particulier, lorsque leurs brillantes habilités comme enseignant comblent un vide et semblent être un substitut à cette vocation. Je ne prétends pas que tous les professeurs n'atteignent pas la réalisation de Dieu en eux. Il serait toutefois imprudent de croire qu'un enseignant talentueux est nécessairement une personne inspirée.

Une personne peut être bardée de diplômes, mais néanmoins détachée de son être en-Esprit. Être capable de citer des personnages historiques, de parler avec éloquence et de décrocher des titres de toutes sortes ne veut pas dire qu'on puisse inspirer les autres (mais cela ne veut pas dire non plus qu'on en soit incapable). Les personnes les plus brillantes peuvent nous dégoûter par leurs manières pompeuses et leurs prétentions, ou encore, elles peuvent être si cérébrales qu'il est difficile de comprendre ce qu'elles disent. Ne faites pas l'erreur de confondre l'inspiration et l'intelligence. Le trajet vers l'appel de notre vie n'est pas une ascension académique — il n'y a pas d'examens écrits, pas de notes, pas de bulletins scolaires et pas de diplômes d'études supérieures sur ce chemin.

Il est important de comprendre que toutes les marques conventionnelles du succès, telles que le statut professionnel, la richesse, l'adulation du public, les vêtements coûteux, un vocabulaire recherché, une présence charismatique, la célébrité, etc., ne sont pas nécessairement les qualités d'une personne inspirée. En fait, certaines personnes qui obtiennent d'excellents résultats, mesurés à l'aune de l'ego, sont aussi les plus difficiles à supporter — et totalement non-inspirantes.

Bien que la célébrité sous toutes ses formes semble être éminemment désirable, et qu'elle soit portée aux nues par ces innombrables émissions télévisées qui relatent la vie personnelle de ceux qui défraient la manchette (et plus spécialement des vedettes du spectacle), cela n'est en aucune façon une mesure de l'aptitude à inspirer les autres. Lorsque l'une de mes filles m'a dit un jour que son but était de devenir célèbre, je lui ai suggéré fortement de vivre ses passions et de laisser à la gloire le soin de se manifester d'elle-même, le cas échéant.

J'ai connu des célébrités dans toutes les sphères de la vie et je peux vous assurer que la notoriété d'une personne n'est, en aucune manière, un indicateur de sa connexion avec l'Esprit. Et s'il m'est arrivé de connaître la célébrité moi-même, ce n'est pas parce que je l'ai choisie, ni même méritée. La célébrité se situe hors de moi — c'est l'opinion que les autres se font de moi. Toutefois, je choisis d'être inspiré et cela veut dire que je ne suis jamais dépendant de l'opinion des autres.

Les personnes inspirantes ne sont pas intéressées à remporter des concours de popularité. Celles qui recherchent les éloges et la reconnaissance le font souvent pour apaiser le sentiment de leur propre insécurité. En général, les personnes qui doutent de leur Divinité craignent la critique parce qu'elles se perçoivent comme des imposteurs ; conséquemment, elles s'appliquent à ressembler à tous ceux qu'elles croisent. En dépit de leur évidente popularité, elles sont néanmoins un désastre au chapitre de l'inspiration.

Je voudrais ajouter une note ici : je ne veux en aucune manière insinuer qu'une personne ayant acquis une grande popularité et la notoriété soit, par le fait même, disqualifiée en tant que source d'inspiration. Bien au contraire, plusieurs des personnes les plus inspirantes que j'ai rencontrées avaient atteint une renommée mondiale. Je vous invite simplement à ne pas associer automatiquement l'inspiration et la célébrité.

Ce que sont les personnes inspirées

Jetons maintenant un coup d'œil aux qualités que nous *trouvons* chez les personnes inspirées et inspirantes — c'est-à-dire celles qui se sont hissées au-dessus de l'ego et des vanités de ce monde — et comment le fait de les reconnaître et de nous associer à elles nous aide à élever nos vibrations au niveau de l'Esprit.

Ayant enseigné dans une grande université et animé des cours devant des auditoires de spécialistes, j'avais l'habitude d'éprouver un très grand plaisir en compagnie de personnes aux connaissances très vastes. J'ai aussi eu le bonheur d'être associé avec des individus fort sages, qui sont parvenus à une maîtrise éclairée de leur vie en tant que guides spirituels. Ma conclusion est que, plus un soi-disant expert est calé dans son domaine, moins il semble faire l'expérience de la joie. Par contre, les personnes qui sont authentiquement sages semblent dégager une aura de joie, qui pénètre et se répand dans le monde ambiant, touchant tous ceux qui les entourent.

Nous pouvons utiliser cet « index de joie » comme mesure non-scientifique de l'inspiration. Lorsque nous rencontrons des personnes qui, pensons-nous, semblent vivre en-Esprit, nous devons nous poser les questions suivantes : donnent-elles l'impression de posséder un cœur passionné, émettant des messages d'amour destinés à l'Univers et à tous les êtres qui l'habitent ? Sont-elles captivées par leur travail ? Envisagent-elles le monde comme un endroit où il fait bon vivre ? Sont-elles en paix avec elles-mêmes ? Semblent-elles compréhensives, ou donnent-elles l'impression de porter des jugements défavorables sur tout ? Sont-elles confiantes sans être dominatrices ? Ont-elles tendance à être enjouées ? Aiment-elles s'amuser ? Semblent-elles heureuses en compagnie des très jeunes enfants ou de personnes âgées ? Écoutent-elles les autres ou sont-elles toujours prêtes à donner des leçons ? Sont-elles autant disposées à jouer le rôle d'élève que celui de professeur ? Aiment-elles la nature ? Sont-elles ébahies par les merveilles du monde ? Expriment-elles une humilité raisonnable ? Sont-elles abordables ? Prennent-elles un grand plaisir à servir les autres ? Semblent-elles être parvenues à dompter leur ego ? Acceptent-elles toutes personnes comme leur égale ? Sont-elles ouvertes aux nouvelles idées ? Les réponses à ces questions nous aideront à déterminer si ces personnes peuvent avoir une influence inspirante dans notre vie.

Ceux qui possèdent le don de l'inspiration dégagent quelque chose qu'il est difficile de préciser intellectuellement, mais qu'on reconnaît sans équivoque par ce qu'on ressent en leur présence : on devine qu'ils sont tournés vers la Source d'énergie de laquelle ils proviennent. Il y a quelque chose en eux qui nous touche profondément — la vibration de l'inspiration — et nous sentons qu'ils ont énormément à nous offrir. Nous percevons leur intense énergie spirituelle et leur désir ardent de jouer un rôle actif dans notre vie. Lorsque nous éprouvons cette résonance, c'est comme si tout notre être était inondé d'un jet de chaleur apaisante.

Lorsque je suis en présence d'une personne inspirée, je ressens immédiatement ce « jet » chaud et réconfortant qui m'envahit tout entier : cela ressemble à une vague d'énergie qui glisse doucement sur mes épaules et le long de ma colonne vertébrale ; je sais alors qu'un phénomène énergétique est train de s'accomplir. Même si je ne peux le voir, le toucher, le sentir ou l'entendre, je sens qu'une transition s'effectue en moi me permettant de me sentir merveilleusement bien (ou, en y pensant, « *merveilleusement* Dieu.* »)

---

* NdT : L'auteur fait ici un jeu de mots avec « good » [bien ou bon] et « God » [Dieu]. Nous allons retrouver ultérieurement l'association de ces deux mots : Good/God.

L'influence des personnes inspirées dans ma vie

Dans cette section, je voudrais illustrer davantage ce que *sont* les personnes inspirées et inspirantes en vous parlant de quelques individus qui, grâce à leur vibrante énergie, ont eu une influence significative dans ma vie.

— Je garde un souvenir très vif de la crise des missiles cubains survenue il y a maintenant plus de 40 ans. Après quatre années dans la Marine, je venais d'être relevé du service actif et je fréquentais l'Université Wayne State de Détroit. Si les États-Unis avaient été entraînés dans une guerre contre l'Union soviétique d'alors, j'aurais été un des tous premiers à être rappelés parce que j'avais occupé un poste de confiance dans l'armée. Mais, bien plus que ma situation personnelle, c'est le gouffre vers lequel nous nous avancions collectivement qui me préoccupait d'abord et avant tout — c'est-à-dire, la pensée qu'un conflit nucléaire pouvait anéantir toute notre civilisation.

Je n'oublierai jamais l'épisode dramatique qu'une scène du film *Thirteen Days* a rendu avec tant de réalisme. Après avoir été pressé par ses conseillers militaires d'utiliser l'arme atomique contre Cuba, ou de poser des gestes belliqueux qui auraient pu déclencher les hostilités, le Président Kennedy se retira dans ses appartements privés de la Maison Blanche. Il réfléchit alors à ce qu'il croyait être sa toute première responsabilité comme Président : préserver son pays de la guerre. Ayant déjà combattu lui-même lors d'un précédent conflit, qui avait coûté la vie à son frère aîné Joseph, JFK savait combien une guerre avec l'Union soviétique serait destructrice. Il se réfugia donc dans la solitude et laissa la paix de l'Esprit le guider. Finalement, l'idée d'un blocus — accompagnée d'une prière pour la résolution pacifique de la situation — jaillit en lui. En période de crise, plutôt que de laisser l'ego parler, il choisit de revenir en-Esprit, et c'est ainsi qu'il changea le cours de l'histoire.

Le Président Kennedy fut une source d'inspiration pour moi, non pas en raison de ses vues politiques ou de ses initiatives comme Président ; ma sympathie à son égard provenait du fait que je le percevais comme un homme dont le comportement dégageait de l'amour, de la paix et de la joie de vivre. Il a aussi démontré son respect à l'égard de l'humanité entière en s'engageant à mettre un terme à la ségrégation raciale en Amérique. Comme Robert McNamara, le Secrétaire à la Défense de Kennedy l'a fait observer un jour, si JFK avait vécu plus longtemps, la guerre du Vietnam n'aurait pas eu lieu. Parce que la guerre, croyait-il, devait rester un ultime recours et que son tout premier rôle comme Président était de protéger la paix.

Dès le début des années soixante, je trouvais JFK inspirant et son esprit a continué de me toucher profondément pendant toute ma vie. Il m'inspirait !

— En 1978, je fus invité à Vienne afin de participer à une conférence destinée à un groupe de jeunes présidents d'entreprises. Je faisais partie d'un panel en compagnie d'un homme qui avait été une immense source d'inspiration pour moi : Victor Frankl. Frankl, un médecin, avait été déporté dans un camp d'extermination nazi durant la Seconde Guerre mondiale. Au cours de son internement, il prit des notes qui servirent à l'écriture d'un livre intitulé *Découvrir un sens à sa vie*. Cette œuvre, qui devait me toucher profondément plus tard dans la vie, illustrait non seulement comment le Dr Frankl avait survécu aux horreurs d'Auschwitz, mais aussi comment il aida d'autres compagnons d'infortune à tenir bon dans l'adversité. Ainsi, il montra à ses camarades comment trouver un sens, et même de la joie, à la présence d'une tête de poisson flottant dans un bol d'eau trouble qui avait la prétention d'être une soupe. Il leur apprit à partager son attitude et à l'enseigner à d'autres camarades sur le point de s'effondrer. Il pratiquait même le don de l'amour et de la paix envers ses geôliers. Il refusait d'être animé par la haine ou un désir de vengeance à leur égard, parce qu'il savait que cela était étranger à l'état d'esprit auquel il ne pouvait renoncer.

Et voilà que, 33 ans après sa libération des camps de la mort, j'étais sur le point de prendre la parole devant des centaines de présidents d'entreprises, tous âgés de moins de 50 ans (comme moi à l'époque). J'avais lu *Découvrir un sens à sa vie* alors que j'étais jeune étudiant au doctorat et j'ai pratiqué la logothérapie du Dr Frankl, qui enseigne aux praticiens à aider leurs patients à trouver un sens à l'existence, peu importe leur situation. Viktor Frankl a été l'une des figures les plus inspirantes de mon existence, et faire parti du même panel — sous prétexte que j'étais un collègue de ce maître — a été une expérience bouleversante. Et je n'ai jamais oublié l'après-midi qui a suivi, rempli de joie pure et d'inspiration.

Viktor Frankl est demeuré loyal à ses vraies racines spirituelles, face aux mêmes horreurs qui en ont anéanti tant d'autres. Lorsque je l'ai rencontré, il rayonnait de joie, de paix, de gentillesse et d'amour, et il n'y avait pas la moindre trace d'amertume en lui. Au contraire, il croyait que son expérience lui avait enseigné des leçons qu'il n'aurait jamais apprises autrement. J'ai passé une bonne partie de cet après-midi-là à Vienne, en 1978, à l'écouter dans un état d'admiration béate ; et, encore maintenant, des années plus tard, je ressens toujours aussi intensément l'effet de la présence de cet homme dans ma vie. Oui, il n'y a aucun doute, il m'a inspiré.

— En 1994, une jeune étudiante universitaire de 24 ans, Immaculée Ilibagiza retourna dans son pays, le Rwanda, pour passer les vacances de Pâques en compagnie de sa famille… et se trouva fortuitement plongée dans l'un des pires génocides de l'Histoire. Membre de la tribu des Tutsis, Immaculée fut forcée de se cacher dans une minuscule salle de bain (disposée de telle sorte qu'elle semblait inaccessible depuis la maison) en compagnie de 7 autres femmes, pendant une période de trois mois d'horreurs indicibles. Comme elle me l'a relaté par la suite : « Grâce à Dieu, nous n'avons pas été découvertes. Pourquoi, je l'ignore. Tout ce que nous pouvions percevoir, c'était la haine qu'exhalaient les hommes qui se trouvaient juste au-delà de la porte. »

Après avoir vécu dans cette terreur pendant 90 jours, tremblant constamment de peur, sachant qu'elles seraient massacrées sans merci si elles étaient découvertes, ces femmes furent finalement libérées de leur prison et placées sous la protection de soldats français. Comme Immaculée le raconte aujourd'hui : « Lorsque nous nous sommes finalement trouvées en sûreté, j'ai appris comment la majorité de ma famille avait été exterminée : mon père a été fusillé par des soldats, ma mère a été tuée à coups de machette et mon jeune frère fut assassiné dans un stade alors qu'il était à la recherche de nourriture. Mon grand frère a été exécuté après un interrogatoire – ses bourreaux ont dit qu'ils voulaient voir le cerveau d'une personne qui détenait une maîtrise universitaire, et ils l'ont alors taillé en pièces. »

J'ai rencontré cette femme extraordinaire à New York, après qu'on lui eut accordé l'asile en tant que victime d'une tentative organisée de nettoyage ethnique perpétré par un gang de criminels. (Environ 1 million d'hommes, de femmes et d'enfants ont été systématiquement massacrés à l'aide de machettes et d'instruments grossiers, sans que les États-Unis n'interviennent – de l'aveu de l'ancien Président Bill Clinton, cela fut le plus grand échec de son administration). Immaculée n'est pas amère ou consumée par la rage – elle veut simplement s'assurer qu'une telle tragédie ne se reproduira plus jamais. L'amour et la foi habitent son cœur. Ses dons spirituels lui ont grandement servi pour raconter son histoire qui vient de paraître dans une œuvre remarquable, publiée par Hay House. J'ai eu le privilège d'écrire la préface de cet ouvrage exceptionnel, intitulé : « *Left to tell : discovering God amidst the Rwanda holocaust.* »

Ce fut un honneur pour moi de me joindre à cette femme divinement inspirée, en l'accompagnant au Rwanda afin de l'aider à mettre sur pied un programme pour venir en aide au grand nombre d'enfants devenus orphelins en raison du génocide, et de pourvoir à leur éducation. Oui, faire partie de la vie d'Immaculée, même de cette bien modeste manière, m'inspire au-delà de tout ce que je peux exprimer.

— En 1999, j'ai été invité en Afrique du Sud pour m'adresser à divers auditoires. Alors que je me trouvais à Cape Town, j'ai pris le ferry pour me rendre à Robben Island afin de visiter la prison où Nelson Mandela a été incarcéré pendant un si grand nombre d'années (la date de ma visite correspondait au 10ième anniversaire de sa libération).

Cet homme a passé plus de 27 ans de sa vie en prison — il lui était même interdit de recevoir toute visite puisqu'il était un opposant déclaré au système d'apartheid, dans lequel toute une race d'individus était légalement considérée comme inférieure et indigne des mêmes privilèges que les autres citoyens du pays. Il travaillait tous les jours dans une carrière où le soleil implacable se réfléchissait avec tant d'éclat sur les cailloux blancs que ses yeux, toujours fortement plissés, ne sont plus maintenant que d'étroites fentes horizontales. J'ai passé à peine 30 minutes dans cette carrière et mes yeux m'ont ensuite fait souffrir toute la journée — imaginez alors quels dommages une exposition de plusieurs années peut causer.

Mandela plongea profondément en lui-même et, lorsqu'il fut finalement libéré, c'est avec le pardon et la réconciliation au cœur qu'il reprit sa place dans le monde. Sa capacité de rester en-Esprit fut la force qui a entraîné le démantèlement de l'apartheid et son élection à la présidence d'une Afrique du Sud démocratique, en émergence. Dans la prison, au moment où je méditais à l'extérieur de la cellule de ce grand homme, j'ai ressenti ce jet intérieur de chaleur que j'ai décrit plus tôt dans ce chapitre. Puis, on m'a offert une copie autographiée de son livre *Long Walk to Freedom*, que je chéris tout particulièrement.

Mandela a maintenu vivante en lui l'énergie spirituelle de l'amour, de la paix, de la bonté et de la tolérance, pendant toute la durée de ses épreuves. Cette énergie lui a inspiré le plan qui a changé le visage de l'Afrique — et du monde — pour toujours. Oui, cet homme m'inspire !

— Plus près de chez nous maintenant, je voudrais vous parler de madame Olive Fletcher. En 1956, je prenais le cours de biologie pour une deuxième année d'affilée au Denby High School à Détroit. J'avais échoué ce cours précédemment en raison de ma propre obstination : j'avais refusé de faire un herbier, ce que l'adolescent de 15 ans d'alors percevait comme une exigence absurde. À cette époque, ma mère était en instance de divorce d'avec mon beau-père alcoolique et je travaillais dans un supermarché local tous les soirs de la semaine, et toute la journée les samedis et dimanches. Mon enseignante, lors de cette deuxième incursion dans le monde de la biologie, était madame Fletcher, et elle fut le tout premier professeur qui sembla s'intéresser à moi. Par exemple, elle était disponible après l'école pour répondre à mes questions, m'appelait à la maison pendant cette période tumultueuse (ponctuée d'éclats de voix incessants et de tant d'autres épisodes désagréables) et me permettait de poser la tête sur mon pupitre pour dormir pendant la période d'études, lorsque j'avais terminé mes devoirs. Elle m'encourageait aussi à aider les autres élèves, car elle avait reconnu chez-moi une chose dont aucun autre professeur n'avait fait mention auparavant : elle m'a dit que j'étais brillant et que j'avais un esprit qui me mènerait au bout du monde, si je le désirais.

Cette personne incroyable m'invitait même à aller jouer aux quilles avec elle et son mari. Je ne m'étais jamais imaginé auparavant que les professeurs étaient aussi des êtres humains, et encore moins qu'ils s'adonnaient parfois à jouer aux quilles ! Elle fut aussi le premier « représentant de l'autorité » qui accueillait mes interrogations et tolérait mon comportement parfois turbulent. En vivant en-Esprit, elle me montra que j'étais digne de l'amour d'une personne en position d'autorité.

Grâce à l'inspiration de madame Fletcher, je suis passé de l'échec à l'excellence. Je voulais exceller juste pour elle, parce qu'elle avait tellement foi en moi. Maintenant, exactement un demi-siècle plus tard, madame Olive Fletcher m'apparaît toujours comme la seule personne qui, durant mes années scolaires, vint à bout de mon attitude rebelle en me permettant de *m'intégrer*, sans exiger que je *m'humilie*. Oui, elle m'a incontestablement inspiré !

— Changeons d'époque, si vous le voulez bien. En 1971, Don McLean lut une biographie du célèbre artiste Vincent Van Gogh. Il fut tellement touché par la lutte du peintre contre la folie, parallèle à celle qu'il menait pour être aimé et compris, qu'il écrivit une chanson à son sujet. Intitulée *Vincent, étoilée, étoilée est la nuit*, elle fut écrite alors qu'il contemplait la célèbre toile de Van Gogh *La nuit étoilée* — dès que j'entends cette chanson, en me remémorant de quelle manière McLean fut inspiré par la vie du peintre, je suis inspiré à mon tour. Je suis ému jusqu'aux larmes et je me promets alors de démontrer plus de compassion à l'égard de ceux qui, comme Vincent, luttent pour conserver leur équilibre mental. (Il est intéressant de noter que dans les années 70, le Musée Van Gogh d'Amsterdam diffusait la chanson tous les jours et qu'une copie de la partition, avec un ensemble de pinceaux ayant appartenu à l'artiste, sont enterrés sous le musée dans une capsule scellée.

Je suis extrêmement inspiré par les gens qui agissent sous l'impulsion d'un moment en-Esprit et qui suscitent, pour des millions d'autres personnes, l'occasion de faire de même. L'histoire de Don McLean m'a incité à lire la biographie de Van Gogh à l'origine de sa composition, et d'inclure cette histoire dans ce livre. Il m'a inspiré !

Je pourrais écrire plusieurs autres anecdotes mettant en scène des personnes qui ont insufflé dans ma vie l'inspiration qui en a changé le cours. Je ne pourrais jamais me le pardonner si j'omettais la personne qui, parmi toutes celles que j'ai connues, en a été la plus grande source.

En 1942, alors que je n'avais que deux ans, ma mère fut abandonnée par mon père avec la responsabilité de nous élever seule, mes deux frères (âgés de 3 et 5 ans) et moi. Mon père, dont je ne garde pas le moindre souvenir, a littéralement tourné le dos à sa famille, et il n'a jamais daigné téléphoner ensuite pour savoir comment nous allions. Il n'a jamais non plus payé la plus petite pension alimentaire, ayant maille à partir avec la loi en raison des vols qu'il avait commis. Il est simplement parti un jour, sans jeter ne serait-ce qu'un regard derrière lui.

Peu après ma naissance, quand ma mère revint dans notre petit logement du quartier est de Détroit, elle découvrit que mon père avait confié mon frère de 16 mois, Dave, à la garde de son aîné, Jim, lui-même âgé de 4 ans. Il avait temporairement emménagé avec une autre femme, dans la ville de Ann Arbor, située à quelques 40 miles [64 km] de là.

Essayez de vous représenter la scène : *Nous sommes en 1940. La Dépression a laissé la majorité des gens sans le sou. Il n'y a aucun programme d'aide gouvernementale pour pourvoir aux besoins de 3 enfants âgés de moins de 4 ans. Un père alcoolique refuse de travailler, vole de l'argent à tout le monde et recherche la compagnie d'autres femmes, lais-sant son épouse s'occuper seule de ses trois garçons. Parmi ceux-ci se trouvait un nourrisson anémique nécessitant des soins médicaux, à toutes fins pratiques inaccessibles pour une personne vivant dans la pau-vreté...* Malgré tout, dans ce scénario apparemment sans espoir, émergea une femme qui avait un rêve, une femme qui croyait que sa vie pouvait être, et serait un jour, meilleure.

Après avoir obtenu son divorce, ma mère se retrouva seule au monde. Elle travailla d'abord comme vendeuse de bonbons dans un magasin à « 5 sous », puis devint secrétaire à la compagnie Chrysler — elle gagnait environ 17 $ par semaine. Elle fut forcée de nous placer, Dave et moi, dans une série de foyers d'accueil financés par l'Église Méthodiste, tandis que ses parents héber-geaient Jim. Son cauchemar s'était matérialisé : sa famille avait été séparée et la pensée que cela pouvait être une situation permanen-te lui était intolérable. Elle chérissait une vision, une vision à laquelle elle ne renonça jamais : « *Un jour, se disait-elle, par un moyen quelconque, je réunirai ma famille et j'élèverai mes trois garçons sous un même toit.* »

Malheureusement, les temps étaient durs et les années pas-saient, inexorablement. Ma mère nous rendait visite à Dave et à moi, lorsqu'elle le pouvait. Elle n'avait pas d'automobile, ni même de permis de conduire. La ville de Mt. Clemens, où elle résidait, était située à environ 17 miles [27 km] de Détroit, mais cette ville aurait tout aussi bien pu être distante de 7000 miles, car elle ne disposait d'aucun moyen de transport ou d'argent pour venir nous voir. Mais cette femme était déterminée, et elle épousa même un homme qu'elle n'aimait pas pour réunir sa famille.

En 1949, notre famille a emménagé dans un *minuscule* (j'insis-te sur le terme) logement d'un quartier populaire de Détroit. Tout comme mon père, notre beau-père était un alcoolique et un pour-voyeur irresponsable. Boire devint pour lui un moyen de fuir la réalité ; des échanges acrimonieux entre lui et ma mère sont rapidement devenus monnaie courante. Mais ma mère, qui refusait de voir ses fils séparés à nouveau, continuait de travailler, travailler, travailler.

Tous les matins, elle se levait dès 5 heures et préparait le petit déjeuner et les goûters pour ses trois fils en pleine croissance. Elle devait emprunter trois autobus différents pour se rendre au travail, attendant debout à l'extérieur par des froids sibériens et elle revenait à la maison à 5 heures 45 pour préparer le repas du soir. Mes frères et moi étions camelots ou commis d'épicerie, mais tout le travail pénible retombait sur les épaules de cette femme. Elle ne se plaignait jamais et conservait, malgré tout, le sourire en tout temps. Tous les week-ends se ressemblaient pour elle : ils consistaient à laver des montagnes de vêtements et à les suspendre pour sécher ; à préparer les déjeuners, les lunchs et les dîners et à faire le repassage au sous-sol le dimanche. La besogne ne finissait jamais… et pourtant elle était toujours joyeuse, aimante et une âme merveilleuse à côtoyer.

Tous nos amis, tant ceux de mes frères que les miens, venaient à la maison pour ma mère. Ils l'aimaient et, plus encore, ils venaient chez-nous en raison de l'énergie dont elle animait son foyer. Cette femme vivait en-Esprit et nous offrait à tous de l'inspiration. L'idée de lui tenir tête ou de lui manquer de politesse ne nous serait jamais venue à l'esprit — elle imposait le respect, mais sans jamais avoir à l'exiger. Malgré toutes ses occupations, maman ne quittait jamais la maison décoiffée ou mal mise — elle était très fière de son apparence, et, par son exemple, elle nous enseigna à mon frère et à moi à l'imiter.

Tout en vivant un second divorce d'avec un autre alcoolique, maintenant hors de contrôle, elle n'abandonna jamais son rôle de mère envers nous. Lorsque sa propre mère fut malade quelques années plus tard, je l'observais, béat d'admiration, s'en occuper seule, en dépit du fait qu'elle avait quatre frères et sœurs. Et, un autre miracle parmi tant d'autres, alors que mon ex-beau-père eut atteint le stade où son alcoolisme et son tabagisme réclamaient leur tribut final, je l'observais avec stupéfaction s'occuper de cet homme qui n'avait jamais fait autre chose que la maltraiter pendant leur mariage. Elle allait le voir chez lui, faisait son lavage, appelait le médecin pour lui au besoin, lui rendait visite à l'hôpital, lui prodiguant de l'amour, alors qu'elle-même n'avait reçu que mauvais traitements et abus, de sa part.

Aujourd'hui, maman a près de 90 ans. Elle joue toujours aux quilles deux fois par semaine, vivant seule sans jamais se plaindre. Encore maintenant, elle ne quitte jamais la maison sans être mise avec élégance et impeccablement coiffée. Elle se respecte et son estime personnelle a rejailli sur moi, son benjamin, de même que sur mes deux frères plus âgés. Bien des années ont passé, et ses trois garçons ont atteint l'âge de prendre leur retraite, mais elle-même vit et respire toujours le même Esprit aimant.

Dans un livre merveilleux écrit par Michael Murphy intitulé *Ce que je voulais dire*, l'auteur décrit de quelle manière il remercie sa mère après avoir partagé avec elle un dîner de l'Action de grâces. Cela débute par quelques paroles anodines, alors qu'il présente ses excuses parce qu'il doit partir, ce qui déclenche ensuite le vibrant témoignage que j'inclus ici. J'aimerais offrir ces paroles merveilleuses à *ma* mère :

> Ce que je voulais dire... Comment est-il possible de dire au revoir à la personne qui, la toute première, m'a pris dans ses bras, la première qui m'a nourri, et la première qui m'a permis de me sentir aimé ?
>
> Je t'ai observé de loin, accomplissant les tâches qui, pour tout autre, ne sont que des corvées. Mais, à mes yeux, le travail que tu as accompli, jour après jour, est ce qui a élevé cette fondation, cette structure, faisant de ce monde un lieu où j'ai pu grandir en toute sécurité.
>
> Tu es à l'origine de tout ce que je suis et de tout ce que j'ai. Quels que soient les exploits que j'ai pu réaliser au cours de ma

vie, je n'aurais pu les accomplir si je n'avais d'abord cru en moi. Et toi, tu es la personne qui a toujours cru en moi.

Maintenant que j'ai ma propre famille, je suis toujours étonné lorsque j'entends tes propres paroles s'échapper de ma bouche. Cet exploit involontaire de ventriloque m'irritait au plus haut point au début, mais il me réchauffe le cœur aujourd'hui, parce que j'ai compris qu'il s'agit d'une part de toi qui vivra en moi à jamais.

Lorsque le temps nous séparera, je prie pour que, de l'endroit où tu seras, tu me tendes la main à nouveau pour effleurer mon visage et me murmurer à l'oreille.

Pour ta douce et gentille présence dans ma vie… pour cela, je te serai toujours reconnaissant.

Oui, Maman, tu m'inspires !

Quelques suggestions pour mettre les idées de ce chapitre à votre service

— Prenez la ferme décision de vous trouver plus souvent en présence des personnes avec lesquelles vous vous sentez en-Esprit. Cela signifie de rechercher les personnes « à haute énergie vibratoire » et d'éviter celles dont le comportement trahit trop fortement la présence de l'ego. Soyez conscient que l'énergie spirituelle plus élevée annule l'énergie inférieure et vous permet de vibrer à la fréquence de l'Esprit. Écoutez votre intuition pour déterminer si vous êtes au bon endroit et en compagnie des bonnes personnes : si vous vous sentez bien en leur présence, si vous vous sentez inspiré à devenir un être meilleur et plus épanoui, alors, celles-là sont les bonnes pour vous. Si, par contre, vous vous sentez anxieux, déprimé ou peu inspiré, et que vous cherchez seulement à vous éclipser avant le prochain éclat de voix, alors elles ne peuvent être une source d'inspiration pour vous.

— Lisez des biographies de personnes qui reflètent vos idées de haute énergie spirituelle, qu'il s'agisse de personnages historiques ou de figures marquantes d'aujourd'hui. En lisant simplement sur leur vie, vous éprouverez un grand sentiment d'inspiration ; en outre, leur exemple contribuera à vous inspirer et à imiter leur vie et leur grandeur.

— Plongez-vous dans des films, des spectacles télévisés, des pièces de théâtre et des enregistrements produits par des individus ou des organisations tournées vers l'Esprit. Le simple fait d'assister à des causeries sur les grands maîtres spirituels peut accroître considérablement votre inspiration quotidienne.

Notez aussi comment vous réagissez aux scènes d'explosions et de poursuites automobiles, aux séquences de films qui vous surexposent inévitablement à la violence, à la haine et au meurtre. Soyez attentif à ce que vous ressentez à ces moments précis : vous sentez-vous plus près de l'Esprit ou, au contraire, en train de vous éloigner de Lui ? Faites confiance à votre intuition pour savoir quand le moment est venu de changer de poste ou de quitter la salle de cinéma. Vous avez plus de contrôle que vous ne le croyez sur ce que vous laissez pénétrer dans votre esprit ou celui des gens que vous aimez, de vos enfants en particulier. Appliquez-vous à rester en contact avec l'Esprit. N'invitez dans votre cœur que les énergies qui ont une consonance avec votre désir d'obéir à l'appel ultime de votre inspiration.

— Faites clairement la distinction entre les personnes que vous admirez pour leurs succès dans le monde matériel et celles qui sont vraiment inspirantes. Plus vous rechercherez et plus vous vous immergerez dans les champs d'activités où l'énergie de l'ego domine, plus vous serez désabusé et désenchanté. Utilisez les critères de l'Esprit pour connaître ce que vous voulez imiter, au lieu d'utiliser l'argent et la richesse comme mesure du succès.

Bien qu'une personne ayant connu autant de succès que Bill Gates puisse être vue comme un modèle à suivre en affaires, il est aussi important de comprendre que sa femme et lui ont contribué davantage financièrement à la cause de l'alphabétisation, de la santé et la paix, que toute autre personne sur cette planète. Ils offrent un contraste frappant avec une foule d'autres « super-riches » qui utilisent leur argent et leur position sociale pour flatter et enfler encore davantage leur ego. Le couple Gates diffuse une énergie spirituelle élevée et représente un modèle d'inspiration pour moi, même si ma situation financière est à des milliers de lieues de la leur. J'ai beaucoup appris en les observant agir et j'ai été grandement inspiré par leur philanthropie en-Esprit.

— Choisissez quelques-unes des personnes les plus inspirées dans votre vie et dites-leur pourquoi vous les avez placées dans cette catégorie. Lorsque vous leur révélerez vos sentiments et votre appréciation, vous vous sentirez inspiré par ce simple geste de reconnaissance. À chaque fois que je reçois une lettre ou un témoignage de la part d'une personne qui a été incitée à rechercher sa propre grandeur personnelle grâce à mon travail, je suis moi-même touché et inspiré. Et je sais aussi, par cette expression sincère de reconnaissance, qu'elle rendra des services semblables aux autres à son tour. Et servir est vraiment une façon de ressembler de plus en plus à Dieu.

* * *

Ramakrishna, un grand sage qui vivait en Inde et qui a incité des milliers de personnes à tendre à ressembler davantage à Dieu, nous offre cette observation : « Le Saint est comme un grand navire à vapeur qui, non seulement franchit l'océan, mais emporte à son bord une foule de passagers vers l'autre rive ». Vous pouvez aussi être comme l'un de ces grands navires — mais si vous ne l'êtes pas, alors de grâce, tâchez d'être l'un des passagers.

Embarquons tous à bord maintenant pour nous rendre au chapitre suivant.

CHAPITRE 11

ÊTRE UNE INSPIRATION
POUR LES AUTRES

« *Nous sommes tous des enseignants. Ce que nous enseignons, c'est ce que nous apprenons, et alors nous l'enseignons, encore et encore, jusqu'à ce que nous l'apprenions…* »

— TIRÉ D'*UN COURS EN MIRACLES*

« *La véritable raison d'être des enseignants, des livres et des enseignements est de nous faire réintégrer le Royaume de Dieu en nous-mêmes.* »

— JOËL GOLDSMITH

TOUT COMME NOUS SOMMES DES ÉTUDIANTS DURANT TOUTE NOTRE VIE, nous sommes tous des enseignants. En fait, c'est en enseignant ce que nous désirons savoir nous-mêmes, au plus grand nombre et aussi souvent que nous le pouvons, que nous apprenons le mieux. Et c'est une des raisons pour lesquelles j'ai écrit ce livre : si j'enseigne à un nombre suffisant de personnes pendant une assez longue période de temps, je montrerai ce que *je* désire le plus apprendre, c'est-à-dire comment vivre en-Esprit. Dans la même veine, il est primordial de faire un effort conscient pour accroître l'énergie de notre inspiration, car c'est de cette façon que nous pouvons être à la fois apprenant et enseignant sur le plan spirituel.

Les maîtres spirituels sont parvenus à élever l'intensité de leurs vibrations d'une manière telle dans leur vie de tous les jours que leur simple présence inspire tous ceux qui les entourent. Voilà la norme à laquelle nous devrions aspirer. Il ne s'agit pas là d'un parcours académique — il n'y a pas de plans de cours ou de bulletins scolaires pour le genre d'enseignement dont il est question dans ces pages. Je parle plutôt de choses que nous pouvons faire chaque jour pour inspirer notre prochain... et c'est ce qui fait l'objet de ce chapitre.

La bonté inspire les autres

Récemment, j'étais attablé avec trois de mes enfants dans l'aire de restauration d'un centre commercial de Maui. Alors que nous bavardions en savourant notre repas, un jeune garçon trébucha et tout son plateau, rempli de hamburgers et de frites qu'il venait de se procurer dans un restaurant McDonald, se répandit par terre. Ses parents vinrent immédiatement à sa rescousse et le gérant de l'établissement s'empressa de lui offrir un autre repas gratuitement. Le garçon était confus de sa maladresse, mais tout s'est bien terminé... sauf que les personnes qui attendaient d'être servies devaient éviter le contenu du plateau déversé sur le plancher.

Ni le garçon ni le personnel du restaurant ne se sont préoccupés de nettoyer les dégâts qui, en fait, représentaient un danger potentiel pour les clients de l'aire. Pendant un moment, j'ai observé la scène, puis, je me suis levé pour aller prendre un plateau vide et j'ai ramassé les aliments répandus sur le sol. J'ai disposé le tout dans une poubelle avant de regagner ma place, sans dire un mot au sujet de l'incident.

Au bout de 10 minutes, une dame qui avait tout vu à mon insu, s'approcha de notre table. Elle dit alors à mes filles adolescentes : « Voyez jeunes filles, la leçon que votre père vient de vous donner — il vous a montré, par ses gestes, comment doit agir un citoyen conscient qui se soucie des autres. Personne d'autre, dans tout cet endroit, n'a eu l'idée de lever le petit doigt, mais lui, il s'est occupé du dégât sur le plancher. Il m'a inspirée, et j'espère que son exemple vous inspirera aussi ». Elle s'en alla et mes filles esquissèrent un sourire complice, puisque ce geste de ma part ne revêtait pas un caractère inhabituel pour elles.

Ce que j'essaie de dire ici, c'est qu'un simple geste de bonté qui rend service et qui est en accord avec notre Source, fera davantage pour inspirer qu'une litanie de sermons sur les vertus du civisme. Mon seul désir était d'éliminer le risque d'accident que représentait la viande grasse et les frites sur le plancher — je n'avais pas l'intention d'inspirer qui que ce soit — et ceci illustre le point crucial de ce chapitre. Lorsque nous élevons notre conscience au-dessus du niveau de l'ego, qui nous souffle à l'oreille : « Je ne suis pas responsable de ce dégât, alors ce n'est pas mon rôle de tout nettoyer », pour nous hisser à celui où nous nous demandons : « Comment puis-je être utile ? » nous devenons, sans le vouloir, une source d'inspiration pour quiconque se trouve dans le champ d'énergie de nos actions spirituellement motivées.

Nous pouvons également être à l'affût des occasions de devenir une source d'inspiration. Par exemple, lorsque je monte à bord d'un avion, je cherche à me montrer serviable d'une façon ou d'une autre auprès des « étrangers ». (Si je place ce mot entre guillemets, c'est pour mettre l'emphase sur le fait qu'il n'y a, en réalité, aucun étranger dans l'Univers). Aider des passagers qui éprouvent des difficultés à ranger leurs effets personnels dans les compartiments au-dessus des allées est parfait parce que d'autres personnes, remarquant cet acte de gentillesse, pourront en être inspirées. En même temps, je réponds à mon propre appel d'être à la fois inspiré et inspirant.

Je sais que quiconque a besoin de mon aide est un émissaire divin envoyé pour m'offrir une occasion d'être en-Esprit. Ainsi, il n'y a pas si longtemps, j'ai pris l'avion en partance de Maui à destination de Los Angeles, première étape d'un périple devant me mener à New York. En route vers Los Angeles, j'ai visionné le merveilleux film *Chicago* ; dans l'avion pour New York, je remarquai l'arrivée à bord de l'une des vedettes du film, Renée Zellweger. Aux prises avec de lourds bagages, elle m'offrait une occasion rêvée d'être à la fois une source d'inspiration et de connaître l'inspiration. Je l'ai aidée à ranger ses effets, puis, je lui ai remis une copie de mon livre *Les 10 secrets de la paix intérieure*.

Plusieurs passagers l'abordèrent, incluant les agents de bord. En l'observant, j'ai été touché par son amabilité, sa patience et l'intérêt sincère qu'elle accordait à toute personne qui venait échanger quelques mots avec elle. Au moment de descendre de l'avion, elle m'a glissé une note qui est reproduite à la page suivante, exactement comme elle me l'a écrite, pour illustrer de quelle manière des gestes quotidiens de courtoisie peuvent devenir des moments inoubliables d'inspiration. En partager le contenu avec vous est ma façon d'exprimer ma gratitude pour sa délicatesse — quel boni pour moi !

Depuis ce jour, à toutes les fois que je vois Renée dans un film ou en interview, je me rappelle la bonté et la gentillesse extraordinaires qu'elle a témoignées aux personnes qui l'ont approchée, et cela m'inspire. Les quelques moments où j'ai pu lui être serviable ont été un présent pour *moi*, non pas parce qu'elle est une célébrité, mais parce qu'être en-Esprit apporte une double récompense.

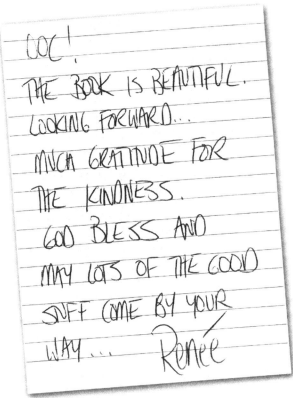

Doc !
Votre livre est magnifique. J'ai bien hâte de lire... Toute ma gratitude pour votre gentillesse. Que Dieu vous bénisse et que beaucoup de bonnes choses vous arrivent dans la vie... Renée

La gratitude inspire les autres

Je débute chaque journée de ma vie, sans exception, par un acte de gratitude. Quand je me regarde dans la glace et que je commence mon rituel de rasage matinal, je déclare : « Merci Dieu, pour la vie que tu m'as donnée, pour mon corps, pour ma famille et mes proches, pour ce jour, et pour l'occasion de rendre service. Merci, merci, merci ! »

Si nous pratiquons la gratitude, au lieu de croire que tout nous est dû, nous répandrons automatiquement l'inspiration où que nous allions. Être reconnaissant aide à se libérer de l'influence de l'ego, toujours imbu de sa supériorité. Une attitude de gratitude permet d'adopter ce que j'appelle une « humilité radicale », un trait de caractère très positif pour aider les autres à être inspirés.

La plupart des personnes que j'ai rencontrées, ou observées, qui sont au sommet dans leur domaine respectif, affichent cette attitude de gratitude et d'humilité radicale. D'ailleurs, lorsque ces êtres talentueux viennent chercher leur statuette ou leur trophée de championnat, ne commencent-elles pas, en général, par dire : « D'abord, je voudrais remercier Dieu » ? C'est pratiquement comme si elles ne pouvaient s'empêcher de dire ces mots — elles sont si heureuses d'avoir été reconnues, mais, ce qui est encore plus important, c'est qu'elles savent qu'il y a une force dans l'Univers, devant laquelle elles sont bien peu de choses, qui leur permet de jouer, chanter, d'écrire, de performer ou de créer. Et si *nous* adoptons cette même attitude, nous inspirerons les autres. C'est aussi simple que cela.

Une attitude triomphante, d'un autre côté, n'inspirera jamais personne. Lorsque nous rencontrons une personne qui se vante et utilise le pronom *Je* à satiété, nous éprouvons le besoin de nous en éloigner le plus rapidement possible. La vanité, l'orgueil et la vantardise sont autant de signes qui démontrent qu'une personne a laissé son propre ego expulser Dieu du paysage.

La gratitude et l'humilité, en revanche, envoient des signaux à tout notre entourage, communiquant que nous sommes unis à quelque chose de plus grand que la vie elle-même. Cela me rappelle la sagesse que j'avais découverte, il y a de cela plusieurs années, en lisant le *Kena Upanishap* : « Qui nous ordonne de penser ? Qui commande au corps de vivre ? Qui fait parler la langue ? Quel est l'Être omniscient qui ordonne aux yeux de voir les formes et les couleurs, et à l'oreille d'entendre ? » Lorsque nous répondons à ces questions, non seulement devenons-nous une inspiration pour les autres, nous y gagnons aussi l'immortalité.

La générosité inspire les autres

Peu importe que nous l'appelions Dieu, Krishna, Atman, Allah, l'Esprit Universel, Râ, Yahweh, ou même Anna ou Fred — je pense que nous sommes tous d'accord pour affirmer que la Source Créatrice de Toutes Choses est l'Être le plus généreux qui soit. Travaillant main dans la main avec la vie elle-même, Il nous offre une abondance intarissable sous forme d'air, d'eau, d'un corps avec ses organes vitaux et de tout ce dont nous avons besoin pour vivre. Sur cette seule petite planète qui voyage à toute vitesse dans l'espace, l'Être, qui porte le nom qu'on veut bien lui donner, nous fournit notre nourriture, dispose de nos déchets qui servent à fertiliser le sol — et répète ce processus encore et encore... Et rappelez-vous qu'il s'agit d'une seule planète dans l'Univers illimité des corps célestes. Voilà quelqu'un qui sait donner sans compter !

La générosité est évidemment une façon de ressembler plus à Dieu. Je sais que je suis inspiré lorsque j'en vois des preuves chez les autres. Très souvent, elle se révèle pendant ou à la suite de moments critiques, comme si Dieu voulait attirer notre attention pour nous rappeler d'être davantage à Son image, en nous plaçant face à des situations désastreuses. Un tsunami détourne un porte-avions de sa mission originale de tuer d'autres êtres humains, pour aller porter nourriture et protection dans une zone sinistrée ; un tremblement de terre nous pousse à risquer notre vie pour secourir des étrangers que, la veille encore, nous appelions nos ennemis; et les tornades font ressortir le meilleur de nous-mêmes. Ces soi-disant désastres nous conduisent à l'inhérente générosité Divine qui est latente en chacun de nous. Toutefois, point n'est besoin d'une crise pour nous souvenir de donner — il nous faut seulement être en-Esprit pour sentir la joie de donner un peu de notre énergie, de notre temps et de nos possessions à ceux qui en ont besoin.

Par exemple, mon frère Jim et ma belle-sœur Marilyn m'inspirent en raison du temps qu'ils consacrent à notre mère. Les après-midi passés au cinéma ou à jouer au Scrabble représentent beaucoup plus que des activités divertissantes — elles sont l'inspiration en action parce que Jim et Marilyn offrent leur temps pour entourer d'amour une personne vivant seule. Alors que j'ai eu le bonheur de pouvoir subvenir aux besoins financiers de ma mère, ils sont bénis parce qu'ils meublent ses loisirs.

Les actions généreuses sont toujours une source d'inspiration. Il faut simplement se donner la peine de les remarquer et de les apprécier. Le message à retenir est que *nous devons partager ce que nous avons au profit des autres*. C'est de cette manière que le Créateur lui-même agit — il donne et pourvoit sans relâche. Lorsque nous émulons le Créateur en donnant, nous devenons une source d'inspiration pour tous.

Lorsque Oprah Winfrey voyagea en Afrique et prit l'engagement de consacrer tout ce qu'elle pouvait, incluant temps et argent, afin d'aider à éradiquer la pauvreté et la maladie sur ce continent, elle m'a inspiré, ainsi que des milliers d'autres personnes. Lorsqu'elle a dit : « Maintenant, je sais pourquoi j'ai tant reçu. Aujourd'hui, je le sais », j'ai commencé à penser à mon tour : « Aujourd'hui, je sais pourquoi j'ai été aussi favorisé financièrement. Je suis si reconnaissant pour tout ce que j'ai reçu. En remettre une partie, est la seule voie à suivre. »

Ce geste généreux de la part d'une femme que je connais depuis 30 ans, dont les origines sont aussi modestes que les miennes, m'a décidé à mettre sur pied un fond d'études pour l'Université Wayne State. La philanthropie d'Oprah m'a touché et j'espère qu'à mon tour, j'inspirerai des jeunes gens à faire de même au cours de leur vie. Pensez au bien incroyable qui en résulterait si chaque lectrice et chaque lecteur de ce livre posaient un seul geste altruiste. Bien sûr, nous n'avons pas à être riches pour donner, mais nous devons nous rappeler ceci : « Si nous ne sommes pas généreux quand les temps sont difficiles, nous ne le serons pas davantage en période d'abondance. »

Écouter inspire les autres

Aussi ironique que cela puisse paraître, nous inspirons davantage les autres lorsque nous les écoutons que lorsque nous leur offrons notre avis. La raison pour cela, c'est que nous leur démontrons que nous attachons de la valeur à ce qu'ils disent et cela leur prouve que nous nous intéressons à eux. C'est une attitude inspirante, c'est écouter comme Dieu le fait. Les gens qui éprouvent de la difficulté à écouter, détournant toujours le fil de la conversation vers eux-mêmes, sont convaincus par leur ego de leur propre importance. Et comme vous le savez trop bien maintenant, cet ego est une illusion qui nous a convaincu de tourner notre attention vers le faux soi.

Le plus beau compliment que l'on puisse recevoir, c'est de se faire dire que l'on sait écouter. Nous aimons tous la personne qui nous écoute avec intérêt, car nous nous sentons aimés, appréciés et dignes d'être entendus. Lorsque nous quittons une rencontre au cours de laquelle nous sentons que nous avons été compris, même si nous savons que notre interlocuteur est en désaccord avec nous, nous sommes néanmoins inspirés. Pourquoi ? Parce que pendant un moment, cette personne a insufflé l'émotion d'une prière. Lorsque nous sommes profondément plongés dans une prière, nous ne cherchons pas la résolution immédiate d'un conflit ou une réponse tombant du ciel ; nous voulons seulement nous sentir en contact avec une personne qui se soucie suffisamment de nous pour nous entendre.

Cela évoque chez moi un commentaire du Mahatma Gandhi, un des êtres les plus profondément inspirés de notre temps : « Le silence de celui dont les lèvres sont closes n'est pas le silence. On pourrait atteindre le même résultat en lui coupant la langue, mais cela non plus ne serait pas le silence. La personne vraiment silencieuse est celle qui, dotée du don de la parole, ne profère pas de mots inutiles… »

Les propos suivants de Ralph Waldo Emerson sont aussi très efficaces pour me souvenir d'être à l'écoute : « J'aime l'église silencieuse avant que le service ne commence, plus encore que la prêche. »

C'est une bonne idée de garder cela à l'esprit, si nous désirons être une source d'inspiration.

Être en paix inspire les autres

Faire des sermons et prêcher aux autres de vivre en paix est l'une des manières les moins efficaces de les inspirer ; toutefois, lorsque nous montrons que nous vivons en paix, nous leur offrons une large dose d'inspiration, simplement par notre présence.

Par exemple, je garde un souvenir très vif de ma première rencontre avec Swami Satchidananda. Il émettait une telle aura de paix intérieure que je me suis senti inspiré, simplement en me trouvant près de lui. Il m'aurait été impossible de ressentir autre chose que de la paix en sa compagnie. Un jour, je me suis procuré son merveilleux livre, *Beyond Words* et, parvenu à la page 21, j'ai découvert un indice m'expliquant pourquoi sa seule présence me touchait tant : « Si quelqu'un me demande : " Quelle est votre philosophie de Dieu ?" Je réponds : " La paix est mon Dieu ". Si on me demande : " Où est-il ? " Je réponds : " Il est en moi et il est partout. Il est toute paix ; Il est toute sérénité. Il est ce qu'on sent et ce qu'on expérimente en soi. " »

Être en paix avec soi-même est un moyen de parcourir le chemin de la vie en évitant les conflits et la confrontation. Lorsque nous sommes dans un état de quiétude, nous émettons des vibrations d'énergie qui influencent toutes créatures vivantes, incluant les plantes, les animaux et les personnes (et même les bébés). Et, bien sûr, l'inverse est aussi vrai : les individus belliqueux qui vivent dans l'agitation et préfèrent les échanges hostiles, envoient une énergie non-verbale qui a une influence nocive sur leur environnement. Notre réaction instinctive est de nous soustraire à la présence de ces personnes aux basses énergies, parce que leur contact suscite une tension qui draine notre propre vitalité. De plus, nous devenons nous-mêmes une force opposée à celle que nous ressentons, signifiant par là que nous nous mettons en colère face à leur colère, que nous opposons de l'arrogance à leur arrogance.

Aborder notre vie sur Terre avec une attitude paisible est une manière de retourner d'où nous venons. En même temps, il s'agit d'une source d'inspiration puissante pour toutes créatures vivantes.

Vivre passionnément inspire les autres

Saviez-vous que le mot *enthousiasme* provient du grec et qu'il signifie « Le Dieu en soi » ? Par définition, vivre notre passion est donc la manière de montrer aux autres comment vivre en-Esprit. Être émerveillé par la vie est un état contagieux — cela transmet un message magnifiquement inspirant à tous ceux qui le reçoivent. Je me souviens d'une récente excursion d'observation des baleines à bosse au cours de laquelle je suivais avec intérêt le travail d'une jeune guide touristique que je connais, nommée Beth. L'enthousiasme de Beth pour les baleines à bosse était palpable et plus elle déployait de passion dans ses commentaires, plus les passagers se laissaient gagner par son inspiration. J'ai participé à d'autres excursions semblables, et j'ai constaté l'effet produit par des animateurs qui faisaient bien leur travail, mais sans plus : les gens exposés à une énergie faible sont bien moins inspirés par leur expérience.

Beth, d'un autre côté, éprouve une passion qu'elle transmet à son public à chaque jour au cours de la saison des amours des baleines. À chaque jour ! Voyez-vous, elle a étudié la biologie marine à l'université et elle a toujours été fascinée par les baleines à bosse, leur remarquable capacité de voyager de l'Alaska jusqu'à Hawaï, un périple de 6 mois qu'elles effectuent sans s'alimenter afin de donner naissance à leur progéniture dans les eaux chaudes, avant de s'en retourner dans les régions arctiques. Pour Beth, ces baleines font partie de la mystérieuse et miraculeuse création de Dieu. Elle vit sa passion et elle inspire les autres par son enthousiasme communicatif. En fait, tout le monde dans cette région sait qu'une expédition avec Beth est, à toutes fins pratiques, une garantie que, non seulement vous verrez des baleines, mais que celles-ci viendront danser, jouer et même nager sous le bateau pour vous. Tout se passe comme si les baleines elles-mêmes étaient inspirées par la joie de vivre de Beth !

Lorsque nous vivons notre passion avec enthousiasme, peu importe sa nature, nous transmettons des signaux spirituels à notre entourage annonçant que nous sommes en-Esprit, que nous aimons ce que nous sommes, ce que nous faisons et toutes les personnes qui entrent dans notre champ de vision.

La vérité inspire les autres

Finalement, et sans doute avec la plus grande urgence, nous devons vivre et respirer la vérité parce que rien n'inspire plus les autres que de se trouver dans son champ d'énergie. Il y a plusieurs années, j'ai écrit un article intitulé « À qui faites-vous confiance ? » dans lequel j'expliquais que nous plaçons notre confiance en ceux vers qui nous nous tournons pour connaître la vérité. Est-ce que nous sommes attirés par ceux qui disent ce que nous voulons entendre ou plutôt par les personnes qui ne craignent pas d'être franches avec nous, même si cela peut être difficile ou déplaisant à entendre ? La réponse est évidente : nous préférons entendre la vérité !

L'honnêteté est nécessaire si nous voulons vivre en harmonie avec l'esprit et devenir en même temps une source d'inspiration pour les autres. Lorsque nous occultons cette vérité, une partie de notre cerveau enregistre cette incongruité — elle apparaît comme une déconnexion d'avec Dieu, et nous perdons notre équilibre. Notre corps réagit en s'affaiblissant face à tout mensonge, incluant notre attachement au faux soi que nous appelons l'ego. Quand nous vivons et disons la vérité, sans être blessants ou arrogants en aucune façon, nous rétablissons le contact avec l'énergie dont nous avons émergé en premier lieu.

En kinésiologie, il existe une procédure qui consiste à mesurer la tension musculaire, dans laquelle le corps est utilisé comme un véritable détecteur de mensonges. En d'autres termes, si une personne ne dit pas la vérité, ses muscles auront moins de tonus que si elle répond honnêtement. Lorsque nous pensons sciemment à quelque chose de faux, nous opposons une résistance moindre à une pression appliquée sur les bras ou les mains que si nous pensons à un fait véridique. Faites-le, et vous en serez stupéfait. Les scientifiques ont découvert que le corps, un instrument de Dieu, est plus fort lorsqu'il est animé par la vérité. Puisque l'Esprit crée seulement à partir de la vérité, une pensée vraie reflète la vérité de Dieu.

Souvenons-nous de la vérité comme d'un moyen pour nous inspirer les uns les autres. Nous ne devons pas craindre de vivre et de dire notre vérité — pensez à quel point nous serions une source mutuelle d'inspiration si l'honnêteté était une caractéristique prééminente de nos interactions. En nous engageant à cent pour cent envers la vérité, sans réserve aucune, nous envoyons le signal que nous sommes en accord avec notre Source. Nous ferons ainsi plus pour que ceux qui nous entourent, vivent et respirent leur propre vérité, qu'en leur servant un millier de lectures des Dix Commandements ou de tout autre document écrit.

La Vérité et Dieu ne font qu'un. Nous n'avons pas à la prêcher, seulement à *la vivre* — en agissant ainsi, nous la répandons sur toute personne avec laquelle nous entrons en contact. Comme un ancien proverbe Hindou nous le rappelle : « Le nom de Dieu est Vérité. »

Quelques suggestions pour mettre les idées de ce chapitre à votre service

— Appliquez-vous à devenir une personne plus pacifique, en commençant par noter de quelle manière vous êtes perçu par les autres. Pratiquez la méditation quotidiennement afin d'être plus serein et observez comment ceux qui avaient l'habitude de vous provoquer changent eux-mêmes d'attitude. Décidez que vous serez un émissaire de paix et que c'est cette énergie-là que vous irradierez où que vous alliez. En élevant vos pensées, afin qu'elles soient en accord avec la paix dont vous provenez, vous deviendrez automatiquement une personne qui inspire les autres à faire de même, sans avoir à adopter quelque stratégie que ce soit et sans « effort » de votre part.

— Contenez votre tendance naturelle à interrompre les autres, en introduisant le pronom *Je* à tout moment dans la conversation. « Retenez-vous » comme avait l'habitude de dire Archie Bunker, célèbre personnage de la télévision des années 60. Faites un effort pour vous taire lorsque vous êtes sur le point d'interrompre votre interlocuteur. Voyez les mots *Retiens-toi !* s'illuminer sur votre écran intérieur et rappelez-vous que vous inspirez l'autre personne en l'écoutant et en l'encourageant, plutôt qu'en parlant de vous et en faisant des sermons.

— Avant de parler, consultez votre « baromètre de vérité » et résistez à la tentation de dire aux gens ce qu'ils veulent entendre, si vous sentez que cela n'est pas vrai. Les gens respectent ceux qui osent dire ce qu'ils croient vrai, et plus encore, *vivre* leur vérité. Lorsque j'écris un article, par exemple, je sais précisément à qui je peux le présenter pour être certain de recevoir des compliments — mais je connais aussi d'autres personnes qui n'ont pas peur d'exprimer leur point de vue, et c'est vers elles que je me tourne pour avoir une réaction. Non pas que je crois que leur vérité correspondra automatiquement à la mienne, mais parce que je sais qu'elle provient de quelqu'un qui vit et parle en respectant fidèlement sa vérité. Ce genre d'individus m'inspire car ils sont tournés vers notre lieu d'origine, qui est l'honnêteté pure. Vous pouvez devenir une personne inspirante en abandonnant votre besoin d'être approuvé et en lui substituant l'authenticité et l'intégrité.

— Faites clairement savoir à tous ceux que vous connaissez qu'il y a une chose que vous ne remettrez jamais en question : vous vivrez votre passion et vous ne ferez aucun compromis sur cette question. Ayez une saine estime de vous-même et démontrez votre enthousiasme pendant vos heures d'éveil. Accomplissez toutes vos activités avec passion et rappelez-vous constamment que vous n'opterez jamais pour l'apathie ou l'ennui. Jamais ! En refusant de faire des concessions sur ce point, vous deviendrez un modèle pour les autres, afin qu'ils vivent *leur* vie en-Esprit.

Lorsque je parle en public, je suis toujours conscient qu'en étant en-Esprit, et en transmettant cette vibration, j'offre à tous les spectateurs présents l'occasion de vivre la même expérience. Lorsqu'un conférencier débutant me demande des conseils pour connaître la popularité, ma réponse est invariablement la suivante : « Parlez authentiquement, du fond du cœur, et soyez enthousiaste ». La communication passionnée et sincère est toujours inspirante.

— Pratiquez la générosité aussi souvent que vous le pouvez. Promettez-vous de poser un geste désintéressé et spontané, préférablement au profit d'un étranger, à tous les jours au cours des deux prochaines semaines. Cela vous aidera non seulement à développer l'habitude de donner, mais vous découvrirez à quel point le côté généreux de votre nature est merveilleusement inspirant. Plus vous pratiquerez la charité, plus vous influencerez les autres positivement. En communiquant, par votre exemple, que vous êtes disposé à donner de votre temps et à partager ce que vous possédez, vous deviendrez un modèle d'inspiration. Qui n'est pas inspiré par le spectacle de ces êtres toujours prêts à partager leur temps, leur argent et leurs biens ? Nous nommons nos cités (San Francisco) en leur honneur et nous les sanctifions (Mère Teresa)… alors, vous aussi, vous pouvez insuffler l'inspiration en devenant une âme généreuse.

Adoptez également la pratique de la dîme (en donnant 10 pour cent de ce que vous gagnez au cours d'une période donnée afin de soutenir l'enseignement qui vous élève spirituellement). Et voyez si vous n'êtes pas récompensé au centuple. Cela a fonctionné pour moi jusqu'à maintenant dans ma vie et continue de le faire, alors je donne libre cours à mon penchant naturel d'être généreux.

* * *

Dans un livre exceptionnellement inspirant intitulé *Season of Life*, Jeffrey Marx, récipiendaire du prix Pulitzer, fait la chronique de l'équipe de football d'une école secondaire dans laquelle un ancien instructeur des Colts de Baltimore, nommé Joe Ehrmann, se joint à l'équipe d'entraîneurs. Sa philosophie est la suivante : « Aidez les garçons à devenir des hommes dans le contexte du sport » — c'est-à-dire, sans menaces, sans cris et sans violence.

« Je m'attends à de la grandeur de votre part, dit-il à ses joueurs, et notre façon de mesurer la grandeur est la marque que vous laissez dans la vie des autres ». Au moment où les dix instructeurs et assistants s'assemblent avec les joueurs le jour de la partie, l'un d'eux demande : « Quel est notre travail ? » « De nous aimer ! » répond l'équipe en chœur. « Et quel est *votre* travail ? » enchaîne l'instructeur. « De nous aimer les uns les autres! » crient les joueurs d'une même voix. C'est la philosophie à laquelle ces garçons étaient exposés quotidiennement — lors des entraînements, sur le terrain, avant et pendant les parties — et ainsi en est-il pour ceux d'entre nous qui veulent inspirer les autres. Nous devons aimer les autres, sans exception, et leur enseigner à s'aimer mutuellement. Après tout, le Talmud nous dit que : « Dieu a dit : vous devez enseigner, comme j'ai enseigné, sans attente d'une récompense… »

Inspirer les autres et être inspiré soi-même implique que nous devenions de plus en plus comme notre Créateur. Le vrai enseignement est de nous guider mutuellement vers l'Esprit qui est en chacun de nous.

CHAPITRE 12

TRANSCENDER LES LIEUX COMMUNS QUI TUENT L'INSPIRATION

« Nos idées préconçues et nos habitudes enracinées ne disparaîtront pas à moins d'être remplacées par de nouvelles…
Toutes les confessions, toutes les explications du monde ne redresseront jamais la plante tordue ; elle doit être guidée par un tuteur et les soins diligents du jardinier. »

— CARL JUNG

« Les habitudes mènent le troupeau inconscient. »

— WILLIAM WORDSWORTH

INFLUENCÉS PAR LE MONDE DANS LEQUEL NOUS VIVONS, nous avons développé plusieurs habitudes qui résultent directement de notre mode de vie « en-Ego », plutôt qu'en-Esprit. Ce chapitre nous montrera comment prendre conscience de ces habitudes de l'ego, comment nous protéger instantanément de ses assauts et comment développer des solutions de remplacement pour rester en contact avec l'Esprit — même face à une offensive orchestrée pour nous détourner d'une vie inspirée.

Je ne suggère pas qu'une conspiration existe pour nous empêcher de vivre en-Esprit. Mon point de vue est que, lorsqu'une majorité des membres d'une société est formée et endoctrinée pour croire dans les illusions de l'ego, alors son développement se fera dans le sens d'un engagement toujours plus profond en faveur du faux soi. Il sera donc naturel, pour une telle société, de lancer des messages conçus pour promouvoir l'importance de l'ego et son cortège d'idées inhérentes — et nous sommes justement complètement immergés dans une telle société.

J'ai assisté un jour à une conférence de Swami Satchidananda sur le thème de l'ego collectif et de son influence sans cesse croissante sur nous tous. Il attira notre attention sur deux mots en particulier, soit le « cœur » et la « tête », les symboles respectifs de l'Esprit et de l'ego. Il affirma alors que, lorsque nous sommes en-Esprit, nous suivons la voie du cœur. Par contre, si nous accordons notre préférence à l'ego, nous devenons obsédés par l'image que nous projetons.*

Swami nous rappela que la tête est toujours en représentation car notre ego est constamment en quête de reconnaissance. Il posa ensuite une question que je n'ai jamais oubliée : « Pourquoi les amoureux disent-ils toujours : " Je t'aime avec tout mon cœur " et non pas : " Je t'aime avec toute ma tête " ? » Et il nous rappela qu'il ne fallait pas toutefois mépriser la tête, ou la couper symboliquement, mais plutôt laisser son cœur (c'est-à-dire, ses émotions) diriger sa raison, et non l'inverse. À cette fin, ce chapitre offre trois moyens pour nous aider à transcender l'énergie non-inspirante de l'ego. Ces stratégies sont : *prendre conscience de la présence de l'ego, apprendre à nous en défendre* et *développer des solutions de remplacement.*

---

*NdT : L'auteur fait ici un jeu de mots basé sur l'orthographe anglaise que nous ne pouvons reproduire : « heart » (cœur) et « head » (tête). En substance, l'auteur identifie le cœur à l'art (he/art) et la tête à la publicité (he/ad) ; « ad » étant la contraction de « advertisement » qui signifie « réclame ».

Les guerriers de l'ego

Jetons d'abord un regard à quelques-unes des « habitudes qui mènent le troupeau » pour reprendre les mots de William Wordsworth. Vous trouverez ci-dessous quelques entités peu inspirantes et omniprésentes qui se joignent à l'ego pour nous bombarder quotidiennement de messages dont il faut être conscient.

Les médias

Il y a environ un siècle, longtemps avant que les médias ne deviennent une force aussi active et présente dans nos vies, les nouvelles provenaient presque exclusivement de la communauté locale. Les malheurs étaient rares et se limitaient généralement aux accidents, aux incendies, aux désastres naturels, inondations ou sécheresses, et à quelques larcins perpétrés par un délinquant du patelin. La plupart du temps, la vie quotidienne était meublée par le travail et les interactions familiales — les informations avaient un caractère essentiellement régional et se propageaient le plus souvent de bouche à oreille.

Aujourd'hui, toutefois, le paysage est bien différent. Nous avons créé une société qui dépêche des spécialistes dans le monde entier à la recherche de nouvelles déprimantes, pour nous les communiquer instantanément. Les informations nous parviennent à la maison, au travail, dans notre voiture, au gymnase, en avion, lorsque nous faisons la queue à la banque, à l'hôpital et par nos téléphones cellulaires dans tous nos déplacements. Il est maintenant possible d'être directement « branchés » sur ces réseaux qui sont constamment à l'affût d'informations destinées à nous perturber — c'est-à-dire, détachés de l'Esprit qui veut que nous nous sentions bien (Dieu).

Une explosion survient-elle aux antipodes de la planète ? Nous sommes gratifiés d'un reportage vidéo en boucle infini. Un attentat suicide survient au Moyen-Orient, entraînant dans la mort 75 personnes ? Nous devons en voir tous les détails macabres. Un homme poignarde-t-il sa femme et ses enfants quelque part au pays ? Il faut que nous l'apprenions au bulletin télévisé de fin de soirée — grâce à un reporter diligent interviewant un voisin, trop heureux d'être dans l'œil de la caméra.

Nous sommes constamment soumis à cette armée de collectionneurs de mauvaises nouvelles, qui rassemblent et diffusent de l'énergie vibratoire de faible valeur pour notre consommation. Puisque qu'être inspiré, c'est se sentir bien, tourné vers notre Source d'amour, il est impératif d'être attentif à ce que nous laissons pénétrer dans notre conscience. Ces porteurs de mauvaises nouvelles sont en mission pour nous convaincre que le monde est un endroit intrinsèquement mauvais — ils ne peuvent croire que nous vivons dans un Univers bienveillant et ils semblent déterminés à nous convaincre que leur illusion est la vérité.

Lorsque notre attention s'est laissée attirer par l'un de ces comptes-rendus non inspirés, dirigés vers nous sous le faux prétexte de nous informer, il y a des choses que nous pouvons faire pour revenir en-Esprit. Cela commence par la compréhension que cette « information » est, en réalité, une nouvelle dose d'énergie débilitante dont l'effet est de créer une accoutumance. Ensuite, lorsque nous sommes exposés à de tels messages, nous pouvons simplement écouter notre cœur et nous demander : « Est-ce que c'est comme cela que je veux me sentir ? Si je reste en contact avec ces énergies, me sentirai-je bien (Dieu) ou mal ? »

Il existe aujourd'hui des centaines de canaux d'émissions de nouvelles télévisées, transmises par câblodistribution, qui doivent tenir l'antenne 24 heures sur 24. Conséquemment, les analystes doivent disséquer chaque crime, accident mortel ou embryon de conflit sur lesquels ils peuvent mettre la main. Ils sont tenus d'afficher une attitude de confrontation envers les témoins ou les invités — toujours prêts à engager le débat. Être en harmonie avec la Source originelle de Bien-Être devient pratiquement impossible dans de telles situations.

Je ne suggère pas de vivre en vase clos ou dans un état d'ignorance béate ; ce que je dis, c'est qu'être conscient est la clé pour demeurer en-Esprit, lorsque nous sommes constamment soumis à un régime forcé de nouvelles à faible teneur en énergie. Nous devons simplement prendre conscience de ce que nous choisissons de laisser pénétrer dans notre espace lorsque nous naviguons sur Internet, regardons la télévision ou lisons les journaux. Lorsque nous nous surprenons en train d'être manipulés, nous pouvons nous défendre de cette atteinte à notre spiritualité. La première chose à faire est de nous demander : « Est-ce que je me sens bien maintenant ? »

La parade contre le blitz médiatique d'énergies non-inspirantes est de nous rappeler que nous voulons nous sentir bien, dans le sens ou *bien* et *Dieu* sont synonymes. Nous ne pouvons guérir les malheurs auxquels nous sommes exposés en nous mortifiant, pas plus que nous ne pouvons éliminer la haine dans le monde en étant hargneux nous-mêmes — nous ne pouvons rien faire de positif ou d'aimant en nous joignant à ceux qui ont choisi de vivre dans ces énergies, ou même à ceux qui les diffusent sans arrêt. Toutefois, en nous sentant bien (Dieu), nous avons l'occasion d'être une petite force capable de transcender les vibrations débilitantes et de les convertir en énergies spirituelles.

La solution à l'effet déprimant de l'offensive médiatique de mauvaises nouvelles est de nous rappeler que nous refuserons dorénavant d'offrir une correspondance vibratoire à tout ce qui est non-inspirant. Ainsi, disposant de cette défense, nous pourrons être bien informés tout en étant inspirés — et nous atteindrons finalement un point où nous rejetterons toute énergie qui tue l'inspiration. En ressemblant davantage à Dieu (plutôt qu'à l'ego), nous créerons une brèche dans tout ce négativisme qui nous parvient via les différents visages des médias. En refusant de prêter l'oreille aux mauvaises nouvelles et aux querelles politiques, leur préférant d'autres sources d'inspiration, nous choisirons de rester en-Esprit, de nous sentir bien (Dieu). Nous y arriverons, peu importe le nombre de ceux qui désirent vivre leur existence comme s'ils étaient toujours plongés au cœur d'une bataille rangée.

Le monde de la publicité

Où que nous allions, nous sommes la cible de quelqu'un qui veut nous vendre quelque chose. Nous trouvons de la publicité dans les autobus et les taxis, dans les cabines téléphoniques, dès que nous cliquons sur la souris de notre ordinateur, à la radio et à la télévision, pendant plus d'un tiers du temps de diffusion, dans plus de 50 pour cent des pages des magazines (dans la plupart, en tout cas), lorsque nous sommes en attente au téléphone et même dans les toilettes ! Il est difficile de résister à ces assauts de nos sens et de notre esprit. Derrière cette offensive intense, dont nous sommes la cible à chaque moment d'éveil, se cache l'idée qu'il nous faut acheter quelque chose pour être « guéri » ou « complet ». Les stratèges publicitaires de Madison Avenue nous répètent sans relâche que nous surmonterons nos déficiences, que nous serons heureux et comblés simplement en achetant ce qu'ils nous vendent ! Le message essentiel de tout ce battage assourdissant, c'est que nous avons besoin de *plus* pour être heureux. Ce n'est pas une coïncidence si le mantra de l'ego est justement : *plus, plus, plus.*

Notre ego essaie de nous convaincre que nous n'en avons jamais assez, que nos voisins sont mieux lotis que nous, qu'il existe un produit « nouveau et amélioré » que nous devons acheter pour être aimés, ou que notre position sociale s'améliorera si nous nous procurons un vêtement griffé. Cela est exactement le contraire du message que l'Esprit nous murmure gentiment à l'oreille : « Tu es déjà un être complet, un produit de l'abondance universelle, alors détends-toi et savoure la vie... ce que tu désires apparaîtra au prix de moins d'efforts et d'anxiété que tu ne le crois. »

Le premier pas pour transcender les messages non-inspirants qui nous assiègent et qui veulent nous pousser à acheter davantage est de *prendre conscience de la situation et de comprendre que nous n'avons vraiment besoin de rien de plus pour être heureux*. Après tout, il n'y a pas de chemin vers le bonheur — le bonheur *est* le chemin. Peut-être faudra-t-il nous répéter ce qui suit encore et encore, jusqu'à ce que la leçon ait été assimilée : « Rien de plus ne peut me rendre heureux. Le bonheur et la joie sont ce que j'apporte à la vie, non ce que j'achète. » Cette prise de conscience atténue les effets non-désirés de tous ces messages commerciaux et, en même temps, elle nous permet de nous amuser de la créativité de l'industrie publicitaire, parce que nous nous sommes détachés des messages de l'ego pour revenir en-Esprit. Le fait de savoir que nous n'avons besoin de rien de plus pour que notre vie soit complète signifie que nous pouvons, soit ignorer la pression qui nous pousse à acheter, soit nous en amuser. Cette nouvelle conscience et le retour vers l'Esprit nous permettent de voir que la publicité n'est pas dirigée vers notre moi authentique — et lorsque nous choisissons de rester en-Esprit, notre conscience nous protège automatiquement.

Ce que je suggère ici, c'est qu'il est possible d'être libéré de la pression qui tente de nous convaincre que nous avons besoin de plus, tout en étant capable de jouir des aspects matériels du monde. En d'autres mots, nous savons que nous n'avons pas *besoin* d'autre chose, et, en même temps, que nous pouvons vivre heureux et libres dans le monde tel qu'il est. J'aimerais que cette distinction soit claire, parce qu'il est agréable de prendre le volant d'une nouvelle voiture, de porter de beaux vêtements, de dîner dans un bon restaurant, de porter un bijou précieux ou de jouir de toute autre chose dont on peut faire la réclame (incluant ce livre). Ce que nous voulons éviter, c'est la croyance intime que notre vraie nature est déficiente et que nous devons y remédier en achetant ce que l'on nous propose. Nous devons également prendre garde de laisser tous ces *trucs* définir notre valeur individuelle, une association que les publicistes essaient naturellement de transmettre.

En laissant ma conscience me guider dans l'achat de ce que je désirais vraiment, en maintenant en moi le sentiment de ma véritable inspiration, j'ai découvert que j'étais de moins en moins attaché à tous ces *trucs*. Voyez-vous, plus je possède d'objets, plus il devient compliqué de les entreposer, les assurer, les épousseter, de décider si je peux déduire le coût d'achat de mes revenus, et finalement, de m'en débarrasser. Maintenant, j'arrive presque à m'amuser de toute la publicité à laquelle je suis soumis. Lorsque je sens sa présence, je presse le bouton de mon « interrupteur spirituel ». Je me sens alors heureux d'être immunisé contre les invitations des publicitaires à ajouter leurs symboles de statut social à ma vie.

Un empêchement majeur à la vie en-Esprit est cette autre publicité conçue pour nous convaincre que nous sommes fondamentalement impuissants face à la maladie et au stress que notre corps doit affronter. Celui-ci est la plus étonnante pharmacie qui soit et il est parfaitement capable de produire et de s'administrer tout médicament dont il a besoin. Notre corps provient d'un flux de pur bien-être et, quand nous nous sentons déprimés, anxieux ou angoissés, notre cerveau sait créer toutes les substances qui lui sont nécessaires.

Je ne veux pas porter ombrage aux progrès magnifiques de la médecine moderne, qui nous permet de vivre, en meilleure santé, une existence plus active. Toutefois, le phénomène récent de la collusion entre les grandes compagnies pharmaceutiques et la profession médicale *m'inquiète*. Elle apparaît dans le torrent de messages publicitaires nous pressant de demander à un médecin de nous prescrire une pilule pour toute maladie, réelle ou imaginaire. Près de 50 % du temps d'antenne aux heures de grande écoute est commandité par des sociétés pharmaceutiques, faisant la promotion de médicaments disponibles seulement sur ordonnance auprès de pharmaciens licenciés. On nous vend l'idée que nous avons besoin de toute une panoplie de comprimés pour mieux nous sentir, pour marcher d'un pas plus alerte, pour respirer plus librement, pour dormir plus paisiblement, et même pour être de meilleurs amants ! Cette publicité, qui occupe parfois trois ou quatre pages entières dans les grands magazines nationaux, vise à nous convaincre de remettre notre santé et notre bonheur entre les mains de compagnies pharmaceutiques et de médecins motivés par le profit — tout cela aux dépens de l'inspiration que nous voulons vivre. Il s'agit d'une véritable invasion de notre esprit.

Nous vivons dans un corps dont la tendance naturelle est d'être en santé et qui peut venir à bout d'à peu près n'importe quelle maladie, si nous le laissons produire sa propre magie. Il nous faut donc être prudents à l'égard des compagnies qui veulent nous rendre dépendants de certains médicaments pour la vie. Nous n'avons probablement aucun besoin de ce qui est manufacturé en laboratoire et vendu par de grands conglomérats pharmaceutiques, dont l'objectif premier est de réaliser des profits pharamineux à grand renfort de publicité. En choisissant d'être conscients, nous pouvons être en-Esprit et faire confiance à la chimie et à la médecine de notre propre corps, le tout en un seul merveilleux emballage spirituel !

Les divertissements

En progressant vers une vie plus inspirée, nous noterons que les activités que nous appelions « divertissements » nous ont en réalité éloignés de l'état en-Esprit. Puisque tout ce que nous laissons entrer dans notre vie représente une énergie qui a un effet sur nous, physiquement et spirituellement, il est impératif d'élever le niveau de notre conscience et de nous défendre des habitudes qui nous détournent de l'Esprit.

Réfléchissez à l'observation de Wordsworth du début de ce chapitre : « Les habitudes mènent le troupeau inconscient ». Nous ne voulons certainement pas être inconscients ou faire partie d'un troupeau, car nous savons bien ce qui arrive quand nous le suivons sans regarder où nous mettons les pieds ! Alors, nous devons avoir une conscience plus aiguë des habitudes qui camouflent des activités non-inspirées — dans nos sociétés, il n'est que trop courant de croire que les énergies non-spirituelles doivent être un aspect important de l'ensemble de nos divertissements.

Il est vital d'être conscient des « 4 grands thèmes » suivants qui ne sont, en fait, que des énergies de bas niveau endossant l'aspect de divertissements. En réalité, ce sont des obstacles à l'appel de l'inspiration.

1. La violence. En moyenne, un enfant américain aura vu 12 000 meurtres simulés à la télévision avant d'avoir atteint l'âge de 14 ans. Et pratiquement tous les films destinés à un jeune public comportent des tueries, des explosions, des chasses à l'homme insérées dans la trame de l'histoire. Celle-ci d'ailleurs semble le plus souvent n'être qu'une succession de « pan ! pan ! tue-le ! » accompagnée d'une orgie de détails morbides.

Ces messages décidément non-inspirés nous sont lancés sans arrêt alors que nous sommes supposés être en train de nous ressourcer, mais il y a quelque chose que nous pouvons faire. Si nous sommes suffisamment nombreux à décider de cesser d'inscrire la violence à notre menu quotidien, alors les créateurs de ce type de matériel récréatif cesseront de les produire. Par exemple, si nous étions plus nombreux à prendre conscience du contenu des jeux vidéo auxquels s'adonnent nos enfants — dont plusieurs simulent des viols, de la torture et même des meurtres — nous les interdirions à la maison.

À cela s'ajoutent les manifestations sportives qui, sous prétexte de divertir les spectateurs, donnent lieu à des niveaux sans précédents de violence. Il est devenu courant pour les athlètes de consommer des stéroïdes, afin d'être plus gros et plus féroces dans l'arène, tandis que les spectateurs applaudissent leurs gestes antisportifs et les excitent, par leurs cris, à déclencher des bagarres « amusantes ». Même la musique écrite et interprétée aujourd'hui contient des messages de violence et de vulgarité. Et je pourrais continuer longtemps à dresser l'inventaire des trouvailles violentes et sanguinaires qui sont devenues le pain quotidien de l'industrie du divertissement (en prenant davantage conscience du phénomène, je suis persuadé que vous pourrez ajouter vos propres exemples à cette liste).

Pourtant, nous avons d'autres options à notre disposition. La première est de filtrer les émissions qui comportent un contenu violent. Ensuite, nous devons nous engager à ne choisir que des passe-temps libres de toute énergie incompatible avec notre désir d'être en-Esprit. Puisque notre Source nous a créés dans l'amour, la bonté et la paix, il est clair qu'en éliminant les énergies opposées de notre vie, nous sentirons presque immédiatement le retour de l'inspiration.

Le texte qui suit est l'une des lettres les plus poignantes d'inspiration qu'il m'ait été donné de lire. Elle fut écrite par mon cher ami Ram Dass aux parents d'une jeune fille brutalement assassinée. Même dans les moments tragiques, Ram Dass savait offrir de l'inspiration. Je reproduis cette lettre avec sa permission afin de vous montrer comment une énergie spirituelle inspirée peut nous permettre de transcender la violence.

Chers Anita et Steve,

Rachel a terminé son œuvre sur cette Terre et elle a quitté la scène d'une manière qui nous laisse avec un cri d'agonie au cœur, alors que le fil ténu de la foi a été assailli si violemment. Y a-t-il une personne assez forte pour demeurer lucide devant cet enseignement que nous recevons ? Très peu, probablement. Et même alors, elles ne pourront émettre qu'un murmure d'é-quanimité et de paix au milieu des trompettes hurlantes de la rage, de la douleur, de l'horreur et de la désolation.

Aucune de mes paroles ne peut apaiser votre douleur, et je ne le voudrais pas non plus, car c'est l'héritage que Rachel vous lègue. Non pas qu'elle ou moi voulions vous infliger cette douleur par choix, mais elle est là. Et elle doit se consumer jusqu'à ce qu'elle ait accompli son œuvre purificatrice. Car il y a quelque chose en vous qui meurt lorsque vous supportez l'in-supportable, et il n'y a que dans cette grande nuit de l'âme que vous êtes préparés à voir comme Dieu voit, et à aimer comme Dieu aime.

C'est maintenant le temps de laisser votre douleur s'expri-mer – pas de vaines prétentions de force. C'est maintenant le temps de vous asseoir tranquillement et de parler à Rachel, de la remercier d'avoir été parmi vous tous pendant ces quelques années et de l'encourager à poursuivre son travail, quel qu'il soit, sachant que vous grandirez en compassion et en sagesse à la suite de cette expérience. Dans mon cœur, je sais que vous vous retrouverez encore et encore, et vous reconnaîtrez les mul-tiples manières par lesquelles vous vous êtes connus. Et vous saurez alors en un éclair, ce qu'il ne vous est pas encore donné de savoir : la raison pour laquelle ce qui s'est produit devait arriver de cette façon.

Notre esprit rationnel ne pourra jamais comprendre ce qui est arrivé, mais nos cœurs — si nous les gardons ouverts à Dieu — trouveront leur propre chemin intuitif. Rachel est venue par vous pour accomplir son travail sur Terre, incluant la manière dont elle est morte. Maintenant, son âme est libre, et l'amour que vous pouvez partager avec elle est invulnérable face aux vents du changement du temps et de l'espace. Et dans cet amour profond, veuillez m'inclure.

Avec tout mon amour,
Ram Dass

2. La haine. Nous dépensons la majeure partie de l'argent que nous consacrons aux loisirs pour nous délecter du spectacle de la malice, de la haine et de l'hostilité sous toutes ses formes. Selon moi, il y a bien trop d'animosité dans notre monde, et je n'ai donc aucun désir de regarder un film, ou d'écouter une chanson, qui décrit à satiété la haine d'un groupe envers un autre. Martin Luther King Jr, l'un de mes héros personnels, a dit que la seule façon de convertir en amie une personne perçue en ennemie, c'est de lui présenter de l'amour. Puisque nous savons que la haine ne fait que s'entretenir elle-même, nous devons en être conscient lorsque nous nous y exposons — même sous les dehors de divertissements — tels les spectacles télévisés, les événements sportifs, les pièces de théâtre ou les livres que nous choisissons. *Tout* message haineux est une énergie non-spirituelle à laquelle nous nous offrons… et plus nous la laissons envahir notre conscience, plus nous serons enclins à l'attirer dans notre vie.

La morale de tout cela est que le divertissement peut être revivifiant et édifiant, ou bien il peut être démoralisant et avilissant. Alors, dans quelle direction voulons-nous faire affluer notre énergie — et, ce qui est encore plus important, de quel type d'énergie voulons-nous que nos enfants fassent l'expérience ? Nous devons nous méfier des divertissements exagérément vulgaires et dont le scénario est fondé sur la haine et la manque de respect.

J'aime cette histoire que le Dalaï Lama racontait dans un documentaire intitulé *The Yogis of Tibet*. Un yogi tibétain réputé pour sa sagesse, ayant été témoin du carnage et de la destruction de la culture tibétaine entière par les Chinois à la suite de la Révolution communiste de Mao Zedong en 1949, répéta à plusieurs reprises dans sa narration des événements : « J'étais en grand danger ». Cela peut sembler surprenant sachant que les yogis se soucient très peu de leur propre sécurité personnelle. Lorsqu'on lui demanda quel était ce danger qui le menaçait, il répondit : « Oui, je vous assure. J'*étais* en grave danger, celui de perdre ma compassion pour les Chinois. »

Il ne s'agit pas seulement d'une très belle histoire. Elle nous enseigne aussi à être prudents lorsque nous acceptons que la haine fasse partie de nos activités de divertissement, car cela peut nous exposer à un danger semblable à celui que le yogi évoque. Et, ce qui est encore plus significatif sur le plan personnel, le plaisir que nous prenons au spectacle de la haine dans nos loisirs peut nous empêcher de reprendre contact avec notre inspiration.

3. La peur. Un coup d'œil rapide dans le journal du matin me révèle qu'un tueur est en cavale, que de nouvelles menaces terroristes planent sur les États-Unis et l'Espagne, que le réchauffement climatique fait fondre la calotte glacière, que la mortalité aux passages ferroviaires a augmenté de 11 pour cent lors de la dernière année, que le prix de l'essence atteint des records tandis que les ventes d'automobiles sont en chute libre, que l'Organisation des Pays Exportateurs de Pétrole diminuent les approvisionnements et que les grandes compagnies aériennes n'honoreront probablement pas tous les kilomètres accumulés dans les programmes de fidélisation, alors qu'ils nous en doivent au-delà de 9 trillions, qu'il existe un danger élevé de feux de forêt majeurs cette année, que les ouragans seront encore plus destructeurs au cours des trois prochaines années... et je ne suis qu'à la page trois !

À tous les jours, les agences de nouvelles, les films, la télévision et même notre gouvernement nous inondent de messages urgents nous enjoignant à vivre dans la peur. Achetez simplement un produit de consommation courante et voyez si vous n'avez pas à retirer une panoplie de sceaux protecteurs, dont le but est d'empêcher une armée de psychopathes en liberté d'empoisonner nos aliments. Lorsque j'étais enfant, nous buvions à même l'ouverture du boyau d'arrosage — aujourd'hui, nous craignons les toxines dans l'eau potable. Je me souviens que je roulais en vélo vêtu d'un jeans et d'un t-shirt — aujourd'hui, la crainte de traumatismes crâniens et autres blessures possibles nous pousse à nous munir d'un casque et d'un équipement complet de protection, simplement pour enfourcher notre vélo. Autrefois, j'abordais les étrangers en toute confiance — aujourd'hui, tout inconnu est un prédateur en puissance. Lorsque j'étais gamin, je rentrais à la maison quand les lampadaires des rues s'illuminaient, et je n'avais jamais à informer ma mère que j'étais en sécurité — aujourd'hui, tous les enfants traînent un téléphone cellulaire et vivent dans la peur d'être enlevés.

Nous formons maintenant une société fondée sur la peur et cette terreur s'est insinuée dans toutes les facettes de nos vies, incluant nos loisirs. Nous nous rongeons les ongles au cinéma, témoins des effroyables machinations d'un tueur en série ou dans l'attente d'assister à une décapitation à la scie mécanique. On nous répète plusieurs milliers de fois par jour de vivre dans la peur et de craindre un désastre d'une nature ou d'une autre : quelqu'un doit être sur le point de dévaliser notre maison ou d'y mettre le feu, un désastre naturel est certainement à la veille de se produire. L'émission de télévision à la mode est *L'Élément de la peur.* Et je pourrais poursuivre encore longtemps, mais je suis persuadé que vous m'avez suivi jusqu'ici. Et je veux aussi mettre en évidence le point suivant : lorsque nous vivons dans la peur, l'inspiration est virtuellement impossible.

Considérez ce que j'écris ici avec un esprit ouvert. En fait, je vous offre une échappatoire. Toutes les mauvaises choses qui vous arrivent, incluant votre statut de victime, les désastres naturels, la maladie, ou toute autre chose à laquelle vous pouvez penser, *ne sont pas votre faute.* Il n'y a pas de blâme — vous n'êtes la cible d'aucun genre de « rétribution cosmique » — ce qui est arrivé est là et il est vôtre. Puisque la peur est une vibration, vous étiez en consonance avec tout ce qui est entré dans votre vie lorsque cela est survenu. Souvenez-vous que vous vivez dans un Univers qui opère en vertu de la Loi de l'Attraction et que, lorsque vous vivez dans la peur, vous attirez ce que vous redoutez. Les pensées elles-mêmes sont de l'énergie. Il est donc vital de se rendre compte que vous ne devez pas entretenir celles qui vous affaiblissent. Gardez à l'esprit que vous *obtenez ce à quoi vous pensez, que vous le vouliez ou non !*

La peur n'existe pas dans notre Source spirituelle — pourtant nous nous laissons apeurer en nous exposant constamment à la présence de tous les oiseaux de mauvais augure. Il est possible que des expériences de vie passées, qui étaient en correspondance vibratoire avec nos pensées lorsqu'elles se sont produites, aient induit la peur en nous. Néanmoins, cela ne justifie pas notre crainte, si nous voulons nous dédier à une vie en-Esprit. Franklin Delanoe Roosevelt avait vu juste : « La seule chose dont il faut avoir peur, c'est de la peur elle-même. »

L'amour, la bonté, la paix, le bien-être sont les créateurs de notre Univers. Lorsque nous sommes en correspondance énergétique avec cette conscience et que nous refusons de vivre dans la peur, nous attirons la protection et la lumière que nous souhaitons. Nous devons absolument affirmer que nous n'attirerons rien de destructeur vers nous, ou vers ceux que nous aimons, et prendre plus que jamais conscience que nous ne sommes jamais seuls. Nous pouvons avoir foi que tout ce qu'il nous faut expérimenter est en cours de route et que Dieu ne nous envoie jamais rien auquel nous ne pouvons faire face.

Il peut être intéressant de noter que le mot anglais *fear* [qui signifie peur en français], peut être interprété comme un acronyme révélateur : **F**aussetés et **E**rreurs d'**A**pparence **R**éelle! Cette petite phrase peut nous aider à nous rappeler que l'ego est le faux soi et qu'en nous identifiant à lui, nous en venons à prêter la réalité à des illusions. Même maintenant, en lisant ces mots, quelques lecteurs continueront de croire que leurs peurs sont légitimes, se disant sans doute : *Il n'oserait pas dire cela s'il savait tout ce que j'ai vécu.* Mais, dans mon cœur, je sais que l'Univers a un sens et qu'il est animé par un Créateur qui est intrinsèquement bon. Je n'en ai jamais douté et je refuse, non seulement de vivre dans la peur, mais aussi de me laisser attirer dans le champ d'énergie de pensées fondées sur la peur. Comme un vieux proverbe allemand le dit si bien : « La peur fait apparaître le loup plus grand qu'il ne l'est en réalité. »

4. Le Sarcasme. La plupart des comédies de situation à la télévision sont des variantes d'un même thème : des dialogues ne comportant que des remarques peu flatteuses et sarcastiques entre des personnages qui se prétendent drôles. Humilier quelqu'un est vraiment le pain et le beurre de presque toutes les émissions aux heures de grande écoute aujourd'hui. En substance, on nous demande de nous divertir du spectacle d'enfants aussi vifs d'esprit qu'insolents à l'égard de leurs parents, ou de celui de membres d'une même famille engagés dans une escalade verbale de commentaires désobligeants. Et, naturellement, ces « tirades » sont toutes accompagnées de rires enregistrés qui nous informent que nous sommes en train de nous « amuser ».

Le sarcasme destiné à alimenter le rire envoie aux téléspecta-
teurs un message qui est tout, sauf inspirant. Rappelez-vous que
notre appel ultime est de toujours être en harmonie avec la Source
de notre Être — nous sommes ici parce que nous sommes les
enfants d'un Créateur qui a le plus grand respect pour ce qu'Il a
créé. Aucune personne n'est inférieure à Ses yeux et ne mérite
d'être ridiculisée dans le but de susciter des rires artificiels... pas
plus dans la vie qu'à la télévision. Lorsqu'un trait d'esprit se glisse
dans la conversation et qu'un clin d'œil amusant est lancé au
public, nous assistons à la comédie à son meilleur — mais lorsque
l'hostilité et le manque de respect s'expriment dans pratiquement
tous les échanges verbaux, dans le but précis de diminuer ou
d'humilier une autre personne, un message décidément non-
inspirant est dirigé vers l'assistance. Si nous avons reçu une conscience et la faculté de choisir, c'est pour les exercer. Si la tendance
aux sarcasmes est devenue une habitude, nous devons explorer
de nouveaux modèles de divertissements et d'interactions familiales.

Vous vous rappelez sans doute ce que je vous ai raconté plus
tôt dans ce livre au sujet de ma mère — eh bien ! je n'imaginerais
jamais qu'on puisse l'utiliser comme le dindon de la farce dans
une situation destinée à la diminuer ou à la ridiculiser. Et pourtant, cet humour irrespectueux est le sujet de pratiquement
chaque scène de toute comédie de situation sur nos ondes aujour-
d'hui. Être courtois les uns envers les autres est une correspondance appropriée à l'énergie de l'Esprit. Avoir du plaisir, raconter
de bonnes histoires et nous amuser avec les autres font partie
d'être en-Esprit, mais un sens de l'humour hostile et sarcastique
est une énergie qui nous éloigne de l'Esprit et nous conduit au
royaume de la douleur et du déshonneur.

Les influences culturelles et familiales

Je ne me le pardonnerais pas si j'omettais cette importante catégorie dans ce chapitre. Après tout, nous croisons beaucoup de personnes dans notre vie de tous les jours qui essaient de nous convaincre qu'il est impossible de vivre le rêve de notre vie. Les affirmations telles que, « Tu te berces d'illusions » ou « Personne d'autre dans la famille ne l'a fait » sont caractéristiques des tentatives des membres de notre famille, ou de notre communauté, pour nous dissuader de suivre notre appel. J'ai écrit au sujet des pressions culturelles et familiales ailleurs dans ce livre, mais il vaut la peine de les répéter ici.

Nous devons être sur nos gardes afin de comprendre immédiatement ce que les autres essaient d'accomplir par leurs déclarations blessantes sur ce que nous pouvons faire ou non. Hausser d'un cran l'acuité de notre conscience est extrêmement important quand nous sommes exposés à des messages peu inspirants, qu'ils proviennent de notre famille ou de notre environnement culturel. Armé de cette lucidité, c'est par un sourire poli que nous nous éloignerons de toute énergie refusant de soutenir notre volonté de revenir vers l'Esprit.

La plupart des influences culturelles sont très subtiles et ne sont pas destinées à nous détourner ouvertement de notre appel. Cependant, les religions organisées nous apprennent souvent à craindre Dieu, à vivre selon les préceptes d'anciennes doctrines théologiques et de coutumes qui n'ont plus de sens dans notre monde moderne. Ces règles sont fréquemment destinées à étouffer le désir brûlant de vivre l'existence à laquelle nous rêvons. Dans ces situations, nous devons nous tourner vers notre Créateur et prendre la décision d'être en-Esprit — même si cela entre en conflit avec ce que des personnes bien intentionnées ont pu nous dire, ou avec des organisations dont la mission est de nous garder « dans le troupeau ».

Les institutions qui dispensent une éducation formelle peuvent aussi nous décourager d'écouter notre voix intérieure. Cela n'est pas étonnant puisque l'école est souvent conçue pour enseigner aux élèves à accepter, sans poser de questions, ce qu'on leur inculque et à se conformer à certaines normes sociales. Il reste peu de place dans de telles salles de classe pour suivre sa propre voie — le choix consiste généralement entre se fondre dans l'anonymat ou être étiqueté de fauteur de trouble. Une fois encore, nous sommes confrontés au dilemme shakespearien « d'être ou de ne pas être ». Plus notre désir de vivre une vie d'inspiration est intense, plus nous allons dans la direction « d'être ». Nous pouvons apprendre à reconnaître les pressions sociales à nous conformer et à sourire poliment, tout en choisissant l'Esprit, plutôt que le troupeau.

En écrivant ces mots, je contemple un portrait de Ralph Waldo Emerson, un puissant homme d'esprit et l'un de mes maîtres à penser et mentors les plus chers. J'aimerais conclure ce chapitre en partageant avec vous une observation dont il est l'auteur : « Tout homme surveille son voisin, afin que celui-ci ne cherche pas à profiter de lui. Mais il arrive un jour où cet homme se surveille lui-même, afin de ne pas abuser de son voisin. Alors, tout va bien. Il a transformé sa charrette de marchand de légumes en char du soleil ». Il s'agit d'une pensée sur laquelle il vaut la peine de méditer au moment de passer au chapitre suivant.

Quelques suggestions pour mettre les idées de ce chapitre à votre service

— Lorsque vous vous trouvez exposé à l'assaut constant de médias décidément peu inspirants, écoutez votre impulsion première : *éteignez !* Éteignez la télévision et la radio, quittez le cinéma, déposez la revue et affirmez : *Je ne veux plus être dans le champ d'énergie de quoi que ce soit qui n'est pas en correspondance vibratoire avec l'Esprit.*

— Soyez conscient des tentatives agressives de l'industrie pharmaceutique qui, profitant de vos présumées maladies, vous invite à grands coups de réclames publicitaires à consulter votre médecin pour qu'il vous prescrive de nouveaux médicaments. Laissez la publicité vous rappeler que vous êtes vous-même un instrument de santé : ce faisant, votre corps réagira aux messages envoyés à votre esprit. Rappelez-vous que l'équipe « corps et esprit » est le plus grand laboratoire pharmaceutique jamais créé. Il a un potentiel illimité pour produire le bien-être, puisqu'il en est l'origine !

— Dites-le à haute voix ! Par ceci, j'entends que vous ne devriez pas avoir peur de prononcer des affirmations inhabituelles ou provocantes. Par exemple, vous pouvez dire avec conviction que : *Je n'attirerai plus d'autres maladies dans ma vie. Je ne me permettrai jamais de me sentir vieux, faible ou fragile ; et je refuse de laisser la maladie d'Alzheimer, le cancer ou toute autre infirmité entrer dans ma vie. Je ne vibre pas aux fréquences conçues pour m'éloigner de l'Esprit.*

— Rappelez-vous toujours que vous êtes une créature qui a été créée par l'amour. Écrivez-le et placez-le dans un endroit bien en évidence. Répétez à voix haute : *Je vis dans un Univers Divinement inspiré. Je n'ai rien à craindre. Je me fais confiance, comme je fais confiance à la même Sagesse qui m'a créé.* Convainquez-vous (comme je l'ai fait) que, lorsque vous vivez avec un but et que vous « prenez garde de ne pas exploiter votre voisin », vous êtes sous la protection de votre « Partenaire Haut Placé ». Vous savez que Lui et vous vivez et vibrez à la même fréquence spirituelle.

— Cultivez votre foi à chaque jour de votre vie en prenant le temps d'être paisiblement en contact conscient avec la Source Créatrice de votre être. En méditant et en communiant avec l'Esprit, non seulement vous sentirez-vous revitalisé, mais vous vous munirez d'un système de défense imperméable aux efforts faits par les autres pour vous retirer votre inspiration, peu importe la fréquence de leurs tentatives. Finalement, vous découvrirez que vous ne vous soucierez même plus d'inviter les énergies non-inspirées dans votre vie par le biais des médias — ou de toute autre source, en fin de compte.

* * *

Sur chaque appareil de radio, de télévision ou de lecteur CD, il existe un merveilleux petit bouton d'inspiration portant la mention *Allumer / Éteindre*. C'est votre choix de vous en faire un allié. Vous pouvez le pousser quand vous le voulez, ou vous pouvez employer le même dispositif interne lorsque vous êtes bombardé par quelque chose, ou quelqu'un, dont le but est de vous distraire de votre appel ultime à l'inspiration.

N'ayez pas peur d'appuyer sur le bouton *Éteindre* quand vous en ressentez le besoin — ça marche !

CHAPITRE 13

L'INSPIRATION EN ACTION

« À notre époque, le chemin de la sainteté passe
nécessairement par le monde de l'action. »

— Dag Hammarskjöld

« Le savoir n'est pas suffisant, nous devons le mettre en pratique.
Vouloir ne suffit pas, il faut agir… »

— Johann Wolfgang van Goethe

LORSQUE NOUS NOUS SENTONS INSPIRÉS, nous sommes sur le « chemin de la sainteté » auquel Dag Hammarskjöld fait allusion ci-dessus. Ce chemin, toutefois, ne peut être pavé que par des actions qui reflètent l'intention de notre Esprit originel — des actions que nous sommes capables de choisir judicieusement, si nous sommes conscients de la dualité de donner et de recevoir.

Tout comme les deux faces d'une même pièce de monnaie, donner et recevoir sont inséparables. Les exemples de la dualité abondent : avant de pouvoir prendre une goulée d'air, il faut rendre celui que nous avons dans les poumons ; pour donner quelque chose, nous avons d'abord dû en prendre possession ; et notre capacité de nourrir les autres est liée à celle d'accepter nous-mêmes de la nourriture. A-t-on déjà vu un individu avec une face, mais sans dos ? Et que dire de l'intérieur et de l'extérieur ? Ou d'un aimant comportant un pôle nord, mais pas de pôle sud. Ainsi, tout comme la prière de Saint-François d'Assise nous rappelle que *c'est en donnant que nous recevons*, pour recevoir de l'inspiration, nous devons être prêts à en prodiguer, et vice versa.

Deux exemples d'actions inspirées

Comme Goethe nous l'enseigne, lire un traité d'inspiration n'est pas suffisant et, assurément, attendre que celle-ci nous tombe du ciel ne fonctionnera pas non plus ! Clairement, si vous voulez être inspiré, vous devez être prêt à offrir l'inspiration. Vous devez agir avec le désir d'inspirer les autres et devenir, par le fait même, une personne qui inspire à l'action. Dans cette section, j'aimerais partager avec vous deux exemples merveilleux de l'inspiration en action, accompagnés de quelques suggestions pour les utiliser comme modèles dans votre vie.

Exemple # 1

J'ai été inspiré par un court documentaire intitulé *Le puits de Ryan*, au sujet d'un jeune garçon d'origine canadienne dont les actions ont laissé leur marque dans la vie de plusieurs Ougandais. Voyez-vous, alors qu'il était en première année à l'école primaire dans la petite ville de Kemptville, en Ontario, Ryan apprit qu'il y avait des personnes en Afrique qui n'avaient pas d'eau potable — pourtant, il n'en coûterait, lui avait-on dit, que 70 $ pour creuser un puits afin de procurer de l'eau pure et salubre à un village entier. Le gamin de 6 ans entreprit une campagne pour recueillir la somme nécessaire, pour découvrir en cours de route que le coût véritable était de plusieurs *milliers* de dollars. Sa réaction fut : « Je vais devoir m'attaquer à un plus grand nombre de corvées... » Et c'est ce qu'il fit.

Dans ce film, nous voyons Ryan et ses parents en voyage en Afrique quelques années plus tard. Les villageois le reçurent avec enthousiasme et décrétèrent une journée commémorative, « Le jour de Ryan », en appréciation pour son engagement à aider ses semblables à l'autre bout du monde. Il s'avéra que l'initiative de Ryan avait finalement permis de recueillir plus d'un *million* de dollars ! Son inspiration avait incité d'autres écoles au Canada à soutenir son projet. Et, après que les médias d'informations nationaux eurent vent de son histoire, les réseaux de télévision ne tardèrent pas à emboîter le pas.

Voilà un jeune garçon qui avait décidé de joindre le geste à la parole en suivant son appel intérieur d'aider son prochain. Il n'avait ni argent ni ressources à sa disposition, mais il *brûlait* du désir de tendre la main et de servir des gens dans le besoin. Il était disposé à accomplir toutes les corvées nécessaires pour vibrer en harmonie avec son Créateur et servir les autres. En retour, ses gestes furent une source intarissable d'inspiration pour tous ceux qui contribuèrent à la fondation de Ryan et s'y impliquèrent. Il insuffla de l'inspiration aux étudiants ougandais (et même aux fonctionnaires du gouvernement et du ministère de l'Éducation de ce pays) qui saluèrent chez Ryan l'esprit qui lui avait permis d'accomplir tant de bien (Dieu) dans un village isolé, si loin de sa petite communauté, en Ontario. Ryan lui-même récolta encore plus d'inspiration qu'il n'en sema.

Lorsque j'ai vu ce film, j'ai été si touché que j'ai insisté pour que mes enfants le regardent. Ils furent inspirés eux aussi. En réalité, j'écris avec l'intention déclarée d'inciter d'autres personnes à poser des gestes semblables à leur tour. La fondation de Ryan possède un site Internet (**www.ryanswell.ca**) et, d'un simple geste inspiré, toute personne lisant ces mots peut le consulter et contribuer à rendre l'eau potable, que nous tenons pour acquise, accessible à d'autres.

Les actions inspirées d'une personne seront suivies tôt ou tard par plusieurs autres. Dans la dualité des actions inspirées, donner et recevoir de l'inspiration est une spirale ascendante sans fin vers une vie de plus en plus en-Esprit.

Utiliser cet exemple comme modèle : La morale de l'histoire de Ryan Hreljac, c'est qu'il n'existe aucune excuse pour ne pas être une source d'inspiration. Nous n'avons pas besoin d'argent, ni de l'aide du gouvernement ni d'une banque — il suffit de s'engager à ressembler davantage à Dieu et d'agir en accord avec ce désir. Le reste viendra par surcroît si nous sommes en-Esprit : les bonnes personnes se présenteront, le financement se matérialisera, notre entourage sera entraîné par notre enthousiasme et notre engagement, et nous serons une source d'inspiration pour les autres… tout en étant encore plus inspirés nous-mêmes.

L'histoire de Ryan illustre notre vraie nature et notre faculté d'être en-Esprit dans la pratique. Il a trouvé un moyen d'offrir aux autres l'inspiration qu'il souhaitait pour lui-même, et tous ceux qui ont observé ce garçon en action ont répondu de la même façon. Les conditions que *nous* souhaiterions dans notre vie pour être inspirés sont déjà réunies — il suffit de trouver un moyen d'offrir aux autres ce que nous voulons pour nous-mêmes. Ainsi, nous solutionnerons d'un seul coup l'énigme consistant à ressentir l'inspiration tout en la prodiguant.

Exemple # 2

Lors d'une diffusion récente de l'émission télévisée *Transformation extrême*, Cassie, une jeune patiente atteinte du cancer, a reçu une surprise inattendue de la part du producteur de l'émission : une merveilleuse demeure avait été construite à l'endroit précis où s'élevait auparavant le petit bungalow familial qui logeait Cassie et sa nombreuse famille. Cassie n'avait pourtant pas écrit aux responsables de l'émission pour demander une maison plus luxueuse pour elle et les siens ; elle leur demandait plutôt de transformer l'aile de l'hôpital réservée aux enfants atteints du cancer, où elle avait passé une grande partie de sa jeunesse. Elle trouvait que l'environnement était lugubre – les murs étaient nus, l'ensemble démoralisant. Cassie estimait qu'un cadre plus agréable aiderait à soutenir et à inspirer ceux qui devaient y séjourner, incluant ses jeunes amis qui étaient aussi hospitalisés. Les producteurs acceptèrent de financer la métamorphose du pavillon des enfants atteints du cancer. Et ils firent un pas de plus : tous les enfants furent invités à participer au projet.

Lorsque tout fut complété, cette aile de l'hôpital avait des allures de paysages de contes de fées que tout enfant ne pouvait qu'adorer : des aires de jeux avaient remplacé les anciens placards, les murs étaient égayés de créations artistiques et les locaux où les enfants dormaient avaient été réaménagés de telle sorte qu'ils ne ressemblaient plus à des dortoirs d'hôpitaux … tout cela grâce aux rêves d'une très jeune enfant qui avait écouté l'Esprit et avait agi. Mais je n'ai pas encore parlé de la partie la plus inspirante de l'histoire !

Tous les enfants qui participèrent au projet de rénovation, sans exception, ont vu leur taux de globules blancs évoluer dans le sens du bien-être, combattant le cancer qui minait leur corps. Imaginez – en se tournant davantage vers l'Esprit, et en utilisant cette toute nouvelle inspiration pour agir au service des autres enfants, Cassie a déclenché le processus de retour vers la santé. La puissance de guérison innée de ces jeunes enfants a, d'une manière miraculeuse, réagit aux gestes inspirés de Cassie. Et cela a eu pour effet d'augmenter le nombre de globules blancs dans leur organisme !

Utiliser cet exemple comme modèle : L'histoire de Cassie fournit une abondante matière à réflexion — le plus important, c'est qu'elle montre comment le fait d'agir pour inspirer les autres peut régénérer notre lien (et le leur) avec le flot de bien-être et de santé éclatante de notre Source. À cela s'ajoute l'inspiration que nous recevons en donnant. Considérez ces mots puissants de Robert Frost, l'un des poètes américains les plus illustres : « Quelque chose que nous cherchions à réfréner, drainait nos forces. Jusqu'à ce que nous découvrions que c'était nous-mêmes ». Nous attirons nos faiblesses, incluant nos maladies parce que nous « bloquons » quelque chose — qui pourrait fort bien être notre saine et consciente connexion avec l'Esprit. En agissant pour inspirer les autres, peu importe comment, nous y gagnons une occasion de convertir la faiblesse en force.

Si une enfant de cinq ou six ans, atteinte du cancer, vivant en compagnie d'autres enfants partageant un sort semblable, peut trouver des moyens d'inspirer les autres, alors *nous* pouvons certainement trouver en nous des chemins vers l'action inspirée. La petite Cassie agissait comme Dieu, et non comme l'ego, lorsqu'elle a écrit au producteur de *Transformation extrême*. Et elle a aussi agi « divinement » en s'impliquant dans la rénovation du pavillon des enfants malades pour en faire un endroit plus propice à la guérison et plus réconfortant. L'un de mes plus grands mentors et professeurs, Carl Jung, un jour fit la remarque suivante : « Quoi que vous fassiez, si vous le faites sincèrement, cela deviendra avec le temps un pont vers votre grandeur, un navire solide qui vous permettra de traverser la noirceur ». L'élément clé du conseil du Dr Jung est le mot *sincèrement* que j'interprète comme voulant dire « en collaboration avec notre essence spirituelle ». En étant en-Esprit, lorsque nous agissons, nous devenons complets à nouveau et toutes les ténèbres se dissipent.

Les exemples de Cassie et de Ryan ne sont pas hors d'atteinte. Peu importe qui nous sommes et quelle est notre situation dans la vie, nous avons *tous* la capacité de devenir inspirés, d'agir dans le sens de la réalisation de Dieu — il faut seulement prendre le temps de découvrir les occasions de le faire.

Comment je vis l'inspiration dans l'action

Dans cette section, j'aimerais présenter quelques exemples de mes propres efforts pour vivre la dualité de l'inspiration dans l'action. J'y travaille à chaque jour de ma vie, sans exception : toute rencontre représente un moment de vérité pour moi, dans lequel je choisis de reprendre contact avec l'Esprit et d'offrir aux autres ce que je désire pour moi. Les occasions se présentent sous la forme d'un sourire, d'un salut ou d'un acte de gentillesse, des choses aussi simples qu'un signe d'encouragement à un mendiant au coin d'une rue ou une prière intérieure lorsque j'entends une sirène d'alarme (la sirène est pour moi un rappel d'offrir quelques pensées de réconfort à une personne en détresse). Ce sont des habitudes que j'ai cultivées au fil du temps dans ma vie.

Il y a aussi des jours où j'entreprends une tournée préméditée d'inspiration, sans fanfare ni besoin d'être reconnu. Voici le résultat de l'une de ces excursions — et gardez à l'esprit que tout cela s'est déroulé en un seul après-midi !

— Je loge dans l'ouest de Maui lorsque j'écris, et ce jour-là, j'ai décidé de faire le trajet de 20 miles [32 km] pour m'approvisionner au supermarché Costco, en prévision d'une période de rédaction ininterrompue de deux semaines. Comme à l'accoutumée, il y avait quelqu'un en bordure de la route qui attendait qu'un bon samaritain veuille bien l'amener de « l'autre côté » de l'île. C'est un scénario courant à Maui et j'ai l'habitude de faire monter toute personne cherchant un moyen de transport —

habituellement un jeune avec sa planche de surf ou un couple chargé de bagages se rendant à l'aéroport. Offrir un moyen de transport est une occasion pour moi de servir et, en même temps, cela me fait du bien. Vous vous imaginez peut-être que cette habitude comporte des risques, mais je n'y pense même pas. C'est pourquoi je n'attire jamais dans ma vie des individus ou des événements qui me causent du tort. Cela ne fait tout simplement pas partie de ma conception du monde.

Ce jour-là, j'ai fait monter à bord un Canadien âgé de 41 ans, nommé Raven (Maui a tendance à attirer ce genre de personnes prénommées ainsi*) qui se rendait à l'aéroport. Au fil de la conversation, j'ai appris qu'il n'avait pas adressé la parole à son père depuis 17 ans, s'étant éloigné de lui par respect pour sa mère et ses sœurs, en raison de conflits non-résolus entre eux. Raven admit qu'il se sentait malheureux et imparfait. De plus, il m'avoua certains schémas de comportements hérités de son père, ceux-là même qui avaient causé la rupture de la famille en premier lieu.

J'ai mis de l'avant la question du pardon, mentionnant ce passage d'*Un cours en miracles* : « Il est certain que toute détresse n'est rien d'autre que l'absence de pardon ». Je lui ai relaté l'histoire de ma visite au cimetière pour me recueillir sur la tombe de mon père en 1974 et comment ce seul acte de pardon avait été le point tournant de ma vie, marquant mon retour sur la voie de l'Esprit.

Lorsque j'ai quitté Raven à l'aéroport, il m'a embrassé chaleureusement. Les larmes aux yeux, il m'a alors dit : « Je ne peux croire à quel point ce voyage a changé ma vie. Je sens que vous avez été envoyé par Dieu pour retirer cette épée de Damoclès que je sentais toujours au-dessus de ma tête. Je sais ce qu'il me reste à faire et je vais le faire sans tarder ». Ce fut un moment d'inspiration pour nous deux.

---

* NdT : *raven* signifie *corbeau* en français.

Il aurait été tout aussi facile pour moi de garder le silence pendant ce trajet de 20 miles en bordure de l'océan, mais je savais que ce jour-là, j'étais en pèlerinage d'inspiration et Raven était l'un de mes « complices ».

— J'ai poursuivi ma route jusqu'au Costco pour me consacrer à l'une de mes activités préférées. J'adore cette occasion d'acheter de grandes quantités d'articles de toutes sortes dans l'atmosphère décontractée d'un vaste entrepôt, en compagnie d'un grand nombre de résidants qui font de même.

Au fond du magasin, ce jour-là, un homme qui m'avait reconnu en raison de mes apparitions au réseau de télévision PBS, m'approcha pour obtenir un rendez-vous. Il voulait discuter d'un problème auquel il était confronté. Je lui dis que j'écrivais un livre et que cela m'était impossible à ce moment-ci. Mais, sachant qu'une force nous avait réunis au milieu du sympathique chaos régnant sur les lieux, je lui demandai : « Quel est ce problème ? »

Il m'a alors dit qu'il était diabétique et qu'il avait imaginé un système infaillible pour distribuer de l'insuline à tous ceux qui en avaient besoin. « Alors, où est la difficulté ? ai-je demandé. Pourquoi ne pas mettre votre projet en œuvre ? »

Il m'expliqua alors qu'il avait été incapable d'organiser une rencontre avec les agences gouvernementales compétentes — la lourdeur bureaucratique l'empêchait de progresser. Il commença alors à me décrire chacun des innombrables obstacles qui semblaient se dresser devant lui, jusqu'à ce que je l'arrête. « J'ai l'impression que vous savez exactement ce qu'il faudrait faire, puisque vous êtes vous-même diabétique, lui ai-je dit. Et vous savez, non moins précisément, comment mettre votre idée en application, n'est-ce pas ? »

Son visage s'illumina comme un arbre de Noël. Me décochant un sourire complice, il me dit : « Je le sais, bien sûr, mais... »

Je l'arrêtai subitement en lui rappelant que, lorsque nous nous concentrons sur ce que nous ne voulons pas, nous finissons toujours pas l'obtenir. Nous attirons ce à quoi nous pensons, que nous le voulions ou non. Je lui ai alors suggéré de se tenir tout à fait en retrait du « système d'obstacles » qu'il me décrivait. Il devait aller de l'avant avec son projet, ne pas se préoccuper de ce qui ne pouvait être fait, et agir tout simplement en ne comptant d'abord que sur ses propres ressources. « Si votre plan est viable, l'aide se manifestera d'elle-même en cours de route, lui ai-je rappelé. Faites-le et cessez de chercher l'accord de la bureaucratie ». Je lui ai ensuite demandé : « Vous savez ce qu'il faut faire et comment y arriver, n'est-ce pas ? »

« Oui, je le sais, répliqua-t-il, et je le ferai. J'ai l'impression que c'est Dieu qui a préparé cette petite rencontre improvisée spécialement pour moi aujourd'hui ». Après avoir reçu une deuxième accolade chaleureuse de la part d'un « étranger » au cours des 30 dernières minutes, je regardai l'homme, visiblement inspiré, s'éloigner en poussant son panier d'emplettes. Il était retourné vers l'Esprit, là où l'idée de l'impossibilité est … impossible ! Et j'avais été en mesure de partager Ses bienfaits avec quelqu'un d'autre.

— En rentrant à Maui, je fis monter un jeune homme du nom de Andy qui se rendait au restaurant le *Hard Rock Café* de la place. Étant, à ses propres yeux, un artiste du rap et un émule de Bob Marley, Andy arborait une longue coiffure de tresses rastas et disait trouver dans la marijuana un puissant stimulant pour sa création musicale. Comme je l'appris au cours de notre échange, il avait l'intention de rencontrer le gérant du bar pour s'y produire les week-ends. Il n'avait ni plan ni argent — et même l'entrevue dont il m'avait parlé n'existait que dans son imagination, puisqu'il n'avait sollicité aucun rendez-vous avant de s'y rendre.

Je lui ai parlé d'une histoire que ma fille Sommer m'avait racontée tout dernièrement. Son petit chien nommé Joey l'accompagne à l'école d'équitation où elle dresse les chevaux et donne des leçons. Son amie Mimi lui a dit un jour que Joey était un exemple parfait de l'être qui vit en paix avec Dieu, et ma fille était bien d'accord. « Le mantra de Joey est : *Inspire et expire. La vie est belle* », dit-elle. C'est la vie de Joey, toute la journée, tous les jours : *Inspire et expire. La vie est belle !* » Andy a adoré cette histoire... et je lui ai alors demandé de me composer une chanson dont ces paroles seraient le thème.

Ma voiture résonna soudain des vocalises d'un chanteur rap, s'exécutant à un rythme endiablé. C'était sensationnel et Andy était au paradis. Lorsque je l'ai déposé au restaurant, son audition était au point, et il avait déjà écrit sa toute première chanson : « Inspire et expire. La vie est belle ! »

Je lui ai remis un billet de 50 $ lui arrachant un nouveau cri, d'appréciation cette fois, et je suis parti. Cela fut une double dose d'inspiration : Andy était en harmonie avec l'Esprit, le créateur de sa propre musique, plein d'énergie et de confiance. De mon côté, j'avais l'impression de vivre le paradis sur Terre parce que j'avais su apporter amour et assistance à une autre personne. Et c'était mon troisième présent de cette nature au cours des deux dernières heures !

— Ensuite, je me suis dirigé vers un magasin d'alimentation pour y prendre quelques articles dont j'avais besoin, mais en trop petites quantités pour qu'on puisse se les procurer au supermarché Costco. Alors que je faisais la queue à la caisse, j'ai engagé une conversation avec la femme derrière moi. Il était question de framboises. J'avais pris dans les rayons deux paniers de ces précieux petits bijoux afin de les ajouter aux céréales de mon petit déjeuner. La dame s'est informée de leur prix, que je n'avais pas remarqué. Elle se lança alors dans un discours fleuve sur son amour des framboises tout en se plaignant de leur prix exorbitant.

Jamais elle n'oserait dépenser autant d'argent, même pour quelque chose qu'elle aimait à ce point.

Je lui répondis en lui parlant de mes heureux souvenirs d'enfance au Michigan, où nous avions l'habitude d'en cueillir. Les framboises étaient demeurées l'un de mes fruits favoris et j'en achetais partout où il y en avait. La dame partageait ma nostalgie puisqu'elle avait grandi en Pennsylvanie et elle avait coutume, elle aussi, d'en cueillir et de rentrer à la maison les doigts et le contour de la bouche complètement barbouillés de rouge.

À la caisse, nous avons constaté que chacun de mes petits paniers de framboises coûtait 7,99 $. Ma nouvelle amie en eut le souffle coupé, et elle me recommanda de « bien savourer chacun de mes petits joyaux ». Au moment de nous séparer, j'ai saisi un contenant et je le lui ai mis dans la main, en lui disant de les déguster à ma santé et de les considérer comme étant un présent de ma part. La dame, qui comptait sa monnaie pour payer son achat, un unique contenant de yogourt, demeura bouche bée. Je l'ai finalement persuadée de prendre les framboises, en lui disant que si elle ne les acceptait pas, elle me priverait de ma propre récompense qui était de savoir qu'elle éprouverait une si grande joie à se délecter de ces petites pépites de bonheur.

Ma nouvelle amie a été clairement inspirée par cette expression inattendue de gentillesse de la part d'un « étranger ». Je pouvais lire la gratitude et l'amour dans ses yeux, alors qu'elle rangeait les précieuses framboises dans son panier à provisions. Et, bien sûr, j'étais toujours sur la bonne voie, savourant pour la quatrième fois en un même après-midi l'inspiration en action. À ma grande surprise, la cinquième était en train de se préparer sous mes yeux...

— Dans presque toutes les allées de cette épicerie, j'avais croisé la même femme vêtue d'un pantalon fleuri et d'une blouse de couleur orange claire. Alors que je m'approchais du rayon de la boulangerie pour acheter un pain aux olives en prévision de l'arrivée de ma fille Serena le lendemain (elle adore ce pain !), la dame aux vêtements colorés me vanta les qualités d'un pain multigrain qu'elle adorait. « C'est le meilleur que je n'ai jamais goûté ! » me dit-elle avec un accent étranger prononcé. En m'approchant de la caisse, je la retrouvai me précédant et elle me demanda alors si je voulais bien garder sa place, pendant qu'elle allait chercher un article qu'elle avait oublié. Plus tard, dans l'aire de stationnement, elle immobilisa sa voiture pour me laisser emprunter la rampe de sortie. Finalement, alors que j'étais sur le chemin du retour, je l'aperçus à nouveau ! Sa voiture était stationnée près d'un vert d'exercice de golf — la portière grande ouverte, le moteur toujours en marche — elle était accompagnée d'un homme et ils frappaient des balles sur le terrain.

Pour moi, il s'agissait-là de tout autre chose que d'une série de rencontres accidentelles. J'ai donc décidé de rebrousser chemin afin de lui remettre un cadeau. Je me suis stationné derrière sa voiture et je me suis approché du couple, tenant une copie autographiée de mon livre le *Pouvoir de l'intention* dans mes mains. Cette dame était originaire de Pologne et elle était présentement en lune de miel. Elle me présenta à son mari et je leur remis ce cadeau de mariage inattendu, pour lequel ils me manifestèrent beaucoup de gratitude. Je n'ai aucune idée de ce qu'il advint d'eux après mon départ. Je ne peux vous dire pourquoi elle ne cessait de m'apparaître encore et encore, ou si le livre que je leur ai donné a eu quelque effet dans leur vie — tout ce que je peux dire avec certitude, c'est que ces nouveaux mariés ont été très touchés par mon geste et que ma récompense a été de me sentir en contact avec l'Esprit, pour la cinquième fois en un seul après-midi !

Comme vous pouvez le constater, des occasions innombrables de jouer un rôle inspiré dans la vie d'une autre personne surviennent chaque jour. Nous pouvons ou bien agir sous l'effet de ces impulsions momentanées et nous sentir inspirés, ou nous pouvons les ignorer et demeurer enfermés dans notre monde dominé par l'ego. Je choisis d'agir parce que j'éprouve la sensation d'être vivant et créatif, en communication avec le bien (Dieu) et mon prochain.

Agir est le moyen d'accroître l'intensité de notre relation avec l'Esprit. Si nous écoutons l'appel de notre vie, nous devons être prêts à agir en accord avec cette mission. Nous pouvons croire que l'inspiration est quelque chose qui arrive par des moyens mystérieux et hors de notre contrôle — ou peut-être sommes-nous en attente d'un signe Divin pour nous motiver — mais il est clairement préférable d'agir volontairement, dans un sens qui nous rendra plus conscient de notre lien avec l'Esprit.

Faites l'essai de ce plan d'action pendant quelques semaines et voyez si vous ne vous sentez pas plus inspiré que vous ne l'avez jamais été auparavant.

Quelques suggestions pour mettre les idées de ce chapitre à votre service

— Avant d'entreprendre votre journée le matin, consacrez quelques moments à Dieu. En vous éveillant, dites-vous ceci : « Je passe ces quelques moments en compagnie de Dieu ». Au cours de ces précieuses secondes, demandez, réfléchissez, ressentez la paix et, surtout, exprimez votre gratitude. Je termine toujours ce tête-à-tête matinal avec Dieu par ces mots : « Merci ! Merci ! Merci ! »

— Au réveil, décidez d'accomplir quelque chose, n'importe quoi, qui améliorera la qualité de la vie d'une autre personne, mais sans chercher à vous en attribuer le mérite (si vous pouvez le faire avant le petit déjeuner, tant mieux !) Une lettre, quelques fleurs, une contribution, un projet de rendre visite à quelqu'un en particulier plus tard dans la journée — faites une chose qui vous aidera à vous sentir bien (Dieu).

— Secouez votre torpeur. Puisque être inerte, c'est être inactif, prenez l'engagement de devenir un être en mouvement : commencez à faire de l'exercice, faites cet appel ou écrivez cette lettre que vous remettez toujours à demain. Tout comme la clé de l'Esprit est le mouvement, celle de la santé est la circulation. L'Esprit est toujours dans un état de création, alors optez pour moins de repos et d'inaction, et plus de mouvements.

— Écoutez votre voix intérieure et promettez de prendre les résolutions qu'elle vous souffle à l'oreille. Par exemple, si vous êtes dépendant de l'alcool, de la drogue, de la nourriture ou de votre état de victime, écoutez cette voix intérieure qui vous enjoint d'être grand, plutôt que petit, et faites un pas dans la bonne direction. Pour une journée seulement, jetez vos cigarettes, laissez tomber les sucreries, marchez autour de votre pâté de maisons et revendiquez votre place au soleil. Cette voix intérieure, c'est Dieu, vous implorant de venir le rejoindre en-Esprit, en étant pur et fort, et en étant un instrument de bien-être.

— Rejetez les excuses. Cessez de vous raconter des histoires et regardez les choses en face. Admettez vos faiblesses au lieu de les justifier. Regardez-vous dans la glace et parlez-vous honnêtement. Affirmez : *Je suis une création de Dieu et je suis Divin. Je l'avais oublié mais, dorénavant, je n'accepterai plus d'excuses. Je vais cesser d'être inconséquent et je vais travailler à accomplir ma destinée.*

— Vivez l'expérience de l'appréhension, et *faites-le quoiqu'il en coûte !* C'est l'action qui apporte un surcroît d'inspiration, alors ne niez pas votre peur. Laissez surgir la crainte en vous et affrontez-là visière levée. Imaginez votre peur se tenant droit devant vous. Regardez-la en face, dites-lui ce que vous éprouvez vraiment et ce que vous avez l'intention de devenir : « Je suis plus fort que toi. Mon créateur est à mes côtés et Il me guide à chaque pas, alors je ne te laisserai plus dominer ma vie. J'ai peur, mais j'ose. »

— Cherchez à créer les occasions qui vous inspireront. Dans mon après-midi d'inspiration, j'avais pris sciemment la décision d'être en-Esprit. C'était mon choix. J'étais à l'affût de ces situations et, si elles n'avaient pas surgi d'elles-mêmes, je les aurais suscitées. Lorsque vous devenez adroit dans la création d'occasions d'être inspiré et inspirant, vous les verrez apparaître d'elles-mêmes autour de vous, à chaque jour.

— Finalement, n'abandonnez jamais. Ne vous comptez jamais pour battu et ne soyez pas honteux parce que vous n'avez pas atteint tous vos objectifs d'inspiration. Tout piège dans lequel vous tombez est un présent, toute rechute est une occasion glorieuse — après tout, c'est grâce à eux que vous trouvez l'énergie de vous élever un peu plus à chaque fois.

* * *

Je vous ai proposé un itinéraire qui vous conduira vers l'inspiration par l'action. Ces stratégies, aussi simples qu'elles puissent paraître, vous porteront vers de nouveaux sommets d'inspiration. Il vous suffit d'en adopter une seule par jour. Mais le rétablissement de votre connexion avec l'Esprit *peut* commencer tout de suite — aujourd'hui même. Comme l'un de mes proverbes chinois préférés nous le rappelle :

J'entends et j'oublie
Je vois et je me souviens
Je fais et je comprends.

Si vous voulez comprendre l'inspiration, il ne vous en coûtera que quelques gestes de votre part. Rappelez-vous ces paroles du Dalaï Lama : « Si vous souhaitez que les autres soient heureux, ayez de la compassion. Si vous désirez être heureux, ayez de la compassion. »

Je clos cette troisième section par ces mots simples et profonds de Shakespeare : « L'éloquence est dans l'action. »

QUATRIÈME PARTIE

CONVERSER AVEC VOTRE SOURCE SPIRITUELLE

« Plus le pouvoir qui daigne vous servir est grand,
plus il exige de l'honneur de votre part. »

— SOCRATE

CHAPITRE 14

VOTRE SOURCE SPIRITUELLE NE PEUT ÊTRE AUTRE QUE CE QU'ELLE EST

« Je ne peux imaginer un Dieu qui récompense et punit les objets de Sa création, dont les buts sont modelés d'après les nôtres — un Dieu, en somme, qui n'est que le reflet de la fragilité humaine. »

— ALBERT EINSTEIN

« Nous sommes — parce que Dieu est ! »

— EMANUEL SWEDENBORG

IMAGINEZ UN ENTREPÔT REMPLI de noix de coco, du plancher jusqu'au plafond — et que l'une d'elles se croit et agit comme si elle était un raisin. « Raisin » n'a aucune idée qu'elle est une noix de coco et ses congénères ne soupçonnent pas que « Raisin » ignore sa nature véritable. Vous voyez le topo ? Lorsque « Raisin » s'étonne d'être desséchée et pleine de rides, les noix de coco l'ignorent parce que, selon elles, elle est tout simplement une des leurs (même si elle est un peu singulière). Si notre amie veut que ses camarades de l'entrepôt s'intéressent à son sort, « Raisin » devra employer le langage des noix de coco, ce qu'elle est en réalité. Toute noix de coco, comme chacun de nous, ne peut prétendre être autre que ce qu'elle est.

Si nous poursuivons notre métaphore humoristique des noix de coco et de « Raisin », et que nous l'appliquons à notre Créateur, nous voyons bien que nous (et les noix de coco) ne pouvons être ce que nous ne sommes pas. Dans ce cas, nous devons éviter de demander à notre Créateur d'être ce qu'Il n'est pas, ou de Lui tenir un langage qui Lui est étranger. Veuillez accorder toute votre attention aux mots qui vont suivre. Ils sont extraits du livre *The Disappearance of the Universe* de Gary Renard, un messager spécial chargé d'expliquer *Un cours en miracles* : « Parce que votre idée n'est pas de Dieu, Il n'y répond *pas*. Y répondre serait attribuer une réalité à votre idée. Si Dieu Lui-même devait reconnaître *autre chose* que la notion d'union parfaite, alors il *n'y aurait plus d'union parfaite.* »

Lorsque nous comprenons ces mots, cela change notre façon de nous adresser à Dieu, qui ne peut réagir aux idées qui sont fausses et qui ne le fait d'ailleurs pas. Une occasion nous est ainsi offerte de voir clairement la vérité de l'Esprit et la fausseté de l'ego, en comprenant que nous devons communiquer avec Dieu en *Ses* termes, dans nos prières et dans nos discours. Nous saurons alors qu'il faut placer l'ego au second plan et faire une nouvelle tentative pour parler à notre Source, en utilisant son langage. Cela peut représenter un changement radical, surtout si nous avons toujours abordé la prière et le contact conscient avec Dieu du point de vue de l'ego.

Cinq attributs de Dieu

Examinons maintenant les éléments sur lesquels la plupart d'entre nous s'entendent pour définir l'essence de notre Créateur et comment ils peuvent nous aider à l'aborder raisonnablement.

1. Dieu est amour

Nous provenons de l'amour et nous désirons revenir à ce paradis alors que nous sommes toujours sur Terre. Je répète cette observation pertinente d'Emerson que « l'amour est notre mot le plus noble et le synonyme de Dieu » — autrement dit, si nous plongeons dans l'amour, nous plongeons en Dieu. Si Dieu est amour, s'Il ne peut être autre chose que Lui-même, et que nous voulons dialoguer avec Lui, alors il m'apparaît que nous devons venir à Lui dans l'amour, ou nous perdons notre temps. Dieu ne peut et ne répondra pas à nos requêtes non-aimantes.

Des prières sans amour qui ont leur source dans l'arrogance, la haine et la peur sont l'œuvre de l'ego et elles n'obtiendront pas de réponses. En fait, elles ne seront même pas *entendues*. Le message de Dieu est d'aimer toute personne sans exception, afin de pouvoir vibrer en harmonie avec Lui. Comme saint Paul nous le rappelle dans la Bible : « Nous sommes tous membres d'un seul corps » (Éphésiens 4 : 25) et « Que tout ce que nous faisons soit fait dans l'amour » (Corinthiens 16 : 14).

À présent, pour obtenir de Dieu qu'il nous oriente et nous aide dans tous les aspects de notre vie, il faut l'aborder du point de vue privilégié du pardon — pour tous ceux qui, croyons-nous, nous ont fait du tort et pour nous-mêmes. Réfléchissez-y un moment. Comment pouvons-nous espérer que Dieu entende nos appels à l'aide pour améliorer nos relations avec les autres, alors que nous portons de la haine dans notre cœur, en raison de mauvaises actions ou de mauvais traitements présumés à notre égard ? Dieu, qui ne connaît que l'amour, n'aura aucune idée de ce que nous essayons de lui dire.

Peu importe notre religion, à chaque fois que nous voulons discourir avec la Source de l'Être, nous devons le faire sans malice ou sans haine dans notre cœur. De cette manière, nous modifierons notre énergie vibratoire afin qu'elle s'harmonise avec la vibration la plus noble de l'Univers qui est, bien sûr, celle de l'Esprit. Comme saint François d'Assise nous l'enseigne si simplement : « Là où règne la haine, semons l'amour. »

L'amour et le pardon activeront alors les forces dormantes dont j'ai parlé dans les premiers chapitres de ce livre — c'est-à-dire que les bonnes personnes et les circonstances propices surgiront à point nommé. La raison pour cela, c'est que nous serons en-Esprit, nous rappelant que Dieu ne peut tout simplement pas nous aider si nous lui demandons d'entendre autre chose que l'amour et le pardon. Martin Luther King Jr a dit un jour : « Nous devons cultiver et entretenir la capacité de pardonner. Celui qui est dépourvu du pouvoir du pardon est dépourvu du pouvoir de l'amour ». Cela, à mon avis, dit tout.

Alors, dans les moments privés et paisibles de prières adressées à Dieu, ne lui demandez jamais d'infliger en aucune façon la défaite à quelqu'un d'autre. Dites plutôt : « Dieu, fais de moi un instrument de Ton amour. Je veux Te ressembler. Je leur ai pardonné, et je me suis pardonné ». Et souvenez-vous qu'il ne peut y avoir de pardon sans amour — et sans amour, il n'y a aucun moyen d'être entendu de notre Source.

2. Dieu est paix

L'un des versets les plus couramment cités de l'Ancien Testament (et sans doute aussi l'un de mes passages préférés de la Bible) est le suivant : « Soyez en paix et sachez que je suis Dieu ». Un corollaire pourrait être formulé ainsi : « Vivez dans l'agitation et le chaos et vous ne connaîtrez jamais Dieu. »

Pour être en mesure de communiquer avec notre Source, il est vital de se rappeler qu'*Elle ne peut être autre que ce qu'Elle est*. Et, en vérité, la Source est paix et silence. Après tout, la création ne survient pas violemment — elle est calme et paisible. Le mouvement de la réalité invisible de l'Esprit dans le monde matériel n'est pas un processus bruyant, chaotique et explosif — il s'effectue sans fanfare. Le temps nécessaire pour lire ce chapitre verra des millions et des millions de nouvelles formes de vie émerger dans ce monde, sans tonnerres d'applaudissements ni feux d'artifice pour les accompagner. Il en est ainsi parce que l'Esprit ne connaît rien d'autre que la paix.

Maintenant, si nous nous adressons à Dieu dans des états d'extrême agitation, paralysés par la peur ou de façon hystérique, Il ne nous aidera pas. Voyez-vous, lorsque nous communions avec notre Source d'une manière qui reflète une absence de paix, cela a pour effet de renforcer nos croyances. En nous accrochant à notre peur, nous croirons encore davantage au désordre dans lequel notre esprit et notre corps ont l'habitude d'évoluer. De plus, nous renoncerons à notre attitude de prière, persuadés que nos demandes ne sont pas exaucées. Nous blâmerons très proba-blement Dieu parce qu'Il a créé et permis la guerre ainsi que les autres maux qui accablent l'humanité. Mais reprocher à Dieu l'ab-sence de paix, c'est imiter cette noix de coco qui, croyant être un raisin, reproche aux autres noix son existence flétrie et desséchée. « Raisin » vit une illusion, comme nous lorsque nous blâmons Dieu parce que nous ne vivons pas en paix.

Tout en priant et en communiant avec notre Source, avec la paix dans notre cœur, nous devons garder « le silence ». Cela signifie que nous devons prendre le temps de faire le calme en nous avant de méditer, en étant attentifs à notre respiration. En expirant, nous pouvons nous entraîner à chasser toutes les pensées qui ne reflètent pas la paix ; lorsque nous inspirons, nous accueillons l'Esprit.

Nous pouvons aussi prendre saint François comme modèle pour nous guider. Il a connu très peu de moments paisibles dans sa vie, mais il connaissait la nature de la Source. Plutôt que de demander à Dieu de lui permettre d'échapper au désordre et au chaos qu'il voyait autour de lui, il disait : « Seigneur, permets-moi d'être un instrument de ta paix ». C'est ainsi qu'il réalisait son désir d'être en-Esprit. En d'autres mots, Saint-François savait que Dieu était toute paix et c'est pourquoi il demandait, dans ses prières, de ressembler à son Créateur.

Nous ne devons jamais oublier que tout ce qui ne reflète pas la paix sur cette Terre n'est pas l'œuvre de Dieu, mais celle de l'ego. Conscient de cela, nous pourrons alors solliciter Son aide pour revenir dans Sa paix. Nous obtiendrons Son soutien parce que l'énergie vibratoire de nos pensées et de nos comportements *pacifiques* seront en harmonie avec notre désir de paix.

3. Dieu est le Tout

Nous ne serons pas entendus ni ne recevrons l'assistance de notre Source si nous lui martelons que nous sommes différents des autres êtres humains. Voyez-vous, lorsque nous demandons à Dieu des faveurs spéciales individuelles, ou même si nous ne faisons que nous adresser à Lui en ce sens, nous vivons encore une illusion. Si Dieu devait adhérer à notre croyance dans la discrimination alors, comme Gary Renard le suggère, l'unité parfaite ne saurait et ne pourrait exister. Il est impossible pour la Source qui nous a tous créés (et qui, par conséquent, *fait partie* de chacun) d'envisager un dialogue avec une personne imbue de sa supériorité et qui se croit différente des autres.

Nous devons éprouver de l'amour pour tous — et plus encore, nous devons nous considérer comme *ne faisant qu'un avec tous* — pour que la Source s'intéresse à nous. C'est ainsi qu'il nous faut faire tous les efforts pour éviter les pensées qui nous dissocient de l'autre, comme lorsque nous faisons une prière pour battre un adversaire, pour obtenir davantage que les autres, pour remporter une compétition, pour être favorisé dans l'obtention d'un emploi ou pour être proclamé le meilleur de notre groupe. Ces pensées ne seront tout simplement pas entendues par une Source qui fait aussi partie de ces « autres », aux dépens desquels nous tentons d'obtenir un traitement privilégié.

Dans la même veine, la grande folie des guerres est due à l'incroyable ignorance de la nature de Dieu. Lorsque, par exemple, nos politiciens demandent à Dieu de bénir l'Amérique, de nous aider à tuer plus « d'ennemis » et de nous procurer la victoire, c'est comme si notre corps était engagé dans une bataille où les jambes et la partie inférieure du corps affrontaient les bras et les épaules. Puisque notre corps est composé de toutes ses parties, une guerre entre celles-ci tuera à coup sûr l'organisme entier. Le corps, tout comme Dieu, ne peut interpréter le langage de la séparation.

En conversant avec notre Source, nous nous efforçons (comme toujours) de Lui ressembler. Pour cela, il faut nous rappeler que nous sommes unis à tous les habitants de l'Univers, lorsque nous nous adressons à Lui. Nous pouvons alors demander lumière et assistance auprès de l'Esprit qui inclut tout : « Faites de moi Votre instrument. Laissez-moi Vous reconnaître dans toute personne que je croise. Aidez-moi à me voir dans les autres et accordez-leur, en premier tout, ce à quoi j'aspire. J'ai observé que c'est ce que Vous faites et je désire Vous ressembler en tous points. »

Il s'agit du genre de dialogue qui activera les forces dormantes dont j'ai déjà parlé. La clé, c'est de transcender l'idée de la séparation fondée sur l'ego et de nous considérer plutôt comme faisant partie de l'unité du tout. Comme saint Thomas d'Aquin l'a énoncé avec une belle concision : « La vraie paix consiste à ne pas se séparer de la volonté de Dieu. »

4. Dieu est abondance

Imaginez-vous la scène suivante : deux contenants d'un litre dotés du don de la parole se font la conversation. Le premier désire parler de son sentiment de « vide » avec son camarade qui n'a jamais connu autre chose que la « plénitude ». « Plein » ne sera pas capable de s'identifier aux malheurs de « Vide », puisqu'il n'a jamais connu le manque dans sa vie. Il lui est impossible d'être autre chose que ce qu'il est.

Même si ce scénario est plutôt loufoque, il illustre néanmoins la difficulté que nous éprouvons à engager une conversation avec Dieu, une Source qui ne connaît que l'abondance, lorsque nous Lui demandons de s'identifier aux manques que nous éprouvons. Croyez-moi, Dieu ne connaît rien à l'état de pénurie et Il prodigue tout sans compter. Tous les présents de Dieu, incluant la vie elle-même, sont distribués aussi librement et abondamment que l'oxygène, la lumière du soleil et l'eau.

Saint Paul dit : « Dieu est capable de vous combler de toutes les bénédictions ». Alors, pourquoi y a-t-il tant de disettes apparentes dans le monde, tant de gens affamés vivant dans la pauvreté et des millions d'autres incapables de joindre les deux bouts ? Ce que je peux affirmer avec certitude, c'est que Dieu n'y est pour rien — il y a de tout en assez grande abondance pour satisfaire tout le monde. Nous venons d'un endroit qui ignore la privation et nous sommes venus sur une planète qui a la capacité de nourrir et d'étancher la soif de tous les êtres qui l'habitent, encore et encore.

Nous avons, comme espèce, conçu l'idée de l'insuffisance et de l'épuisement de la bonté Divine à notre égard. Nous en avons ensuite fait une réalité, principalement en posant des gestes forts peu Divins. Dieu est au service de tous, mais notre cupidité nous a fait oublier notre prochain, pour nous concentrer exclusivement sur nous-mêmes. Collectivement et individuellement, nous avons invité la pénurie dans notre vie. La seule façon d'y mettre fin est de ressembler davantage à notre Source Spirituelle, servante infatigable et infiniment abondante.

La solution du problème de la pauvreté et de la rareté est à portée de main. Ces maux pourraient être éradiqués demain si seulement nous tâchions de ne jamais oublier que nous ne sommes « qu'un » sur cette planète : nous partageons la même origine et nous reviendrons tous au même point de départ immatériel. Lorsque nous retournerons en-Esprit dans notre cœur, nos gouvernements et nos dirigeants ouvriront à leur tour leur conscience à cette vérité.

Nous devons prier pour l'élimination de la pauvreté dont nous sommes témoins en employant des paroles comme celles de saint François : « Fais de moi un instrument de Ton abondance infinie ». Il ne demandait jamais à Dieu de combler un besoin. En l'imitant, plutôt qu'en nous arrêtant toujours à ce que nous n'avons pas, nous pouvons solliciter le retour de l'énergie Divine vers nous. Par contre, si nous concentrons nos pensées sur la pénurie, elle réapparaîtra infailliblement.

Nous devons vibrer en parfait accord avec l'énergie de l'abondance de Dieu. Si nous désirons attirer la richesse et le bien-être, il nous faut nourrir des pensées de prospérité qui concordent avec de tels désirs et qui activeront leur manifestation. Les forces dormantes de l'abondance renaîtront alors à la vie pour combler nos vœux.

5. Dieu est bien-être

L'Esprit n'a jamais la fièvre et ne connaît rien de la maladie. Il est donc, à mon humble avis, insensé de prier ou de haranguer Dieu pour qu'il nous guérisse — à moins de savoir précisément ce que nous entendons par *guérir*. Si nous voulons dire « surmonter une maladie ou une infirmité », alors je sens que nous nions à nouveau l'évidence à l'effet qu'une chose ne peut être ce qu'elle n'est pas, incluant Dieu. Comme Ernest Holmes l'a écrit un jour : « La volonté de Dieu est toujours bonne », ce qui veut dire, selon moi, que la maladie et la souffrance ne font pas partie de l'énergie de Dieu.

Par ailleurs, si nous employons le mot *guérir* comme synonyme de « reprendre contact avec notre Source de bien-être », alors nous sommes prêts à recevoir de l'aide potentielle pour surmonter toute infirmité. Et c'est de cette façon que *j'utilise* ce mot. Je ne demande jamais à Dieu de m'aider à combattre la sensation de la maladie. Même lorsque j'ai subi une crise cardiaque mineure il y a cinq ans, j'ai demandé de devenir un instrument du bien-être de Dieu. J'ai reconnu que mon corps avait abandonné son état naturel de santé, peut-être en raison de mon mode de vie, de mon régime alimentaire et de mes habitudes, ou des toxines que j'ai inhalées — quoi qu'il en soit, cela ne venait pas de Dieu. Cela provenait de moi et de mon univers matériel et j'ai prié pour être replongé dans un flot de bien-être. Je savais que j'étais une partie de Dieu et qu'il était aussi facile pour Lui de guérir une coupure sur mon doigt que de remettre mon cœur en bon état. Puisque j'étais conscient que la puissance de guérison de Dieu était en moi, je n'avais qu'à aider mon corps à s'en souvenir.

D'une manière similaire, lors d'une récente période de disharmonie dans ma vie, j'ai commencé à avoir mal à l'estomac et à éprouver des difficultés à dormir — jusqu'à ce que je me rende compte que cette expérience était un présent pour moi. Alors que je conversais avec ma Puissance Supérieure, j'ai demandé assistance et je me suis visualisé comme un aimant, attirant le bien-être en abondance. Et c'est ainsi que la guérison a été pratiquement immédiate.

Dans son livre *The Amazing Laws of Cosmic Mind Power*, Joseph Murphy offre ce merveilleux conseil pour aborder Dieu lorsque nous sommes à la recherche de la guérison :

« Dans vos prières, n'oubliez jamais que Dieu vous aime et qu'Il veille sur vous. La peur s'estompera alors graduellement. Si vous priez parce que l'état de votre cœur vous inquiète, n'imaginez pas un organe malade parce que cela n'est pas une manière spirituelle de penser. Penser à un cœur endommagé ou à une pression artérielle élevée ne font qu'accroître ces maux dont vous souffrez déjà. Cessez de réfléchir à vos symptômes, à vos fonctions vitales, à l'état d'une partie ou d'une autre de votre corps. Tournez votre esprit vers Dieu et Son amour. Sentez et ressentez qu'il n'y a qu'une seule puissance, une seule présence qui guérit... Affirmez calmement et amoureusement que la puissance qui élève, qui guérit et qui fortifie s'écoule en vous, reconstituant votre unité. Sachez et ressentez que l'harmonie, la paix, la vie de Dieu se manifestent en vous par votre force, votre paix, votre vitalité, votre plénitude et vos actions justes. Représentez-vous cela clairement et le cœur endommagé ainsi que les autres organes malades seront guéris dans la lumière de l'amour de Dieu. »

Ces mots valent la peine d'être lus et relus... surtout si vous tenez compte du fait que mon cœur endommagé, il y a cinq ans, est maintenant complètement guéri.

Quelques suggestions pour mettre les idées de ce chapitre à votre service

— Avant de commencer toute activité de prière, notez men-talement de vous rappeler précisément ce que votre Source est, et ce qu'elle n'est pas. Demandez-vous : « Est-ce que je demande à Dieu d'être ce qu'Il n'est pas ? Est-ce que j'attends de mon Créateur de venir me rejoindre dans l'ego, ce qui signifie littérale-ment 'expulser Dieu de soi' ? » Cela vous permettra d'ouvrir le canal de communication entre vous et l'Esprit, plutôt que d'impo-ser des exigences à votre Source, qui ne peut comprendre votre monde dominé par l'ego. Rappelez-vous, c'est vous qui avez quitté Dieu, et non l'inverse.

— Commencez toute conversation avec Dieu par « Faites de moi un instrument de… » et ajoutez alors « d'amour », « de paix », « de bonté », « d'abondance », « de bien-être », ou de toute autre qualité qui, dans votre cœur, définit l'essence de l'Esprit saint.

— Alors que vous mettez le pardon au travail dans votre vie, étudiez les idées exprimées dans les deux citations suivantes :

« Si nous pouvions lire l'histoire secrète de nos ennemis,
nous découvririons dans la vie de tout homme assez de peines
et de souffrances pour désamorcer toute hostilité. »

— HENRY WADSWORTH LONGFELLOW

« La tolérance vient avec l'âge.
Je ne conçois aucune faute que je n'aurais pu commettre moi-même,
à un moment ou à un autre. »

— JOHANN WOLFGANG VON GOETHE

Assimiler ces pensées vous aidera à pratiquer le pardon. Nous avons tous des moments dans la vie où nous comprenons cette phrase familière : « Ce n'est que par la grâce de Dieu que je vais de l'avant ». Essayez d'être cette grâce de Dieu et faites-en profiter tous ceux et celles, qui, selon vous, vous ont fait du tort.

— Adoptez l'habitude de méditer pour la paix — la vôtre *et* celle du monde. Ce faisant, vous pouvez établir un contact avec Dieu. Alors, votre Esprit irradiera vers ceux qui vous entourent, et aussi vers ceux qui sont à l'autre bout du monde.

— Rappelez-vous que la puissance de guérison de Dieu est en vous. La même puissance qui a fait votre corps et sait comment le ramener à son état originel de bien-être. Tout ce que vous avez à faire est de retirer tous les obstacles que vous et notre monde toxique avez érigés, pour que la puissance de guérison puisse s'écouler librement en vous à nouveau.

* * *

Avant de nous rendre au chapitre suivant, réfléchissons à nouveau à cette observation d'Emmanuel Swedenborg : « Nous sommes — parce que Dieu est ! » Nous pourrions aussi ajouter : « Et non, en raison de ce que Dieu n'est pas »

CHAPITRE 15

VOTRE SOURCE SPIRITUELLE SAIT

« Il est vrai que le Divin prévaudra en tout temps
et en toutes circonstances…
Il n'est pas nécessaire de faire connaître vos besoins à Dieu.
Il les connaît très bien et Il y veillera… »

— RAMANA MAHARSHI

« Ce à quoi nous nous soumettons devient notre force. »

— ERNEST HOLMES

ÉTANT LE PÈRE DE HUIT ENFANTS, il va sans dire que j'ai vécu plusieurs situations où un bambin de deux ans me faisait une demande que je ne pouvais satisfaire. Souvent, cette exigence prenait des allures de siège en bonne et due forme, l'enfant criant, se butant, devenant pratiquement hystérique — mais, puisque j'étais l'adulte, je restais campé sur ma position, refusant de me plier à ses caprices. S'élancer dans la rue sans surveillance, courir dans la maison avec un suçon dans la bouche, s'amuser avec les prises électriques, grimper l'escalier tout seul et enfoncer ses doigts dans les yeux d'un petit frère ou d'une petite sœur, étaient des comportements que j'interdisais, en parent éclairé.

Si nous nous mettons à la place du bambin et si nous accordons au Créateur le même pouvoir discrétionnaire que nous exerçons, comme parents, sur nos enfants, l'objet de cette métaphore devient tout à fait clair. Tout comme il est absurde pour un enfant de deux ans d'insister pour que tous ses vœux soient exaucés, notre Esprit Créateur n'a pas à se faire répéter ce qu'il doit faire pour nous, ni comment il devrait le faire — Il le sait déjà. À cet égard, voici une citation lumineuse tirée de la Bhagavad Gita : « Seul l'insensé, dont l'esprit est aveuglé par l'égoïsme, s'imagine être le maître de sa vie. »

Lorsque nous entamons un dialogue avec le Créateur, il est essentiel de l'aborder en tenant compte du fait que ce n'est pas nous qui « tirons les ficelles ». Cela peut sembler un peu difficile à comprendre, mais voici comment Emmanuel Kant a décrit notre condition : « Dieu est notre propriétaire, nous sommes Sa propriété ; Sa Providence œuvre pour notre bien ». (De grâce, ne prenez pas le mot *propriétaire* trop littéralement — il n'y a que l'ego qui puisse être offensé par ce concept). En d'autres termes, nous n'avons pas à présumer que notre Source doit être instruite de ce qu'Elle doit faire pour que notre vie soit heureuse et épanouissante. Notre rôle consiste plutôt à changer notre façon de penser afin qu'elle soit en harmonie avec l'énergie de Dieu. Et le premier pas consiste à comprendre que Dieu n'oublie jamais *quoi que ce soit*. Contrairement aux parents humains, Dieu est omnipotent, alors il est inutile de Lui rappeler nos besoins.

Notre Source Créatrice n'oublie jamais

Lorsque je vivais à New York, j'avais un chat nommé Schlum. À chaque année, aux mois d'octobre et novembre, je notais que son pelage épaississait en préparation des mois d'hiver — même si la température était encore douce ou même chaude, le pelage de Schlum devenait plus abondant. En réfléchissant à ce phénomène, je me souviens de l'admiration que j'éprouvais devant la grande Source de Toute Création. « Il doit y avoir des millions de chats, de chiens, de castors, de lapins, de rats, de chevaux et autres animaux à fourrure habitant dans l'hémisphère Nord qui subissent la même transformation annuellement, me disais-je, et notre Source n'en oublie jamais aucun. »

Une année, au mois d'août, j'ai visité une ferme de dingos à Brisbane, en Australie. On m'a dit que les chiens sauvages muaient en vue de l'arrivée du printemps. *Le printemps après le mois d'août ?* me suis-je demandé, avant de me souvenir que le cycle des saisons dans l'hémisphère Sud est l'opposé de celui de l'hémisphère Nord. Intrigué de savoir si cela pouvait confondre Dieu, j'ai demandé au responsable de la ferme ce qui arriverait si un dingo était expédié par avion à New York au mois d'août — est-ce que son pelage allait redevenir plus fourni, en prévision de l'hiver nordique ?

« C'est en effet ce qui se produit toujours, me répondit mon guide. Nous les envoyons là-haut et, lorsqu'ils arrivent, leur pelage épaissit ». Étonnant, n'est-ce pas ? Maintenant, si Dieu prend bonne note de faire pousser le poil des dingos qui se rendent de l'Australie à New York en Boeing 747, Il ne peut sûrement pas nous oublier !

Toutes nos expériences de vie — les combats, les chutes, les victoires, les leçons, l'épanouissement de nos talents, enfin tout — sont orchestrées par notre Source. Gardez le fait suivant à l'esprit : tout ce que nous avons décidé en accord avec notre Créateur, avant de nous manifester dans une forme matérielle, se joue maintenant. Nous devons faire l'effort conscient de toujours nous rappeler que Dieu ne nous a pas oubliés — même si notre ego l'a expulsé — parce qu'Il ne *peut pas* nous oublier.

De la même manière que tout se fait et se défait, notre moi infini ne séjourne ici que pour quelques moments dans l'éternité. Mais même si nous vivons cette expérience humaine avec du temps d'emprunt, Dieu ne nous oublie jamais car Il est la Source qui nous fournit, ainsi qu'à tout ce qui vit et respire, l'énergie qui alimente la vie. Alors, nous devons continuer de placer notre confiance dans l'intelligence organisatrice de notre Source, qui est toujours en action dans l'Univers, qui se soucie toujours de nous et qui nous procure tous les bienfaits de l'abondance.

Faire confiance et s'abandonner

Maintenant, comment faire confiance à une Source que nous ne pouvons ni voir ni toucher ? Eh bien ! nous pouvons commencer par admirer ses réalisations et nous dire : « Quelqu'un ou Quelque chose est responsable de la création infinie qui s'accomplit sous mes yeux. Je peux donc me placer en toute confiance entre ses mains dorénavant ». Voilà le type de logique que j'espère avoir transmis dans les pages de ce livre — elle montre qu'il est possible de reprendre contact avec notre lieu d'origine et que celui-ci n'est pas matériel (comme nos physiciens quantiques nous le confirment). Mais au lieu d'utiliser une foi aveugle ou de faire confiance à nos raisonnements pour croire à l'existence et à l'assistance de l'Esprit, je suggère que nous utilisions notre propre expérience de vie comme ultime « baromètre de confiance.»

Revenons à l'analyse du début de ce chapitre. La plupart des enfants sont de petits êtres insouciants qui ne pensent pas à contester le jugement de leurs parents. Après tout, les mères et les pères savent ce qui est dans le meilleur intérêt de leurs rejetons, incluant ce qui est nécessaire à leur survie. Ces partenaires « influents » s'occupent des besoins de leurs enfants et dirigent leurs premiers pas dans la vie — et ils le font aussi longtemps que nécessaire, ce qui correspond généralement au moment où l'enfant commence à faire confiance à son propre jugement et à appliquer les leçons apprises.

En tant qu'adultes, nous jetons un regard rétrospectif plein de gratitude sur notre petite enfance : nous avons appris à ne pas jouer dans la rue, à éviter les aliments empoisonnés, à nous reposer suffisamment chaque jour et ainsi de suite. Aujourd'hui, nous sommes reconnaissants et heureux que nos parents aient été là pour nous guider le long du chemin qui nous a permis de devenir les personnes responsables et autonomes que nous sommes maintenant — nous comprenons qu'ils ont fait ce qu'il y avait de mieux pour nous et qu'ils ne nous ont jamais oubliés.

Je pense que l'analogie est on ne peut plus claire : notre relation avec Dieu, notre Partenaire Haut Placé, infiniment clairvoyant et qui ne nous oublie jamais, est de la même nature que celle que nous avions, étant enfants, avec nos parents. Tout comme nous l'avons fait quand il s'agissait de notre mère et de notre père, nous choisissons maintenant de faire confiance à la sagesse de notre Créateur. Autrement dit, nous n'avons plus besoin de parents virtuels pour nous dire ce qui est dans notre meilleur intérêt et à dépendre de prétendues autorités religieuses pour nous maintenir dans le droit chemin, parce que nous ne sommes plus de petits enfants sans défense. Nous faisons maintenant confiance à notre Source, parce que nous avons mûri et que nous avons atteint ce point où le doute a été remplacé par la foi. Quelque part entre l'enfance et la maturité, nous nous sommes abandonnés en toute confiance entre les mains de nos parents. Maintenant, nous nous soumettons en toute assurance à la Source Aimante et Omnisciente de Toute la Création.

Un exemple de confiance dans le Sud-Ouest asiatique

En initiant le processus qui place notre vie entre les mains d'une Puissance Supérieure et en gardant contact avec l'Esprit par une vie inspirée, nous devenons plus perspicaces et nous nous détachons des croyances fondées sur l'ego. Un exemple saisissant de cela nous a été rapporté à la suite du Tsunami dévastateur de 2004, au cours duquel 305 000 personnes ont péri ou ont été portées disparues. Ce raz-de-marée gigantesque a frappé des populations en Indonésie, en Asie du Sud-Ouest et jusque sur les côtes éloignées de l'Afrique.

Plusieurs mois après cette tragédie, des informations ont émergé au sujet d'une tribu nomade vivant sur l'eau, sillonnant les différentes îles d'un archipel au large des côtes de la Thaïlande. Leurs habitations et leurs bateaux ont été emportés par la catastrophe, et pourtant, aucune perte de vie ne fut déplorée — comme par miracle !

Il fut établi que ces gens se transmettaient par tradition orale l'histoire et la sagesse acquises en vivant sur la mer au milieu d'îles isolées, hors de tout contact avec la civilisation moderne. Ils avaient toujours vécu ainsi, comme leurs ancêtres avant eux depuis des millénaires. Parce qu'ils vivaient en communion étroite avec la nature, ils connaissaient bien leur habitat et savaient, par exemple, pêcher le poisson avec de grossières lances de bois. Mais le plus important, c'est que ce mode de vie leur permettait de rester en contact avec l'Esprit et ils se transmettaient ce qu'ils apprenaient de génération en génération.

Les chefs tribaux avaient transmis à leurs descendants les histoires de tsunamis des temps passés. Lorsque l'un d'eux remarqua le comportement singulier des eaux, en décembre 2004, il sut exactement ce qui se préparait. Comme détenteur du savoir ancestral, il prévint tous ceux qui se trouvaient dans leurs bateaux et leurs villages de gagner sans délai les hautes terres. Personne ne mit en doute sa clairvoyance — tous, sans exception, abandonnèrent leurs embarcations et leurs huttes pour chercher refuge dans les collines. Lorsque le tsunami frappa, détruisant tout sur son passage, la tribu observait à bonne distance la mer accomplissant son œuvre de destruction.

Je suis persuadé que ces nomades survécurent parce qu'ils vivaient une existence inspirée par l'Esprit — il n'y a pas de mots trahissant la conscience de l'ego dans leur langage. Ils vivaient dans la réalisation de Dieu, reconnaissants pour tout ce qu'ils avaient reçu. Cela explique qu'ils ont été en mesure de se joindre au savoir de Dieu, et d'en faire le leur. Je considère que nous pouvons faire comme eux, même si nous vivons dans un monde où plusieurs ont choisi de vivre en-Ego, plutôt qu'en-Esprit.

Tout comme cette tribu de l'Asie du Sud-Ouest s'est abandonnée à sa Source spirituelle, expulsant l'ego du paysage, nous devons aussi nous tourner vers Elle, et prendre conscience de ce que nous devons faire lorsque nous sommes en-Esprit. Il nous faut seulement cesser de croire que nous sommes les artisans de nos vies, pour apprendre plutôt à écouter et à faire confiance à notre intuition intime — qui, naturellement, nous guide, main dans la main avec la force créatrice de l'Univers.

Communiquer avec l'Être Qui-Sait-Tout

Imaginez un appareil photographique qui peut accomplir ce qu'aucune autre caméra n'a jamais réalisé auparavant. Ainsi, elle peut prendre des clichés à travers les murs de briques, ou la nuit sans l'aide d'un flash. Mais, plus ingénieusement encore, elle peut enregistrer les pensées d'une personne, créant une représentation visuelle fidèle de tout sujet occupant son esprit au moment où l'obturateur se ferme. Et, à l'intérieur de l'emballage de la caméra, se trouve une invitation à converser avec le créateur de cette remarquable invention. La documentation imprimée mentionne que ce dernier se fera un plaisir de commenter dans quel but il a créé sa caméra, et les résultats stupéfiants qu'elle permet d'obtenir.

La conversation que nous aurions avec le concepteur de notre gadget miracle ne débuterait sûrement pas par une énumération des éléments qu'il aurait, à notre avis, négligé d'incorporer ou de ses caractéristiques superflues. Et il est peu probable que nous nous plaindrions de son prix ou de sa mise en marché. Nous n'aurions pas non plus l'impertinence d'essayer de lui prouver que nous en savons plus que lui. Nous profiterions plutôt de cette occasion pour accroître nos compétences dans l'utilisation de cette caméra, afin d'en tirer le meilleur parti possible.

Il est prudent d'affirmer que nous aborderions le créateur de quelque chose que nous pouvons voir, toucher et utiliser — mais dont la création pour nous est un mystère — avec déférence, respect et étonnement, parce que nous serions enthousiasmés à l'idée de découvrir tout ce qu'il peut nous offrir. Si cette analogie n'est pas claire, vous pourriez avoir envie de délaisser cette lecture et de consulter un expert qui pourrait retirer vos œillères ! Manifestement, je crois que nous devrions aborder notre Source Créatrice avec une ouverture d'esprit et la volonté de maximiser notre capacité d'être en-Esprit.

Lorsque nous saisissons finalement que notre Source est omnisciente, c'est-à-dire qu'elle connaît tout, nous pouvons aborder l'acte de la communication spirituelle d'un point de vue où l'ego est complètement absent. Nous devons initier notre discours en reconnaissant qu'il est impossible que Son regard glisse sur nous sans nous voir. Nous pouvons nous associer à ce savoir universel en pensant comme Dieu le fait — c'est-à-dire, en étant en harmonie avec Lui, en pensées et en actions, en lui exprimant notre gratitude, en pensant aux autres et en leur offrant ce que nous désirons le plus pour nous-mêmes.

Puisqu'il est maintenant clair pour nous que lorsque nous demandons, nous recevons, il faut ensuite passer à l'étape suivante qui consiste à demander à Dieu ce que nous voulons. Je ne suggère pas ici que nous devrions quémander ou nous plaindre d'avoir été laissés pour compte. Nos demandes doivent plutôt prendre la forme d'un changement dans la qualité de l'énergie que nous irradions. Nous pouvons, par exemple, demander de devenir un instrument de l'abondance de Dieu au lieu de Le supplier de faire pleuvoir l'argent sur nous. Nous harmonisons simplement nos désirs avec l'Abondance Universelle, ce que notre Source Spirituelle est, en réalité.

Notez bien que tout ce qui peut nous éloigner de notre Source Spirituelle est un obstacle. J'inclus ici tout particulièrement la confiance aveugle que nous mettons en certaines personnes ou organisations, sans approfondir les vérités auxquelles elles veulent nous faire adhérer. Si cette remarque vous étonne, pensez au fait que Jésus n'était pas chrétien, que Bouddha n'était pas bouddhiste et que Mahomet n'était pas musulman. Ils étaient des êtres spirituels Divins, venus ici en tant qu'émissaires de la vérité... et pourtant, lorsque leur pensée a été institutionnalisée, elle a donné lieu aux horreurs de l'Inquisition, aux assassinats collectifs, aux Croisades, aux guerres saintes et autres djihads, toujours au nom de « Dieu ».

Ceux qui disent représenter ces messagers Divins de la vérité le font fréquemment d'une perspective franchement non-spirituelle. Lorsqu'une organisation n'admet que quelques privilégiés, à l'exclusion de la majorité, elle annonce ainsi qu'elle ne prêche ni n'enseigne la vérité. Puisque Dieu n'exclut personne, toute organisation religieuse qui le fait, ne peut se prétendre venir de Lui. Dieu est omniscient, *personne d'autre ne l'est*, à moins qu'elle ne fasse l'expérience de la pure réalisation de Dieu... et ces êtres ayant vécu une telle expérience parmi nous, ne constituent qu'un cercle très restreint.

Personne ne peut intercéder pour nous dans nos tentatives de communier avec la Source de l'Être. Nous ne devrions pas nous en remettre à une organisation, à un guru, à un rituel, à un temple ou à tout autre intermédiaire pour établir un contact avec Dieu. Au lieu de cela, nous devons nous approcher de notre Source Qui-Sait-Tout en communion silencieuse et être disposés à écouter et à suivre Ses conseils. C'est en ses propres mots qu'on doit parler à Dieu : « Je sais que Vous êtes Omniscient et que Vous ne pourriez jamais m'oublier. Je désire me tourner vers Votre savoir infini et être animé de la foi qui attirera dans ma vie la bonté, la paix et l'abondance que vous Êtes. Je demeurerai en ce lieu de confiance parce que je suis ici pour Vous servir. Je suis reconnaissant pour tout ce que Vous êtes, et tout ce que vous Êtes est ce qui me permet d'être. »

Co-créer avec l'Esprit

N'oubliez pas qu'il est impossible de co-créer avec quiconque, incluant notre Source Spirituelle, à moins de le faire en état d'harmonie. À cette fin, nous devons suspendre notre faux soi (l'ego) et faire taire toute pensée de résistance avant de pouvoir participer à la vie d'inspiration que nous désirons, en parfaite symétrie avec l'Esprit. Peu importe ce que nous demandons à notre Source en communion par la prière, cela ne sera plus seulement un vœu ou un espoir — cela deviendra une réalité dans notre esprit, tout comme elle l'est dans l'Esprit de Dieu. Le comment et le quand de son arrivée, dont se souciait toujours l'ego, cessent de nous préoccuper.

Nous entretenons notre optimisme par des pensées telles que *Je le désire, cela est en harmonie avec ma Source* ou *C'est en route — il n'est pas nécessaire de se mettre martel en tête*. Et ainsi, nous pouvons nous détendre et nous abandonner à notre certitude. Comme Ernest Holmes nous le rappelle : « Ce à quoi nous nous soumettons devient notre puissance ». Je sais que l'expression « se soumettre » est habituellement associée à la défaite, mais il n'y a ni vainqueur ni vaincu lorsque nous nous abandonnons à Dieu — il n'est pas question ici de victoire ni de défaite.

Voyez-vous, nous abandonnons ici notre faux moi en faveur d'un retour à celui qui est authentique. Ce faisant, nous rencontrerons notre Créateur Spirituel et nous pourrons baigner dans Son énergie. Nous deviendrons co-créateurs en nous abandonnant et en nous joignant à l'Être Omniscient, à la Force Créatrice qui permet l'existence de toute chose. Alors, notre savoir l'emporte sur nos doutes et le « Divin l'emportera en tout temps ». C'est à ce moment seulement que *nous* sommes en harmonie avec la volonté de Dieu.

Quelques suggestions pour mettre les idées de ce chapitre à votre service

— Mettez en pratique cette expression bien connue du mouvement vers la guérison. *Laissez faire, laissez Dieu faire* est une phrase merveilleuse à répéter lorsque vous êtes sous pression, surtaxé, frustré ou tout simplement en colère. En répétant ces mots, vous vous libérerez et laisserez le vrai Réalisateur prendre la relève. Vous deviendrez un observateur au lieu d'éprouver le sentiment de futilité qui accompagne le désir d'essayer de tout contrôler. Essayez-le maintenant : *Laissez faire, laissez Dieu faire…* détendez-vous dans la conscience qu'un Partenaire Tout-Puissant vous accompagne. Dès lors, quels pourraient bien être vos sujets d'inquiétude ?

— Dès que vous commencez à remettre en question l'omniscience de Dieu, bannissez ce doute de votre esprit. Shakespeare nous rappelle que : « Nos doutes sont des traîtres / Ils nous font perdre le bien dont nous pourrions souvent profiter / En craignant d'essayer ». Notez qu'il dit « perdre le bien », ce qui signifie « perdre notre *lien Divin* ». En d'autres mots, vos doutes vous empêchent de vous joindre au savoir de Dieu. Pensez-y bien : Comment est-il possible de savoir et de douter en même temps ?

Dieu sait, et vous voulez être comme Lui afin d'être inspiré. Alors, lorsque vous communiquez avec Dieu, faites-le à partir de votre propre connaissance inspirée qui vous dit qu'Il est là, écoutant et prêt à bondir dans l'action à vos côtés.

— Lorsque vous priez, ou encore communiquez avec votre Esprit Créateur, ne prenez pas pour acquis qu'Il solutionnera tous vos problèmes simplement parce qu'il est omniscient. Rappelez-vous que vous êtes un co-créateur, et votre libre arbitre vous permet de déterminer si vous voulez ou non être en contact conscient avec votre Esprit Créateur. Lorsque vous vous soumettez consciemment à votre *co*-créateur, il vous aidera d'une multitude de façons mystérieuses.

— Voici une suggestion de l'un de nos ancêtres doté du plus grand bon sens, Mark Twain : « Éloignez-vous loin des personnes qui essaient de déprécier vos ambitions. Les gens sans envergure font toujours cela. Les personnes vraiment supérieures, par contre, vous font sentir que vous pouvez, vous aussi, atteindre la grandeur ». Vos ambitions vous ont été insufflées par Dieu, alors lorsque vous vous adressez à Lui, demandez-Lui l'énergie d'ignorer les membres de votre entourage malintentionnés à votre égard, ou qui essaient de discréditer ce que vous et votre Source ont placé dans votre cœur.

— Rappelez-vous, aussi souvent que possible, que se soumettre est une marque d'inspiration et de force. Vous vous soumettez au responsable de toute la création — c'est à son omniscience et à son omnipotence que vous vous abandonnez. C'est de cette façon que vous gagnerez le pouvoir de mener une existence inspirée.

* * *

Il y a plusieurs années, j'ai copié cette observation d'un brillant érudit du nom de Ramesh Balsekar. J'y réfléchis encore souvent et je sens qu'elle résume parfaitement ce dont il est question dans ce chapitre : « Presque toutes nos actions ou réalisations qui frôlent la perfection, ainsi que pratiquement toutes les œuvres créatrices, surviennent dans un état affranchi de l'ego où règne le principe : *Que Ta Volonté s'accomplisse.* »

Alors que vous adressez vos prières à la Source Omnisciente, il est parfaitement sensé de terminer votre communion avec Elle par ces quelques mots : *Que Ta Volonté s'accomplisse.* Mais gardez à l'esprit que vous faites aussi partie de cette *Volonté.*

CHAPITRE 16

IL S'AGIT SEULEMENT DE SE SOUVENIR

« Le souvenir de Dieu se présente à l'esprit silencieux.
Il ne peut s'éveiller là où règne le conflit, car un esprit en guerre
contre lui-même ne peut se rappeler la bonté universelle.
Vos souvenirs font partie de ce que vous <u>êtes</u>. Il en est ainsi,
car vous devez être comme Dieu qui vous a créé...
Que toute cette folie soit chose du passé pour vous.
Tournez-vous en paix vers le souvenir de Dieu
qui brille toujours dans votre esprit silencieux. »

— Tiré d'*Un Cours en miracles*

J'ESPÈRE QU'IL EST MAINTENANT CLAIR pour vous que l'inspiration ne s'obtient pas en assistant à des séminaires, en apprenant de nouvelles techniques ou en suivant les traces d'un maître — elle ne jaillit que lorsque nous nous tournons à nouveau vers l'Esprit, en revenant au lieu où nous avons fait l'expérience de la félicité. Après avoir consacré les 15 premiers chapitres à mettre l'emphase sur ce point, il ne devrait plus y avoir aucun doute que nous avons été créés dans l'amour et dans la paix par un Créateur spirituel.

Ce chapitre sera consacré à notre communication avec Dieu. Nous le ferons en nous appliquant à évoquer Son souvenir plutôt qu'en cherchant à nous rendre agréable aux yeux d'une puissance que nous ne connaissons pas. Nous devons donner à nos prières et à nos discours le ton qui nous aidera à nous rappeler qui nous sommes vraiment et comment cela était avant notre arrivée dans le monde physique.

La plupart d'entre nous trouveront difficile, voire impossible, de se remémorer ce que nous avons quitté, il y a si longtemps, au moment où nous avons adopté l'ego comme définition personnelle. Mais cette photographie d'un bambin de huit mois, Tysen Humble (l'un de mes petits-enfants) dans sa baignoire inspirera quiconque l'observe à comprendre la pertinence du souvenir.

Quelle joyeuse créature en harmonie sublime avec la vie ! L'expression de Tysen révèle une joie pure, une allégresse sans mélange, et un simple regard posé sur lui nous donne envie de sourire — surtout si nous pensons à ce que *nous* avons certainement ressenti lorsque nous avions son âge.

Ce merveilleux bébé nous révèle aussi quelque chose à notre sujet : en nous remémorant notre Source, nous voulons garder à l'esprit la jubilation de Tysen et son ravissement absolu. Ce n'est pas seulement le sourire et l'éclat de rire qui sont la cause de l'expression de béatitude sur le visage de mon petit-fils — cette image irradie une force invisible, et c'est vers elle que nous voulons revenir. Si nous pouvions voir notre Source Spirituelle de nos propres yeux, nous assisterions au spectacle de la joie pure, de l'extase, de la félicité et de la paix — l'image ci-dessus en est la vivante illustration. Il est aussi important de noter que nous avons émergé de la même énergie vibratoire que Tysen et que nous étions habités par la même émotion qui brille de toute évidence sur la figure de ce bébé. Personne n'est exclu.

Si nous nous y exerçons, nous pouvons nous remémorer l'extase qui illumine le visage de mon petit-fils et inspire sa petite âme. *Tout* ce dont nous avons fait l'expérience est encore logé dans une mémoire invisible et nous pouvons y avoir accès si nous le choisissons. Par exemple, pendant les derniers jours de sa vie, ma grand-mère fut sujette à ce qu'on appelle des « hallucinations involontaires ». Elle s'est alors mise à évoquer une multitude d'événements de sa petite enfance : des adresses, des noms de voisins, des lieux visités lors d'excursions en famille, des rencontres avec des amis de sa mère alors qu'elle n'était elle-même qu'une très jeune gamine. Tout cela était, on ne sait trop comment, disponible pour elle. Il appert que, par des voies mystérieuses, ma grand-mère puisait à même une source de souvenirs que tous qualifieraient d'inaccessibles, car elle n'était qu'un bébé à l'époque.

Je ne peux expliquer comme elle arrivait à faire cela — tout ce que je sais avec certitude, c'est que nous puisons à même notre histoire personnelle et injectons dans le présent des pensées qui influent tant sur notre état d'esprit que sur notre niveau d'inspiration. Vous voyez, la simple évocation d'un événement du passé, que nous appelons un souvenir, est capable de nous affecter négativement ou positivement dans le moment présent. Il s'agit donc d'outils puissants qui influencent notre état d'esprit actuel. Manifestement, il existe des souvenirs négatifs tapis dans l'ombre des régions les plus insondables de notre âme. Mais pourquoi alors les rappeler à la vie s'ils peuvent étouffer notre inspiration ? Cherchons plutôt à découvrir le chemin de retour vers la joie délirante qu'illustre le radieux Tysen, séparé depuis quelques mois seulement de l'immersion totale, dans la joie sans mélange de son Créateur originel.

Ce que j'essaie de mettre en évidence ici, c'est que nous devons essayer de découvrir la façon de revenir vers notre lieu d'origine, afin de communier avec notre Créateur Spirituel. Notre quête d'inspiration exigera donc de nous que nous revenions vers le passé et que nous fassions aussi un grand effort de mémoire.

Évoquez votre Esprit

Au début de ce chapitre, il y a une citation remarquable tirée d'*Un Cours en miracles*, qui je crois, résume tout ce qu'il faut savoir pour entreprendre ce « retour aux sources » — c'est-à-dire, avant même d'être un tout jeune enfant, avant notre naissance et avant même notre conception. Il s'agit de nous souvenir de tout ce qui concerne notre origine. J'ai mémorisé ce passage, il y a plusieurs années, et je l'emploie pour me rappeler qui je suis et d'où je viens en réalité. Il m'est précieux lorsque je communique avec mon Créateur pour qu'Il m'aide à poursuivre ma mission et à demeurer en-Esprit.

Je voudrais à présent discuter en détails chacun des messages de ce commentaire du *Cours en miracles*.

1. « Le souvenir de Dieu se présente à l'esprit silencieux ».
Nous venons d'un endroit silencieux, paisible, qui est la véritable essence de la Création. Lorsque notre esprit est encombré de dialogues bruyants, nous nous fermons à la possibilité de nous souvenir de notre Esprit. Un dialogue intérieur assourdissant nous maintient en contact avec le monde physique. Il suscite en nous de l'anxiété, du stress, de la peur, de l'inquiétude et plusieurs réactions émotives qui nous éloignent radicalement de la réalisation de Dieu.

Un esprit silencieux accueille le souvenir parce qu'il permet l'ouverture en nous d'un espace où nous faisons l'expérience de l'intimité avec l'Esprit. L'intuition s'aiguise, nous accédons à un niveau supérieur d'énergie, et nos réflexions sur Dieu sont étayées par des souvenirs qui ne peuvent tromper. Posséder des connaissances *au sujet* de Dieu et connaître vraiment Dieu sont deux choses très différentes — c'est pourquoi il faut un esprit silencieux et discipliné pour se rappeler et réintégrer l'état d'être en-Esprit.

Nous devons minimiser les sources de distraction quand nous voulons communiquer avec Dieu. Le contact avec la nature, loin des bruits artificiels qui envahissent notre espace, est favorable à ce dialogue. Mais ce qui importe par-dessus tout, c'est de garder notre esprit libre du geyser assourdissant et incessant de réflexions qui jaillissent dans notre cerveau du matin au soir et jusque dans nos rêves. On estime que nous avons approximativement 60 000 pensées distinctes par jour. Le véritable problème, c'est que ces 60 000 pensées sont les mêmes que la veille !

J'ai fait de la pratique de la méditation un élément de ma vie quotidienne parce qu'il s'agit-là d'un moyen d'apaiser l'esprit pour que le souvenir de Dieu devienne accessible. En apprenant à méditer — ou, à tout le moins, en faisant taire le dialogue interne, produit, dirigé et alimenté par l'ego — vous pouvez ouvrir un espace pour vous remémorer et revenir à l'Esprit.

2. « Il (le souvenir de Dieu) ne peut s'éveiller là où règne le conflit... » Pour qu'un conflit puisse exister, il doit y avoir deux forces en présence, à savoir une force — qui prend la forme d'une idée, d'un point de vue, d'un désir, d'une cause — qui s'oppose à une autre. Le conflit définit nos vies de plusieurs manières, selon que nous nous opposions à nos partenaires, à nos enfants, à nos patrons et même à notre pays. Dans l'arène politique, un parti en affronte toujours un autre et, dans l'univers du divertissement, des points de vues contradictoires sont habituellement représentés par des scènes de violence. Essentiellement, le conflit exige une « dualité ».

Toutefois, évoquer le lieu d'où nous venons nécessite le retour à l'unité de l'Esprit. Après tout, il n'y a pas de puissances combattantes dans le royaume Divin de l'Esprit — il n'y a que l'unité parfaite et c'est elle que nous voulons rejoindre. Nous voulons refaire cette unité-là avec le Créateur, et il est impossible de retrouver ce « souvenir de Dieu » si nous vivons quelque conflit que ce soit.

Imaginer l'unité, nous est souvent difficile parce que nous sommes conditionnés à penser en termes de dualité et de dichotomie. Si Dieu (qui est l'unité parfaite) était en mesure de se joindre à nos croyances conflictuelles et à nos dualités, alors l'unité serait impossible. Nous devons expulser tous les conflits de notre esprit pour parvenir à évoquer Dieu et atteindre l'unité. Dans notre imagination, nous y arrivons en nous représentant parfaitement intégrés à notre Source. Visualiser que nous nous fondons dans l'unité de Dieu fera naître la sensation d'une fusion, dans laquelle la démarcation entre Lui et nous s'évanouit complètement. Et c'est dans cet état de communion que nos souvenirs de Dieu deviennent lumineux et limpides.

3. «...car un esprit en guerre contre lui-même ne peut se souvenir de la bonté universelle ». Les pensées conflictuelles tendent à remplir notre conscience de monologues ininterrompus et de plans de vengeance ourdis contre des personnes que nous avons identifiées comme étant à l'origine de nos difficultés. Il n'est pas rare d'entretenir des dialogues fictifs comme celui-ci : « D'abord, je lui dirai ceci, j'enchaînerai ensuite avec ce commentaire et elle me répondra cela, bien sûr. C'est ce qu'elle dit toujours de toute façon. Cette fois-ci, cependant, je vais lui clouer le bec par cette remarque. Alors, elle devra bien admettre que j'ai raison — mais elle ne le fera jamais, je la connais. Je sais que j'ai raison pourtant, et je la forcerai à le reconnaître. Je lui dirai que sa propre mère est d'accord avec moi sur ce point... » Cela peut nous hanter jour et nuit et c'est ce qui se produit souvent. Nous revivons ce combat intérieur, encore et encore — le seul aspect positif étant que nous sommes toujours vainqueurs de l'échange, puisque le champ de bataille se trouve entre nos deux oreilles.

La deuxième partie de cet enseignement d'*Un Cours en miracles* est qu'un esprit belliqueux ne peut se souvenir qu'il a un jour résidé dans la compassion éternelle. Manifestement, vous ne pouvez être à la fois en guerre et animé d'idéaux de paix et de bonté universelle. Et c'est dans ces sentiments que vous voulez vous fondre à nouveau. Il est pourtant très simple d'y arriver : quittez le champ de bataille et abdiquez. Retirez toute votre artillerie, renvoyez vos soldats chez eux et remplacez les instruments guerriers dans votre esprit par des idées de paix, de tranquillité et de soumission. Faire de son esprit un endroit de paix est un acte de volonté, alors refusez fermement de couver des pensées venimeuses et permettez aux souvenirs glorieux de l'Esprit de s'éveiller.

Je peux me rappeler cette époque de ma vie pendant laquelle mon esprit était encombré de dialogues fictifs incessants m'opposant à ma femme et à mes enfants. Je m'épuisais littéralement à répéter les différentes versions des faits, jusqu'à ce que je prenne un jour la décision d'abandonner cette lutte dans mon esprit. J'ai pris l'habitude de faire apparaître les mots *Déposer les armes* sur mon écran imaginaire et je refuse dorénavant de me livrer à ces escarmouches oratoires insensées dans mon esprit. Après quelques jours d'entraînement, cela devint la réponse automatique me replongeant dans la gentillesse éternelle — la paix et la lumière Divine furent ma récompense.

4. « *Vos* souvenirs font partie de ce que vous *êtes* ». Je suis tous mes souvenirs… quelle émotion glorieuse de comprendre cela ! Il nous est tous possible d'accéder à chaque parcelle de notre être que nous désirons, et d'en faire l'expérience, ici et maintenant. Le grand théologien danois Soren Kierkegaard a un jour déclaré que : « la vie ne peut être comprise qu'en rétrospective… mais elle doit être vécue en avançant ». En d'autres termes, si nous ne pouvons revenir sur nos pas et nous souvenir du bonheur spirituel qui était nôtre avant le commencement, nous avons abandonné une part de nous-mêmes.

Alors que nous avançons dans la communion avec Dieu, nous devons savoir que notre incapacité de nous souvenir de notre origine spirituelle est une autre manière de dire : « Je suis incapable de me connaître moi-même parce que je n'ai aucun souvenir de mon Esprit ». En fait, le corollaire de cette phrase d'*Un Cours en miracles* que nous examinons maintenant pourrait être : « Ce dont vous ne pouvez vous rappeler ne fait *pas* partie de vous ». Autrement dit, si nous n'arrivons pas à nous rappeler l'Esprit, alors il ne fait évidemment pas partie de nous.

Le moyen le plus efficace de nous souvenir de notre Source est d'affirmer avec conviction : « Je suis d'abord et avant tout un être spirituel éternel — je ne peux être autre chose que cela. Je n'en douterai plus jamais. Je plongerai en moi-même et essaierai d'être comme Dieu, dans toutes mes pensées et dans toutes mes actions. »

Lorsque nous adoptons cette habitude inspirée, la mémoire de nos origines spirituelles percera les nuages de l'oubli et deviendra lumineuse.

5. « ...car vous devez être tel que Dieu vous a créé ». J'ai insisté sur le point suivant à plusieurs reprises dans les pages de ce livre : *Nous devons être à l'image de notre origine*. Tout comme une goutte de sang doit être identique à l'ensemble de notre réserve sanguine, parce que c'est de là qu'elle a été extraite, nous devons être comme Dieu, parce que c'est de Lui que nous provenons. C'est seulement en expulsant Dieu hors de nous, pour faire place à l'ego, que nous avons commencé à croire que nous étions notre faux soi.

Quand vous communiquez avec la Source de l'Être, sachez que vous éveillez en vous cette partie qui est identique à Dieu. En fait, il faut essayer de vous adresser à Lui en vous rapprochant le plus possible de ce que vous étiez au moment de votre création — c'est-à-dire, en vibrant en accord avec le Créateur Tout-Amour. Entrez dans ces moments sereins de communication avec Dieu dans l'amour, la paix et sans jugement. Comme le *Cours* l'enseigne, vous devez être tel que vous avez été créé — alors pourquoi porter un masque trompeur et prétendre être quelqu'un ou quelque chose que vous n'êtes pas ? De cette manière, vous pouvez ouvrir un canal de communication parce vous vous êtes enfin souvenu d'être ce que vous étiez le jour de votre création — et c'est là la clé de la prière efficace. Et comme Gandhi l'a dit un jour : « La prière n'est pas un délassement pour désœuvrés. Bien comprise et bien appliquée, il s'agit de l'un des instruments d'action le plus puissant qui soit. »

6. « Que toute cette folie soit chose du passé pour vous. Tournez-vous en paix vers le souvenir de Dieu, qui brille

toujours dans votre esprit silencieux ». Considérons séparément les trois enseignements contenus dans ce passage.

— D'abord, le *Cours* dit : « Que toute cette folie soit chose du passé pour vous ». La folie évoquée ici est celle de vivre dans un état de conflit. En d'autres mots, nous devons faire une tentative pour transcender les dichotomies dans notre vie, parce que la division crée des souffrances sans nombre et nous empêche de vivre une vie inspirée. Je me souviens d'une conférence de Ram Dass où il affirmait : « Je suis arrivé à la ferme conclusion qu'il n'y a plus de " ceux-là " en ce qui me concerne. On ne peut me dire qui je dois haïr, qui je dois combattre, devant qui je dois m'incliner — je ne vois que " nous " dans mon cœur. »

Tous ces messages de division dans notre monde sont insensés. Toute cette attention égocentrique ne fait que stimuler l'appétit insatiable de reconnaissance pour soi-même et d'humiliation pour les autres. Toute notre inclination envers la violence — même sous des dehors « acceptables », comme lorsque nous appuyons la guerre au nom du patriotisme, ou que nous endossons la haine par devoir — est mauvaise. Le *Cours* nous encourage à renoncer à cette folie une fois pour toutes, tant en pensées qu'en actions.

— Ensuite, on nous propose de nous « tourner en paix vers le souvenir de Dieu ». Une fois de plus, nous savons au fond de notre cœur que nous sommes venus d'un lieu d'amour et c'est pourquoi aucune discorde ne peut résulter des actions de notre Créateur. Dieu ne peut nous écouter lorsque nous prions dans un esprit étranger à la paix. La solution est de revenir à notre souvenir de Lui et Lui demander d'être un instrument de Sa paix. Lorsque je suis « hors de moi », je tâche de me rappeler de cela. Et ce dont je me souviens, c'est de prier pour la paix dès maintenant. Je deviens paix, plutôt qu'angoisse, et je sens le calme que je désire si ardemment m'envahir telle une agréable vague de réconfort.

Nous possédons toujours la force de nous placer dans un état de paix. Lorsque nous respectons quelqu'un, nous pouvons garder la paix en sa présence en suspendant notre inclination à l'arrogance. Ainsi, je me souviens d'avoir observé le joueur de tennis John McEnroe se comporter comme un malotru sur les courts, fracassant sa raquette, hurlant des obscénités aux arbitres, affichant les attributs d'un être étranger à la paix — mais il ne se comportait jamais de cette manière lorsqu'il affrontait son grand rival Björn Borg. D'une façon étonnante, McEnroe arrivait toujours à contenir ses explosions de négativisme lorsqu'il jouait avec cet athlète au sang-froid imperturbable, aux manières affables, pacifiques et au jeu brillant. Parce qu'il respectait Borg au plus haut point, McEnroe se présentait à lui en paix.

— Finalement, le *Cours* nous rappelle que le souvenir de Dieu « brille encore dans [notre] esprit silencieux ». Notez les expressions *encore* et *silencieux* — peu importe notre situation, si nous avons le souffle de vie, nous sommes en contact avec la Source de l'Être, même si le lien peut s'être érodé avec le passage du temps. Le souvenir de Dieu brille toujours en nous… il ne peut en être autrement. Notre travail consiste à puiser dans ces souvenirs et il sera facilité si nous les accueillons avec un esprit serein. Ces souvenirs n'illuminent pas le monde de l'ego, notre ego bruyant, imbu de son importance. Il éclaire plutôt l'esprit paisible, non-violent, pacifique et aimant. Quand nous préférons le calme, cet éclat est un rappel lumineux de la façon dont nous devons aborder l'Esprit Créateur par le souvenir.

L'un de mes maîtres privilégiés est l'auteur mystique russe, Léon Tolstoï. Dans son puissant ouvrage « *Le Royaume de Dieu est en vous* », j'ai été frappé par les mots qu'il employait pour implorer ses lecteurs du XIXème siècle d'adhérer à la non-violence, dans une Europe ravagée par la guerre :

« Si vous croyez que Dieu a interdit le meurtre, soyez sourd aux arguments et aux ordres de ceux qui vous incitent à le commettre. Par votre refus inébranlable de faire usage de la force, vous vous attirez la bénédiction promise à ceux " qui écoutent ces paroles et agissent en accord avec elles " et le jour viendra où votre rôle dans la réforme de l'humanité sera reconnu. »

Ce que Tolstoï dit ici, c'est qu'il n'en tient qu'à nous de revenir à la paix dont nous provenons tous. Nous devons refuser d'employer la force, surtout en pensées — et, par-dessus tout, nous devons nous rappeler notre Esprit.

Quelques suggestions pour mettre les idées de ce chapitre à votre service

— Trouvez une photographie de vous lorsque vous n'étiez qu'un tout jeune enfant éperdu de bonheur. Placez cette photo bien en évidence, et servez-vous en pour vous rappeler que le même Esprit que vous exprimiez à ce moment-là est bien vivant en vous maintenant. Vous devez vous en rappeler et agir de concert avec Lui tous les jours.

— Exercez votre mémoire. Ce faisant, vous serez en mesure de revivre vos souvenirs d'enfance d'amour, de paix et de joie — et même ceux de votre origine spirituelle précédant votre naissance. Reprendre possession des événements survenus très tôt dans votre vie vous aidera à comprendre que vous avez davantage accès à votre passé et à vos débuts spirituels que vous ne le croyez. Tout est là, alors appliquez-vous à le redécouvrir.

— Priez dans la solitude. Faites la paix avec le silence et souvenez-vous que c'est là que vous arriverez à retrouver votre Esprit. Comme Blaise Pascal, le grand scientifique et philosophe français l'a fait remarquer : « Tous les malheurs de l'homme proviennent du fait qu'il ne peut rester assis tout seul dans une pièce ». Lorsque vous serez capable de transcender votre aversion pour le silence, vous pourrez surmonter bien d'autres misères. Et c'est dans ce silence que le souvenir de Dieu jaillira.

— Faites la promesse solennelle d'éviter le conflit dans votre vie. Votre but en lisant ce livre est d'être inspiré — conséquemment, vous voudrez cesser de croire que la discorde est normale et inévitable. Vous venez d'un lieu où la lutte n'existe pas et vous pouvez revenir à ce paradis, ici sur Terre, en refusant de laisser votre monde intérieur être empoisonné par quelque conflit que ce soit. Affirmez encore et encore : *Je ne veux plus m'attirer de conflits.*

— Essayez cette visualisation, tirée de l'ouvrage *Le livre des Runes* que je reproduis ici :

Visualisez-vous debout devant un portail au sommet d'une colline. Votre vie entière se trouve derrière vous au pied de la colline. Avant de franchir le portail, recueillez-vous et revoyez votre passé : les leçons apprises, les joies, les victoires et les chagrins — tout ce qui vous a amené jusqu'ici.

En faisant cet exercice, vous pratiquerez la vertu du souvenir et vous serez, à toute fin pratique, contraint de revenir en-Esprit !

* * *

Vous n'avez plus à apprendre une seule nouvelle chose pour communiquer avec votre Source et rétablir avec Elle un contact conscient — tout est déjà en vous. Tout ce qui vous reste à faire, c'est de vous souvenir...

CHAPITRE 17

LE LANGAGE DE L'ESPRIT

« Lorsqu'on demande aux gens où Dieu se trouve,
ils pointent vers le ciel ou vers une quelconque région éloignée.
Pas étonnant, alors, qu'Il ne se manifeste pas ! Sachez qu'il est
en vous, avec vous, derrière vous, tout autour de vous. On peut
Le voir et Le sentir partout. »

— Sathya Sai Baba

AU COURS DES TROIS DERNIERS CHAPITRES, j'ai insisté sur le fait qu'il nous incombe d'ouvrir le canal de communication avec Dieu. Ce n'est pas son rôle d'agir comme un « majordome cosmique » à l'écoute de nos caprices et exauçant nos moindres souhaits, simplement parce que nous en avons fait la demande. Mais comment pouvons-nous reconnaître que notre Source Spirituelle veut entrer en contact avec *nous* ?

Les messages de l'Esprit ne nous seront pas nécessairement transmis dans notre langue maternelle, puisqu'Il n'est aucunement limité aux mots (parlés ou écrits) pour communiquer avec nous. Rappelez-vous, le monde de l'Esprit est celui de l'énergie la plus intense et la plus vive de l'Univers — elle vibre si rapidement qu'elle permet à l'invisible de se manifester en particules, pour ensuite revêtir des formes que nous pouvons voir, toucher, entendre et éprouver avec les sens. Il lui suffit seulement d'activer son immense et mystérieux pouvoir de création pour nous envoyer aide et assistance, via de puissantes vibrations d'énergie.

Comme Jésus le dit dans l'une de mes citations préférées (que j'ai partagée des milliers de fois dans ma vie) : « Pour les hommes, c'est impossible, mais pour Dieu, tout est possible » (Matthieu. 19 : 26). J'aimerais que vous lisiez les idées présentées ici concernant le langage de Dieu en gardant cette citation en mémoire. Bien que certains mécanismes de communication présentés ici puissent vous paraître si inusités que l'ego pourrait être tenter de les rejeter au rang de simples hasards, dénués de toutes significations, rappelez-vous toujours « qu'avec Dieu, tout est possible ».

Nous communiquons avec une Source d'Énergie qui crée des mondes, Celle qui ne connaît aucune contrainte et n'utilise certainement pas la faible énergie et les méthodes de communication lentes que nous employons. L'Esprit communique instantanément, faisant appel à nos facultés supérieures telles que l'intuition, la télépathie, la clairvoyance, la conscience psychique, la sagesse spirituelle, le sixième sens et bien d'autres encore.

Le brillant poète Rainer Maria Rilke a bien mis tout cela en perspective en faisant observer que : « Nous devons accepter notre existence *dans toute son ampleur*. Cela veut dire que tout, incluant l'inédit, doit être accueilli. C'est essentiellement le seul cas où il nous faudra faire preuve de courage ; c'est-à-dire être courageux face à la chose la plus étrange, la plus insolite et la plus inexplicable à laquelle nous puissions être exposés. »

Se préparer à accueillir le Maître

On sait depuis des millénaires que « lorsque l'étudiant est prêt, le maître apparaît ». Eh bien, nos maîtres sont toujours présents car ils sont des dons de l'Esprit. La vraie question réside dans notre volonté à nous mettre au diapason de ce qu'ils ont à nous enseigner. Le mot clé ici est *préparation* — c'est-à-dire que nous devons être réceptifs à toutes les possibilités et faire confiance à nos impressions intuitives.

En nous demandant s'il est possible qu'un événement soit un message de Dieu, nous démontrons que nous sommes ouverts à notre intuition. Nos pensées sont sacrées et prouvent notre connexion au Divin. Par conséquent, elles n'ont pas besoin d'être corroborées par qui ou quoi que ce soit. Notre Créateur écoute et répond par des voies qui ne correspondent pas nécessairement aux lois du monde physique — nous n'entendrons pas un message émanant d'une source physique régie par les lois de la causalité, par les lois de la physique, ou même par ce que nous croyons « possible ». Notre tâche consiste à faire tout ce que nous pouvons pour être en harmonie vibratoire avec cette énergie spirituelle.

Nous avons déjà été en parfaite union avec la Force Créatrice et nous sommes maintenant appelés à y revenir. Il est suprêmement important d'être réceptifs au langage des coïncidences — la plupart d'entre nous doivent faire leur premier pas dans cette direction en prenant conscience de leur tendance à les rejeter comme étant de purs hasards. Dans un Univers infini, doté d'une intelligence organisatrice animant chacun de ses moments, les accidents n'existent pas.

Dans le reste de ce chapitre, je vous parlerai de certaines de mes intuitions sur la façon que l'Esprit Créateur Tout-Puissant communique. Quelques-uns de ces moyens tomberont dans la catégorie des « coïncidences inexplicables ». Cela veut dire qu'ils sont porteurs de signification, mais que notre ego — dont l'intelligence est enchaînée aux lois matérielles dont il dépend depuis toujours — refuse d'y voir les messages cachés qui sautent pourtant aux yeux.

Les quatre messages de l'harmonie Divine

Pendant de longues années, j'ai perçu ce que je considérais être le langage de l'Esprit s'adressant à moi en empruntant des voies défiant mon esprit logique. Ces sensations sont plus que de vagues pressentiments et vont même au-delà de l'intuition — et je crois sincèrement qu'elles m'ont aidé à vivre une vie inspirée.

Les quatre messages suivants ne sont pas des règles ni des lois universelles. Cependant, s'ils *fonctionnent* pour d'autres, j'en serai encore plus inspiré parce que c'est mon intention de me placer dans une situation où je peux offrir à autrui tout ce que je sais. Je présente aussi ces idées en vous rappelant que, lorsqu'on écoute l'Esprit, tout est possible (et bien que je les présente dans un ordre déterminé, ils ne forment vraiment pas une suite logique).

1. L'harmonie des émotions

Lorsque je me sens bien (Dieu), je suis en accord avec l'Esprit. Comme je le dis à mes enfants, il faut se fier à la façon dont on se sent pour juger de sa santé. Cela vaut bien mieux que de chercher une réponse dans un rapport médical rempli de données quantitatives. Se sentir plein d'énergie, satisfait, enthousiasmé et heureux sont des indicateurs de santé et de bien-être bien plus fiables que des analyses de nos fonctions biologiques effectuées dans un laboratoire anonyme. Une réponse sincère à la question : « Est-ce qu'à cause de cela je me sens [ou me sentirai] bien ? » nous révèle immédiatement si nous sommes tournés vers l'Esprit ou non.

Par exemple, j'ai récemment vécu un épisode peu inspirant avec mon fournisseur de services téléphoniques cellulaires. Pendant des semaines, j'ai été incapable d'obtenir la solution à mon problème : tous les matins, je prenais mon courage à deux mains et j'appelais la compagnie, circulant à travers le dédale des messages enregistrés. Placé en attente pendant près d'une demi-heure parfois, je parvenais finalement à joindre un représentant, qui me faisait invariablement cette lecture d'un passage du manuel de la compagnie : « Nous faisons tous les efforts possibles pour résoudre cette difficulté. Nous nous excusons sincèrement pour les inconvénients que cela vous cause. Nous ne sommes pas en mesure de vous dire à quel moment nous pourrons corriger la situation. »

On me répétait ces mêmes messages, jour après jour, et il était clair que je n'aboutissais à rien. Mais ce qui me troublait le plus dans toute cette situation qui traînait en longueur, c'est que tout mon équilibre s'en trouvait manifestement affecté. J'étais si en colère que je n'éprouvais plus de plaisir à écrire, à faire mes exercices quotidiens, et même ma santé en souffrait. Et c'est alors que j'ai pensé mettre en pratique mes propres conseils.

Un matin, alors que j'étais sur le point d'entreprendre à nouveau une tentative pour rejoindre mon fournisseur, je me suis subitement arrêté. Je me suis alors dit que j'avais l'intention de me sentir bien face à la situation. J'ai raccroché, je suis allé nager dans la mer et j'ai remercié Dieu parce que j'éprouvais la paix à nouveau. Et, bien sûr, une voix en moi me disait : « Puisque tu n'es pas capable de recevoir tes appels, cela te procure l'occasion précieuse d'être en paix. Auparavant, tu te plaignais d'être constamment dérangé. La compagnie téléphonique fait sûrement de son mieux, alors accorde ta bénédiction à ces gens et laisse les choses suivre leur cours normal ». Et finalement, j'ai entendu ces paroles des plus étonnantes : « Cette panne t'a protégé d'appels importuns. J'ai placé tous les appels entrants temporairement en attente afin de ne pas t'exposer à ce qui aurait pu te perturber. Alors, savoure ta paix retrouvée ! »

Depuis, j'ai laissé l'Esprit s'occuper de régler ce problème. Maintenant, lorsque je pense à ce qui était pour moi une telle source d'ennuis et de tension, je me sens bien (Dieu). Cela peut sembler un exemple banal dans un livre dédié à un sujet aussi vaste que l'inspiration. Toutefois, il m'offre l'occasion de vous rappeler instamment de toujours vous poser la question : « Est-ce que cela me fait du bien ? » Et soyez attentif à la réponse que vous obtiendrez lors de la prochaine situation « anodine » qui surgira dans votre vie. Vous pourriez, contre toute attente, vous sentir subitement en harmonie à nouveau !

2. Être en harmonie avec la nature

Tout dans la nature est en-Esprit — elle n'est pas corrompue par l'ego, car elle est hors de son atteinte. Alors, quand la nature nous parle, nous devons l'écouter attentivement. Lorsque, par exemple, un oiseau en vol nous effleure ou qu'un poisson nous frôle dans l'océan, je crois qu'il s'agit-là d'une communication directe de la Source de l'Être. Puisque ces créatures de Dieu observent instinctivement une distance prudente à notre égard, lorsqu'elles s'éloignent de leurs schémas comportementaux génétiquement programmés pour venir nous toucher physiquement, je pense que nous devrions y porter attention.

Il m'est arrivé à quelques reprises dans ma vie, d'être effleuré par un oiseau en vol, et j'ai toujours ressenti, à ces moments-là, une connexion profonde avec Dieu. À chaque fois, je me suis arrêté pour repasser attentivement les pensées que j'avais à l'instant précis de ce contact, et j'ai compris qu'il portait le message de me consacrer avec plus d'énergie à ma vocation d'écrivain.

Aujourd'hui même, alors que je marchais le long de la mer et que je pensais à l'écriture de ce passage sur la nature et l'harmonie spirituelle, un cardinal d'un rouge éclatant est passé tout près de mon visage. Il s'est ensuite posé juste devant moi. Il m'a observé un instant, a secoué la tête, et puis, s'est envolé m'effleurant à nouveau. Au moment de cette rencontre, je jonglais avec l'idée d'inclure de telles anecdotes dans mon livre. Je craignais qu'elles soient peut-être incomprises ou même critiquées par la communauté professionnelle. Dans de tels moments, je me fie toujours à ce que je sais en mon for intérieur — que le diable emporte les critiques !

Je me souviens aussi d'autres voies par lesquelles la nature a capté mon attention dans le passé pour m'informer que j'étais en communication avec l'Esprit. Ainsi, un jour que le vent soufflait avec force, une feuille me fouetta le visage au moment précis où je ruminais un plan de vengeance très éloigné de l'Esprit. En une autre occasion, alors que je bouillais de rage, une branche d'arbre s'abattit sur moi au moment où je descendais de voiture — il s'agissait d'un jour calme et sans vent et il n'y avait manifestement rien à l'horizon qui pouvait avoir ébranlé l'arbre duquel elle était tombée. Et, un jour, un débris de bois apporté par la mer s'est déposé dans ma main ouverte alors que je méditais près de l'une des « Sept Sources Sacrées », située non loin de Hana (sur l'île Maui). Au moment où il m'a touché, alors que j'étais plongé dans une profonde méditation, j'ai sursauté, car je savais qu'il essayait de me communiquer un message. Ce bout de bois, que j'ai conservé pendant 22 ans, est un rappel pour moi que l'Esprit est vivant et à l'œuvre. Encore aujourd'hui, lorsque je le regarde, je pense à Dieu… et comme vous le savez, penser à Dieu et lui ressembler sont précisément ce qu'il faut pour vivre une vie d'inspiration.

Soyez attentif aux phénomènes naturels qui animent l'Esprit et provoquent le jaillissement de l'étincelle intérieure de l'étonnement et de l'admiration en vous. Il n'est pas nécessaire d'en discuter avec un autre être humain — s'ils ont une signification pour vous, c'est tout ce qui importe. (En fait, c'est la première fois que je partage l'épisode du bout de bois apporté par la mer.) Écoutez le vent, les criquets, les nuages, les pluies, les océans — soyez attentif à tout.

Voici une Litanie Sacrée Chinook qui révèle la connaissance que possèdent les Amérindiens du langage de l'Esprit, inhérent à toute la Nature :

Nous nous tournons vers la Terre, notre planète accueillante,
avec ses merveilleuses profondeurs, et ses sommets
resplendissants, sa vitalité et son abondance de vie,
et nous lui demandons :
Enseignez-nous, montrez-nous le chemin.

Nous nous tournons vers les montagnes,
les Cascades et l'Olympe,
les hautes vallées verdoyantes et les prairies couvertes
de fleurs sauvages,
les neiges éternelles, les sommets d'intenses silences,
et nous leur demandons :
Enseignez-nous, montrez-nous le chemin.

Nous nous tournons vers les eaux qui baignent la Terre,
embrassant tout l'horizon,
qui s'écoulent en fleuves et en torrents,
qui tombent en pluie sur nos jardins
et nos champs, et nous leur demandons :
Enseignez-nous, montrez-nous le chemin.

Nous nous tournons vers les champs qui font croître
notre nourriture, le sol nourricier,
les champs fertiles, les jardins et les vergers prolifiques,
et nous leur demandons :
Enseignez-nous, montrez-nous le chemin.

Nous nous tournons vers les forêts, les grands arbres
s'élevant majestueusement vers les cieux, dont la terre recouvre
les racines et le ciel héberge le feuillage,
le hêtre, le pin et le cèdre, et nous leur demandons :
Enseignez-nous, montrez-nous le chemin.

Nous nous tournons vers les créatures des champs,
des forêts et des mers,
nos frères et nos sœurs les loups, les orignaux,
les aigles et les colombes,
les grandes baleines et les dauphins,
l'orque magnifique et le saumon
qui partagent notre demeure nordique,
et nous leur demandons :
Enseignez-nous, montrez-nous le chemin.

Nous nous tournons vers la lune, les étoiles et le soleil,
qui gouvernent les rythmes des saisons de nos
vies et nous rappellent que nous faisons
partie de cet Univers vaste et merveilleux,
et nous leur demandons
Enseignez-nous, montrez-nous le chemin.

Nous nous tournons vers tous ceux qui ont vécu sur
cette terre, nos ancêtres et nos amis qui rêvèrent
au bonheur des générations futures,
dont la vie a rendu la nôtre possible, et,
avec reconnaissance, nous leur demandons :
Enseignez-nous, montrez-nous le chemin.

Et en dernier lieu, nous nous tournons vers ce qu'il y a
de plus sacré pour nous, la présence et la puissance du
Grand Esprit de l'amour et de la vérité, qui s'écoule dans
tout l'Univers… et nous lui demandons :
Enseigne-nous, montre-nous le chemin.

Bien sûr, la Nature a beaucoup à nous enseigner et Elle nous *aidera* à trouver le chemin. Tout ce que nous devons faire, c'est nous tourner vers Sa perfection et observer comment elle s'harmonise avec la nôtre.

3. Être en harmonie avec les événements

Des événements insolites et, à première vue inexplicables, peuvent être l'œuvre de la Source Créatrice, en train de régler un ballet de « coïncidences » afin de nous enseigner et nous montrer le chemin. Récemment, par exemple, on m'a suggéré de lire un livre qui se trouvait sur la liste des succès de librairie depuis déjà plusieurs mois. Je l'ai cherché dans quelques kiosques à journaux de l'aéroport, mais j'ai finalement dû y renoncer parce c'était l'heure de l'embarquement.

Je continuais à être hanté par le titre du livre en gagnant mon siège. Une passagère, qui avait déjà demandé à changer de place à deux reprises, vint finalement s'asseoir à mes côtés tenant à la main le fameux livre que je cherchais. De retour à la maison, j'ai allumé le téléviseur et l'invité d'un talk-show était en train d'en parler. Je ne pus m'empêcher de penser aux quatre « coïncidences » survenues en quelques heures, toutes ayant trait à ce livre : un ami qui m'en avait parlé, ma vaine recherche à l'aéroport, une compagne de voyage le lisant et une émission de télévision où on en discutait.

Lorsque je suis au cœur d'un tel faisceau de coïncidences, j'ai appris à ne pas le rejeter en le considérant comme un simple fruit du hasard. Je n'étais pas encore tout à fait sûr de ce qui se mijotait, mais j'ai acheté le livre (*La vie secrète des abeilles* de Sue Monk Kidd). En le lisant, je suis tombé sur une anecdote que j'ai aussi relatée dans *ce* livre-ci. Peut-être que ces événements liés sont survenus afin que le message de cette histoire soit lu et partagé par mes lecteurs, ou pour que j'aie cet exemple sous la main — les possibilités sont infinies !

L'une de mes citations favorites provient du livre *Winter's Tale* de Mark Helprin : « En fin de compte, ou plus précisément, il est dans la nature des choses que tout événement, aussi modeste soit-il, est intimement et significativement lié à tous les autres ». Il est merveilleux d'observer des schémas d'événements qui ressurgissent constamment dans le champ de la conscience de nos expériences. Nous pouvons sentir le frisson d'émerveillement qui court le long de notre colonne vertébrale, en nous rappelant qu'il pourrait bien s'agir de l'Esprit nous invitant à renouer contact avec Lui.

Le langage de l'Esprit manifestera sa créativité en produisant la répétition d'événements pointant en direction de notre Source. Lorsque nous pensons à nous lancer dans tel ou tel nouveau projet, et que nous lisons des choses à ce sujet dans un magazine qui nous tombe inopinément entre les mains ; lorsqu'un étranger devant nous dans la file d'attente au cinéma aborde le même sujet à l'improviste, qui réapparaît dans la trame du film à l'affiche, et qu'un voisin de table lors d'un dîner aborde exactement le même thème, qu'est-ce que cela peut bien vouloir dire ? Que nous sommes au cœur d'un « faisceau d'événements » orchestrés par l'Esprit pour attirer notre attention. Autrement dit, il ne s'agit pas d'un accident — les enseignants ne font pas que se manifester, ils entrent littéralement en collision avec nous !

Nous remarquons maintenant cette synchronicité coordonnée pour la bonne et simple raison que nous avons choisi d'être en accord avec elle. Les enseignants ont toujours été là, mais nous en sommes conscients à présent. Et ce phénomène indique que nous sommes mieux disposés à écouter notre appel ultime. En fait, ces faisceaux d'événements peuvent prendre des configurations très intéressantes. Le même nombre qui ressurgit constamment — par exemple, lorsque nous nous éveillons précisément à 4 h 44, matin après matin, et qu'ensuite, nous revoyons la même combinaison sur l'odomètre, le panneau indicateur de la radio, notre solde bancaire, au comptoir d'un casse-croûte, sur notre ticket de participation dans le cadre d'une activité de charité — nous incite à nous demander : « Mais que se passe-t-il ? » La réponse, c'est que l'Univers nous souffle d'être réceptifs et attentifs. Cela n'a rien à voir avec un numéro gagnant au casino ou à la loterie — il s'agit de comprendre que ces répétitions, accidentelles en apparence, sont en réalité des invitations de l'Esprit pour que nous le rejoignions.

Au cours de ma carrière d'auteur s'échelonnant sur plus de 30 ans, je ne peux compter toutes les personnes qui m'ont dit : « J'ai choisi au petit bonheur un livre sur les rayons et c'était celui dont j'avais précisément besoin à ce moment-là ». Je parierais que pratiquement chaque personne a connu une expérience similaire plus d'une fois au cours de sa vie (Je fais confiance à ce genre de communication spirituelle à chaque fois que j'écris un livre : je me sens guidé vers des thèmes particuliers, et, grâce aux messages cohérents qui continuent de se manifester pendant les mois de préparation et d'écriture proprement dite, je sais que je suis toujours tourné vers l'Esprit). Lorsque qu'un livre nous tombe littéralement du ciel ou qu'il nous est envoyé par plusieurs personnes en même temps — ou encore, si nous voyons son titre réapparaître à tout moment et qu'on nous en parle tout le temps — il est approprié de prêter l'oreille et de nous rendre à l'évidence. Il est temps de le lire et d'appliquer ce qu'il a à nous offrir pour vibrer en harmonie avec la Source même qui nous envoie ces signaux.

4. Être en harmonie avec les autres

Nous avons le sentiment que nous sommes tournés vers l'Esprit lorsque nos pensées s'accordent mystérieusement avec les actions d'un autre être humain. Par exemple, nous nous mettons à penser à une personne que nous n'avons pas vue depuis plusieurs années. En fait, nous n'arrivons pas à effacer son image de notre esprit. Quelqu'un mentionne alors son nom en notre présence, sans raison apparente, ou nous tombons par hasard sur sa photographie. Puis, le téléphone sonne et c'est elle ! Le langage de l'Esprit agit en faisant vibrer nos pensées en accord avec l'énergie de cette autre personne.

Lorsque les gens et nos pensées s'entrecroisent mystérieusement, que leur présence physique et nos états d'âmes intérieurs semblent étrangement liés, nous devrions nous y arrêter. Nous devons nous dire : « L'Esprit accorde mes pensées avec les événements qui surviennent. Je demeurerai attentif à ce qui m'est offert, car il pourrait bien y exister une raison cachée ». C'est tout — soyez simplement lucide face à ce qui peut arriver. En manifestant de l'ouverture à l'égard de ce qui apparaît de prime abord déconcertant, ou même incompréhensible, nous découvrirons vraisemblablement les enseignements qui nous sont destinés.

Il y a quelques semaines, je lisais un livre que j'ai écrit, il y a 16 ans. Dans celui-ci, je mentionnais une amie, Earlene Rentz, une petite camarade avec qui j'avais fréquenté l'école de la quatrième année jusqu'à la fin de mes études secondaires. J'ai déposé le livre et je suis allé faire mon jogging, tout en continuant à penser à Earlene. Je me suis dit : *Je dois lui donner un coup de fil la prochaine fois que je serai à Détroit — après tout, nous aurons tous les deux 65 ans cette année.*

Au cours de la même soirée, je devais recevoir le prix « Martin Luther King /Mohandas Gandhi Peace Award » de l'Église Unity de Maui. Environ mille personnes devaient assister à la cérémonie. Après avoir terminé mon discours de remerciements, alors que je me dirigeais vers le hall d'entrée pour y signer des autographes, j'ai aperçu la petite fille qui prenait place à mes côtés à l'école primaire, celle qui fut mon premier amour et qui avait occupé mes pensées pendant plusieurs années. Croyez-le ou non, au moment où je pensais à elle, près d'un demi-siècle plus tard, Earlene était à des milliers de kilomètres de chez-elle, dans le lobby d'un théâtre de Lahaina où je lui faisais la bise ! Elle se trouvait en visite à Maui ce jour-là et, ayant lu la nouvelle de la remise du prix dans le journal local, elle s'était présentée à l'auditorium pour me faire une surprise. Il s'agissait-là d'un de ces moments de synchronicité dont l'Esprit possède le secret. À un niveau inconscient, j'avais repris contact avec Earlene, sans même savoir qu'elle se trouvait déjà dans la région.

Remarquer la présence des mêmes personnes dans différents contextes ; rencontrer par hasard une connaissance perdue de vue depuis longtemps, tout de suite après que son nom a été prononcé en votre présence ; voir le nom d'une personne en particulier à plusieurs reprises, dans un magazine, à la télévision ou dans une librairie locale ; voilà autant d'événements gouvernés par la synchronicité. L'Esprit organise l'apparition de ces situations pour une raison précise — il nous suffit d'être prêts à l'apprendre et elle se révélera probablement d'elle-même. Peut-être nous sera-t-elle dévoilée dans un rêve ou lors d'un moment d'illumination soudaine digne d'un *Eurêka* ! Ou encore, peut-être, deviendra-t-elle plus claire quand nous lui en donnerons la permission. Peu importe comment le message arrive jusqu'à nous, nous jetterons sur ces événements un nouveau regard et nous en serons les premiers bénéficiaires parce que nous aurons refusé de nous fermer à cette possibilité.

Il peut être utile de considérer que, même en faisant appel à nos technologies les plus avancées, nous ne pouvons reproduire un globe oculaire qui puisse rivaliser avec celui fabriqué par le Créateur. Un tout petit globe oculaire et nous sommes complètement dépassés! Et notre Créateur les produit à une cadence de 6 millions par jour — et nous ne parlons ici que d'un seul organe *humain* ! Si notre Créateur Spirituel peut réaliser cela, harmoniser nos pensées avec celles des personnes dont nous avons besoin maintenant pour jouer le rôle d'enseignants, est une tâche bien modeste. Là encore, avec Dieu, *tout* est possible.

Quelques suggestions pour mettre les idées de ce chapitre à votre service

— Rappelez-vous toujours que lorsque l'étudiant est prêt, le maître apparaît. Soyez toujours vigilant, et vous serez prêt quand les enseignants et les enseignements se manifesteront à vous. Écrivez ou imprimez ces mots et placez-les dans un endroit bien en vue : *Je suis prêt.*

— Une fois que vous vous sentez *prêt*, ne rejetez pas du revers de la main toute chose ou toute personne qui pourrait avoir un lien avec votre retour vers l'Esprit. Même une conversation surprise entre deux bambins de quatre ans peut être porteuse d'un message pour vous — s'il vous touche d'une façon ou d'une autre, alors soyez attentif et recevez-le comme un communiqué Divin.

Faites confiance à votre intuition — il n'est pas nécessaire qu'on soit d'accord avec vous ou qu'on vous comprenne. En fait, je vous suggère fortement de ne pas tenter de défendre votre intuition face à une personne qui vous oppose une attitude de résistance. Rappelez-vous que vous souhaitez vous sentir bien (Dieu).

— Commencez dès maintenant à observer attentivement les voies par lesquelles l'Esprit pourrait chercher à communiquer avec vous. Lorsqu'une synchronicité inattendue survient (et elles apparaîtront de plus en plus fréquemment, si vous les accueillez avec une plus grande ouverture), essayez de comprendre la leçon qu'elle porte à votre intention. Lorsque vous faites calmement votre demande à notre Créateur, lors d'une méditation ou d'une prière silencieuse, vous reconnaîtrez ce qui vous guide. Il y a des anges tout autour de vous, alors n'hésitez pas à demander. Et, bien sûr, lorsque vous le ferez, vous recevrez.

— Soyez prêt à effectuer des changements majeurs dans votre vie lorsque vous serez habitué à la présence de ces faisceaux d'événements convergeant dans votre vie. J'ai personnellement reçu plusieurs messages de l'Esprit qui m'ont répété de renoncer à mes comportements compulsifs — et pourtant, pendant des années, je les ai ignorés à mes propres risques. Aujourd'hui, en rétrospective, je pose un regard bien plus lucide sur ce qu'on m'encourageait à faire. En fin de compte, je sais maintenant pourquoi je devais suivre le sens de ces courants d'énergie, ou mourir.

Il est possible que vous receviez le conseil de quitter un emploi, une ville ou même une relation — des choses qui vous apparaîtront terrifiantes sur le coup. Toutefois, si ces signaux ne cessent de se répéter et vibrent en vous, alors faites un pas dans cette direction — et pendant que vous le faites, sachez que vous serez aiguillé vers une vie d'inspiration.

— Dès que l'Univers semble vous secouer d'une façon inattendue, faites un effort de concentration pour vous rappeler exactement ce à quoi vous pensiez au moment où vous avez reçu ce message. Cet oiseau qui vous effleure, cette feuille que le vent vous souffle au visage, cet orteil que vous heurtez pour la troisième fois d'affilée — peu importe de quoi il s'agit — notez vos pensées à ce moment-là. Déterminez ensuite si vous pouvez établir un lien entre ces pensées et ce qui vient de se produire. Vos pensées sont de l'énergie, et l'Esprit tourne la sienne vers vous pour attirer votre attention. Il n'en tient qu'à vous de l'écouter ou de l'ignorer.

* * *

Ce que je sais au plus profond de mon être, c'est qu'il n'y a pas de séparation entre nous et le reste l'Univers. L'un des mes poètes favoris, William Butler Yeats, résume ici parfaitement les idées contenues dans ce chapitre :

> *Ô grand châtaignier majestueux, grand arbre enraciné,*
> *Es-tu la feuille, la fleur ou le tronc ?*
> *Ô corps ondulant au rythme de la musique, Ô regard brillant,*
> *Comment pouvons-nous distinguer le danseur de la danse ?*

Vous êtes à la fois le danseur et la danse, à l'image de Dieu. En d'autres mots, ces messages de l'Esprit sont les vôtres si vous les ressentez — parce qu'il est impossible de séparer la danse du danseur, la racine de la fleur, et vous de Dieu. Le seul endroit où la séparation a lieu est dans votre esprit. Mais puisque maintenant vous répondez à l'appel ultime de votre vie, vous êtes en route vers une vie inspirée.

CINQUIÈME PARTIE

UNE VISION PERSONNELLE DE L'INSPIRATION

« Il existe une façon de vivre dans un monde qui n'est pas d'ici, même s'il semble y être. Votre aspect extérieur demeure inchangé, mais on vous voit sourire plus souvent. Votre front est serein, votre regard est calme… Vous empruntez le même chemin que les autres, vous ne semblez pas distinct d'eux, bien que vous le soyez en réalité. Et c'est ainsi que vous pouvez les servir, tout en vous aidant vous-même. »

— Tiré d'*Un Cours en miracles*

CHAPITRE 18

COMMENT LA VIE M'APPARAÎT LORSQUE JE SUIS INSPIRÉ

« Montrez-moi un homme qui chante en travaillant. »

— THOMAS CARLYLE

« Ils peuvent, parce qu'ils pensent qu'ils peuvent. »

— VIRGILE

DANS CE DERNIER CHAPITRE, je vous propose ma vision personnelle du monde lorsque je me sens inspiré.

D'entrée de jeu, je reconnais que je ne vis pas chaque moment de ma vie entièrement en-Esprit — comme la plupart des gens, je fais des rechutes à l'occasion et je ne me sens pas inspiré. Pourtant, ces moments sont devenus de plus en plus rares. En fait, il m'est difficile de me rappeler au cours des dernières années une journée où je me suis senti complètement « à vide » d'inspiration.

Ce qui suit est une description à la fois de ce que je ressens intérieurement, et de ce qui semble se passer dans le monde autour de moi, lorsque je suis en communion avec l'Esprit, au sens où je l'ai expliqué dans les pages de ce livre.

Jack

Le jour même où j'ai mis le point final au chapitre 17 et que j'en ai fait la lecture au téléphone à mon éditrice, Joanna, qui se trouvait à Bainbridge Island à Washington, j'ai vécu l'une des expériences les plus profondément mystiques de mes 65 années d'existence.

Après ma conversation avec Joanna, je suis allé faire ma promenade quotidienne d'une heure sur la plage. Mais, pour une raison que j'ignore, j'ai choisi de cheminer sur une route quelque peu différente dans un secteur verdoyant, adjacent à la plage. Chemin faisant, je pensais à mon ami Jack Boland, un ministre de l'Église Unity de Détroit, décédé il y a une dizaine d'années. Jack aimait les papillons monarques et il racontait souvent à quel point il était émerveillé par ces créatures de la minceur d'une feuille de papier qui, pendant leur migration, parcouraient des milliers de kilomètres par grands vents, pour revenir se poser sur la branche même de l'arbre qui les avait vus émerger de leur cocon. Avant que Jack ne décède, je lui avais offert un magnifique presse-papiers contenant un spécimen de cette espèce, parfaitement conservé. Après sa mort, sa femme me le renvoya en m'exprimant à quel point Jack avait aimé mon cadeau. Il admirait ces créatures étonnantes, dépositaires d'une mystérieuse intelligence inscrite dans un cerveau à peine plus gros qu'une tête d'épingle.

Jack me conseillait toujours de vivre « en état de gratitude », et il terminait chacun de ses sermons par ce message adressé à Dieu : « Merci, merci, merci ». À trois reprises depuis son décès, un papillon monarque est venu se poser sur moi. Puisque ces créatures évitent scrupuleusement tout contact avec les humains, à chaque fois que cela s'est produit, j'ai pensé à Jack et je me suis répété intérieurement *Merci Dieu − merci, merci.*

Tout en continuant ma promenade, reconnaissant d'avoir complété l'avant-dernier chapitre de ce livre, je vis un monarque atterrir à moins de trois pieds devant moi. J'ai répété la formule magique (*Merci, merci, merci*) et j'ai ressenti une vive appréciation pour ma vie et la splendeur de cette journée. Le papillon demeura immobile jusqu'à ce que je m'approche de lui. Puis, dans un battement d'ailes, il s'éloigna. Tout en pensant à Jack, à la fois étonné et reconnaissant d'avoir fait cette rencontre, j'observai la créature en vol qui se trouvait maintenant à 40 ou 50 mètres de moi.

Et, que Dieu m'en soit témoin, le papillon amorça alors un virage dans ma direction pour venir se déposer directement sur mon doigt ! Inutile de dire que j'étais sidéré — mais pas totalement surpris. Je dois avouer que plus je reste en-Esprit, me semble-t-il, plus je vis des expériences de synchronicité comme celles-ci. Mais ce qui a suivi fut à la limite de l'incroyable, même pour moi.

Cette petite créature devint ma compagne pendant les deux heures et demie qui suivirent — elle s'immobilisa sur l'une de mes mains, puis sur l'autre, sans jamais chercher le moindrement à s'envoler. Elle semblait faire des efforts pour communiquer avec moi en battant des ailes ainsi qu'en ouvrant et en fermant sa minuscule bouche, comme si elle avait voulu me parler... Et, aussi insensé que cela puisse paraître, j'éprouvais une affinité profonde avec ce précieux petit être vivant. Je me suis assis et je suis resté là, pendant environ une demi-heure, en compagnie de ce nouvel ami, si fragile. J'ai rejoint Joanna ensuite sur mon téléphone cellulaire et elle était aussi stupéfaite que moi par cette synchronicité, insistant pour que je photographie la scène si possible.

Toujours accompagné de mon nouveau compagnon, j'ai décidé de rentrer à la maison, située à environ un kilomètre et demi de l'endroit où je m'étais arrêté. Pour rentrer, j'ai suivi la promenade qui longeait la mer où les vents étaient forts — la brise marine agitait les ailes du papillon, mais il s'accrochait à mon doigt et passa même à mon autre main sans jamais faire le moindre effort pour s'éloigner. En marchant, j'ai croisé une fillette de quatre ans avec sa maman. Elle pleurait à chaudes larmes en raison d'un incident qui, dans sa jeune existence, prenait les dimensions d'une tragédie. Lorsque je lui montrai mon papillon « favori », son expression passa de la tristesse à la joie en un clin d'œil. Son visage rayonna d'un sourire magnifique et elle s'informa au sujet de la créature ailée posée sur mon index.

De retour à la maison, tout en gravissant l'escalier, je conversais avec Reid Tracy sur mon cellulaire. Il riait de bon cœur avec moi pendant que je lui relatais l'épisode de synchronicité hors de l'ordinaire qui se jouait au moment même. Je dis : « Reid, cela dure depuis 90 minutes. Je pense vraiment que ce petit lutin m'a adopté ». Reid m'encouragea lui aussi à prendre une photo de la scène, puisqu'elle était évidemment en parfaite harmonie avec ce que j'écrivais.

Je laissai mon nouveau compagnon — que j'avais surnommé « Jack » — qui s'était posé sur la feuille du premier jet manuscrit du chapitre 17, et je suis sorti. En rencontrant Cindy, une jeune femme qui travaille tout près, je lui ai demandé de courir m'acheter une caméra jetable. C'est ce qu'elle fit, et j'ai regagné le patio. J'ai placé ma main près de Jack qui a alors sauté tout droit sur mon doigt !

Il semblait que mon ami papillon avait décidé de rester avec moi pour toujours. Après avoir passé une autre heure à méditer et à communier avec cette petite créature de Dieu — prenant toute la mesure de l'épisode spirituel le plus inédit et le plus extraordinaire de toute ma vie — j'ai reposé Jack sur mon manuscrit pour aller prendre une longue douche bien chaude. De retour sur le patio, j'ai placé le doigt près de mon compagnon ailé, comme je l'avais fait à plusieurs reprises au cours des 150 dernières minutes. À ce moment-là, toutefois, il me semblait avoir devant moi une toute autre petite créature. Elle s'éloigna en voltigeant, atterrit sur la table, battit des ailes à deux reprises et s'envola droit vers le ciel.

Les moments passés avec Jack étaient maintenant des souvenirs, mais j'ai toujours en ma possession la photographie et je la conserve précieusement.

Le lendemain matin, j'ai décidé de regarder un de mes films favoris, que je n'avais pas eu l'occasion de revoir depuis plus d'une décennie, *Frère Soleil et Sœur Lune*. Et, bien évidemment, dans l'une des toutes premières scènes de l'interprétation de Franco Zeffirelli de la vie de saint François, ce dernier apparaissait... avec un papillon resplendissant sur le bout de son doigt.

Les vibrations de l'inspiration

Quand je vis ma vie en étant aussi ouvert que possible au langage de l'Esprit, il m'arrive d'être littéralement submergé par des élans de bonheur. Dans les jours qui ont suivi ma rencontre avec Jack, les gens me disaient constamment que j'avais l'air serein et épanoui. Une dame a même avancé que j'étais la « joie en mouvement ». Cet épisode en compagnie de mon ami papillon et les « messages » de l'Esprit m'ont fait vivre une expérience sans précédent. J'ai vu Ses mains littéralement m'enlacer et je L'ai entendu me dire : « Tu n'es pas seul. Tu peux compter sur Moi pour te guider — et, quoi que tu fasses, ne doute jamais de Ma présence à tes côtés ». Jamais, je ne me suis senti à ce point en-Esprit.

Je me sens en sécurité, réconforté, sachant que je ne suis pas seul. Je me sens bien (Dieu), parce que je vis en harmonie presque parfaite avec la Source de l'Être, vivant mon engagement et écrivant avec mon cœur. L'inspiration ne m'arrive pas parce que le monde me semble parfait. C'est plutôt l'inverse qui se produit. La raison pour laquelle le monde me semble si parfait, c'est que je suis en-Esprit — un individu qui choisit de vivre une vie inspirée. Je suis capable de rester dans un état de gratitude depuis l'instant de mon réveil le matin jusqu'à ce que le sommeil vienne me fermer les yeux le soir. Pendant toute la journée, je tâche de ne pas oublier qu'être en-Esprit, c'est d'abord et avant tout demeurer dans un état d'harmonie vibratoire avec Lui.

Je ne crois pas avoir besoin de changer quoi que ce soit dans mes fréquentations ni dans mes lectures quotidiennes. Dès que j'en éprouve l'envie, je me ressaisis et je replonge dans un état d'esprit qui me pousse à ressembler davantage à Dieu, ici et maintenant. Je demeure inspiré en opérant un changement énergétique en moi ; ce faisant, le monde m'apparaît sous un jour complètement différent et je progresse intérieurement vers la paix et la bonté. Je vois les gens et les événements comme faisant partie de l'unité de la Source Toute-Créatrice — je renonce alors à porter des jugements et j'accepte le monde tel qu'il est, non comme je *voudrais* qu'il soit.

Je demeure inspiré en encourageant les autres à vivre leur destinée, en laissant le monde s'épanouir selon sa fantaisie. De cette façon, je me sens presque toujours en paix. En fait, lorsque je vis dans cette perspective de l'inspiration, mon énergie est davantage en harmonie avec la force créatrice de l'Univers. Je sens aussi que mon influence sur les autres est bien plus en accord avec l'Esprit. En outre, je sais, au plus profond de mon être, que je pose des gestes vraiment significatifs qui font de ce monde un lieu d'orientation plus spirituelle pour nous tous.

Voyez-vous, lorsque je vibre de colère, de honte, de haine, de désir de vengeance, j'alimente ces énergies décidément contraires à la spiritualité, en me joignant à ce que je réprouve. Mais lorsque je m'efforce d'éviter de juger, que j'offre l'amour, la tolérance et la compassion en présence de ces énergies déficientes, dominées par l'ego, je vois le monde différemment. Je constate aussi que les gens qui m'entourent réagissent différemment en présence de l'énergie Divine en action. Je me sens optimiste lorsque je suis en-Esprit, habité par la connaissance intime que rien ne peut entraver la marche d'une idée dont l'heure de gloire approche ou est déjà arrivée.

J'ai confiance que notre Créateur sait ce qu'il fait et que le bien triomphe, là où l'ego voit le mal et la méchanceté. Je sens que nous nous dirigeons vers un monde qui ne connaîtra plus les horreurs de la guerre. Les habitudes millénaires d'inhumanité à l'endroit de nos frères et sœurs de cette planète, en raison de leur conception culturelle ou de leur aspect physique différents, seront aussi éradiquées. En-Esprit, je suis véritablement inspiré par le potentiel de grandeur qu'il y a en chacun de nous lorsque nous sommes unis. Je passe alors de l'angoisse à la foi, car je sais que je pourrai vivre dans un lieu où Dieu est réalisé et dans lequel je serai une force du bien (de Dieu).

Vibrer en harmonie avec l'Esprit me permet d'être plus présent dans toutes mes activités. Je me sens moins préoccupé par mes objectifs, mes réalisations, mes gains et mes possessions, et je m'applique à éprouver plus de plaisir dans mes occupations quotidiennes. À la lutte se substitue le bonheur du moment présent, tandis que l'inquiétude et l'angoisse non-inspirées du passé cèdent le plus souvent leur place à un état fluide de bien-être. Je me répète que l'Esprit est ici et maintenant — pas hier, pas demain, uniquement *maintenant*. En vibrant en harmonie avec l'Esprit, je vis l'extase de l'instant présent. Tout ce qui était une source d'inquiétude ne m'affecte plus, parce que tout est réglé pour moi, dans mon esprit. *Ce qui sera, sera*, tel est mon *leitmotiv*. Le monde me semble tellement plus paisible depuis que je l'aborde de cette manière. Mon ego qui, auparavant, devait toujours gagner à tout prix, est relégué à un siège éloigné, au dernier rang d'un amphithéâtre dans une autre galaxie !

Choisir l'inspiration

Mon expérience avec Jack, ainsi que de nombreux autres épisodes similaires dans ma vie, m'ont enseigné que les lois du monde *matériel* ne s'appliquent pas vraiment en présence de Dieu. Et je sais que j'ai le choix de vivre à ce niveau d'inspiration. Lorsque je le fais, il me semble que le monde change : les animaux adoptent des comportements autres que ceux que la biologie génétique leur dicte habituellement, les gens éloignés semblent être en mesure de m'entendre par télépathie et de réagir à mes pensées les plus nobles, les objets se matérialisent d'une manière qui défie les prédictions des scientifiques et la guérison survient en dépit des pronostics de la médecine moderne. Autrement dit, les miracles deviennent monnaie courante. Le monde apparaît comme un lieu où tout est possible, où les restrictions et les limitations s'évanouissent. La puissance de notre Créateur semble se dérouler à mes pieds comme un tapis magique, m'implorant d'y monter pour être témoin des possibilités infinies qu'elle nous offre. C'est comme cela que je me sens lorsque je me tourne vers l'Esprit : à la fois sûr de moi, parce que je sais quelque chose que bien peu de gens sont parvenus à comprendre, mais en même temps, humble et rempli d'étonnement en raison du caractère miraculeux de tout cela !

Lorsque je m'applique à être en-Esprit, je m'aperçois qu'une situation qui me semblait problématique s'efface derrière une dizaine d'autres dont je n'ai qu'à me réjouir. Par exemple, même si mon téléphone cellulaire est en dérangement, je constate que je suis en bonne santé, que ma famille est en sécurité, que la mer est calme pour y nager, que mon compte bancaire affiche un surplus, que le réseau électrique fonctionne parfaitement et ainsi de suite. Dans la perspective de rester en-Esprit, je détourne immédiatement mon attention de ce qui va mal pour l'orienter vers ce qui va bien — cela devient alors mon point focal et ce sont justement les choses sur lesquelles je me concentre que j'attire en plus grande abondance. Auparavant, je vivais des malheurs parce que c'est sur eux que je m'attardais constamment. Que le monde me semble sublime dans ce lieu magnifique de l'Inspiration ! Je n'accorde plus jamais mon attention au malheur et je ne l'attire donc plus dans ma vie. J'ai appris à tourner mon regard vers ce qui va bien, ce qui marche, ce qui est en harmonie avec l'Esprit Créateur.

De ce lieu d'inspiration, je demande : « Qu'arriverait-il si je regardais plus profondément en moi et n'y trouvais plus du tout de péché originel — si je n'y trouvais plus que l'innocence ? Et si la même chose était vraie aussi pour tous ? » Je sais que notre Source Créatrice est Celle du bien, et je sais aussi que nous devons être identiques à notre origine — conséquemment, nous sommes tous, moi inclus, une parcelle de Dieu. Nous venons en ce monde en provenance de l'innocence et de l'amour, et non d'un lieu de péchés et de faiblesses. Lorsque je vois la conscience du Christ en chacun de nous, même chez des personnes très différentes de moi, je peux me sentir bien (Dieu). Sachant qu'il n'y a plus de péché originel, je peux penser comme mère Teresa, qui a dit au monde : « Dans chaque [personne malade], je vois le visage du Seigneur sous l'un de ses masques les plus désespérés. »

Lorsque c'est la bonté que je recherche, plutôt que la faiblesse humaine et le péché, c'est ce que je trouve. Je la retrouve dans la vieille dame qui conduit lentement devant moi, chez le vieil homme qui compte péniblement sa monnaie et qui me retarde au supermarché, dans l'enfant qui pleure bruyamment quand j'essaie de me concentrer sur une lecture, dans un adolescent s'époumonant en accompagnant une assourdissante musique rap en vogue, ou dans le vacarme infernal de l'ouvrier maniant son marteau-piqueur. Quand je suis inspiré, je vois derrière ces petits incidents de la vie le « Dieu-réalisé » me faisant un clin d'œil et le monde me semble agréable, joyeux et même paisible. Je me remémore ces sages paroles de Rumi : « Si vous êtes irrité dès qu'on vous effleure, comment arrivera-t-on à vous polir ? »

Lorsque je me sens inspiré, je note combien j'ai d'appétit pour la vie et d'enthousiasme dans tout ce que je fais : je joue au tennis avec exubérance et sans me fatiguer, j'écris avec mon cœur — je me sens bien (Dieu) et ce sentiment intérieur irradie vers l'extérieur tant que je suis éveillé. L'inspiration veut dire faire ce que j'adore et, encore plus significativement, adorer ce que je fais. C'est ma volonté d'apporter de l'amour et de la passion dans toutes les activités de ma vie, plutôt que d'attendre que l'amour émerge de ces événements et de ces activités. Il s'agit d'une attitude et, le sachant, je n'oublie pas de choisir la bonne, aussi souvent que possible. Je sais qu'être enthousiaste me permet de me sentir bien (Dieu). Je sais aussi que j'ai le choix d'adopter ces attitudes où et quand cela me convient. Lorsque je suis en-Esprit, ce regard sur la vie est une seconde nature chez moi.

En décidant de vivre une vie inspirée, je choisis d'être en équilibre avec la Force Créatrice qui fait écho à mes pensées en-Esprit. Je crois aussi que je vis dans un Univers amical, plutôt qu'hostile, et je me sens soutenu par lui. Étant reconnaissant pour tout ce que Dieu a mis sur mon chemin, je ne m'étonne pas lorsque la synchronicité apparaît dans ma vie. Lorsque je pense à quelqu'un qui vit loin de moi, espérant qu'il ou elle m'appellera... c'est généralement ce qui arrive d'ailleurs.

Je sais que les pensées sont de l'énergie et que lorsque celles-ci sont tournées vers l'Esprit, elles activent le processus de la création. J'adore constater que tout cela fonctionne, si bien que je suis en harmonie avec la Force responsable de toute la création. Je sais, au plus profond de moi, que je peux participer à la mise en œuvre de ces forces afin que mes désirs spirituellement motivés se réalisent.

Au lieu d'espérer, d'attendre et même de prier pour que quelque chose se produise, je me tourne intérieurement vers l'idée que mon désir est possible et qu'il est en train de se réaliser. Ce genre de savoir inspiré me libère de l'anxiété et de l'inquiétude. J'affirme : *Cela est en route, il n'y a aucun doute possible*. Et je confie le choix de l'instant exact de son arrivée dans ma vie à la Source Spirituelle, Toute-Connaissante et Toute-Créatrice. Je découvre que je ne remets plus en question le Créateur de l'Univers, parce que je suis en paix avec le rythme de toutes choses. Je sais qu'il n'est pas sage de forcer les événements ou de demander à Dieu de se plier à l'échéancier dicté par mon ego.

Je sais qu'en étant en-Esprit, je suis un co-créateur et que, plus je baigne dans ce faisceau d'énergie, plus le processus semble s'accélérer. J'ai noté que depuis que je suis devenu plus conscient de l'inspiration (et de tout ce qu'elle implique), le temps qui s'écoule entre mes désirs et leur réalisation devient de plus en plus court. Je sais que l'aboutissement ultime de cette évolution est la disparition de toute attente entre une pensée et sa manifestation physique. Ce qui est connu comme le « Miracle du pain et des poissons » est un exemple idéal de la « réalisation de Dieu ». Pensez à la nourriture et elle apparaît ; pensez à la santé de votre prochain et son mal s'évanouit. Je sais que cette conscience du Christ est à la portée de tous et, plus je demeure en-Esprit, plus j'entrevois ses manifestations.

En chantant ma chanson

Le changement majeur qui s'est produit en moi est dû au fait que je sais que je peux mettre la Force Créatrice aux services de mes désirs les plus inspirés. Aujourd'hui, lorsque je vis consciemment en-Esprit, je me sens davantage en mesure d'être un déclencheur de la Force Divine de la Synchronicité. Je la fais travailler *avec moi*, plutôt que *pour moi*. Dans ces moments mystiques, mon ego est neutralisé et l'Esprit (en conjonction avec mes propres désirs Divins) est devenu l'enseignant.

Au fur et à mesure que mon sens intérieur de l'inspiration grandit, je découvre que je désire en faire davantage pour mon prochain, tout en étant moins préoccupé de mon propre sort. Ce que je souhaite se réalise parce que, paradoxalement, je le veux encore plus pour les autres que pour moi. En cherchant consciemment autour de moi des moyens d'inspirer autrui, je me sens de plus en plus près de l'Esprit — et, ironiquement, je sens qu'un plus grand nombre de mes propres désirs s'accomplissent par la voie du partage.

À ce moment de ma vie, j'ai le sentiment que pour rester dans cet état glorieux de l'inspiration, je dois autant que possible éviter de juger les autres. Je suis parfois témoin de certains comportements, y compris d'actions des plus condamnables du point de vue de l'inspiration, et j'envoie de l'amour à leurs auteurs. Je sais, au plus profond de mon cœur, que déclarer la guerre aux problèmes de la violence, de la pauvreté, du cancer, du SIDA et de l'accoutumance aux drogues n'est pas la solution. Je ne suis pas intéressé à amplifier ces problèmes par des pensées ou des comportements violents, colériques ou haineux. Je sais bien que ce n'est pas en devenant moi-même malade que je rendrai la santé à quiconque et que ma propre colère ne mettra jamais un terme à la violence, ni à quoi que ce soit. Je sens aussi très fortement qu'en restant en-Esprit et en offrant une énergie mentale plus grande en présence de ces énergies débilitantes fondées sur l'ego, je peux être une force de changement, une force qui aide le monde à se tourner vers l'Esprit.

J'anticipe l'avènement d'une planète de paix — où règne la santé, l'abondance et l'amour, tant dans ma vie que dans celle de mon prochain — et je sais que les choses évoluent dans cette direction. Je suis conscient que pour chaque manifestation apparente du mal, des millions de gestes de bonté sont posés. C'est vers ceux-là que je tourne mon attention et ce sont eux que je choisis d'imiter. J'y consacre la majeure partie de mes journées et ma récompense est le sentiment intime que ma vie a une raison d'être. J'observe et j'écoute le chant des passereaux le matin, et je sais qu'ils ne le font pas parce qu'ils ont solutionné tous les problèmes de l'existence — ils ont un refrain en eux et ils se sentent naturellement portés à l'exprimer. J'ai aussi ma propre chanson et, en restant en-Esprit, je peux la chanter toute la journée, jour après jour.

Je sais que la réponse à la question : « Qu'est-ce que je devrais faire ? » est le mot « Oui ! » s'illuminant sur l'écran de mon imagination. « Oui, j'écoute ! », « Oui, je t'accorde mon attention ! » et, le plus important, « Oui, je le veux ! » Je remarque que les personnes non-inspirés qui m'entourent sont incapables de dire « oui » aux émotions profondes qui les habitent. En répondant « oui » à toutes les intuitions, à tous les désirs ardents et à toutes les pensées qui ne veulent pas me quitter, je sens la main de l'Esprit qui me guide, simplement parce que j'ai été capable de répondre affirmativement. En disant « oui » à la vie, je vois le monde et tous ses habitants avec un tout nouveau regard.

En me sentant de plus en plus inspiré, je vois l'Esprit dans pratiquement toutes les personnes que je rencontre. Je me sens plus lié à chacune d'elle parce que je sens *son esprit* plutôt que de remarquer ses succès accumulés. J'appelle cela « voir avec mon esprit plutôt qu'avec mes yeux ». Il me semble que mon identité est associée à des expériences qui ne sont plus exclusivement de ce monde. Et j'aime ce que mon esprit voit — des possibilités et des occasions de miracles ! Il voit au-delà des limites de mon regard et il sait que nous sommes tous unis dans un monde infini. Mon esprit ne voit plus désormais la mort comme quelque chose qui doit être craint ; il vit plutôt dans un endroit infini et il est capable de prendre ses distances par rapport au monde corporel, pour devenir un véritable observateur. À chaque jour qui passe, je sens que mon esprit sait ce qui est vrai et qu'il cherche cette essence d'amour pour tous, partout.

* * *

Transmettre adéquatement ce que je ressens quand je me sens inspiré est probablement impossible. Ce que je veux sincèrement partager ici, c'est que le sentiment d'être complètement en harmonie avec notre Source produit des miracles. J'éprouve la délicieuse sensation d'une félicité qui parcourt ma colonne vertébrale quand j'observe le monde et que j'interagis avec lui du point de vue privilégié de l'inspiration. Ces mots du *Cours en miracle* sonnent justes à mes oreilles : « Ce que nous devons admettre, toutefois, c'est que la naissance n'a pas été le début et que la mort n'est pas la fin ». En me plaçant du point de vue infini de l'Esprit, cette certitude m'habite.

Il n'y a pas de conflit — tout se passe comme il se doit. Les choses que je veux améliorer ne s'accompliront pas en combattant, mais en tournant mon attention vers l'Esprit et en m'unissant à Lui. Dans sa première épître aux Corinthiens, saint Paul dit : « Le fait que vous vous poursuiviez en justice prouve que vous avez déjà tout perdu ». En vivant dans un lieu d'inspiration, je constate que le conflit n'est désormais plus possible pour moi, et je comprends ce que saint Paul essayait de dire aux habitants de Corinthe. Je ne serai pas vaincu — je ne le peux pas, parce que, pour moi, il n'existe plus de *ils*, il n'y a que *nous*. Je me suis tourné vers l'Esprit. Je sais que Dieu m'a créé pour que je Lui ressemble et que je dois être ce que j'étais à l'origine. Cette idée, plus que toute autre, m'inspire au-delà de tout ce que je puis exprimer dans ces pages.

C'est mon intention de continuer à être inspiré et vivre selon ce que mon esprit sait, plutôt qu'en ne faisant confiance qu'à ce que mes yeux voient. Et mon esprit sait que nous sommes dans un Univers doté d'une intelligence créatrice et organisatrice qui le gouverne. Je sais qu'elle s'écoule en moi et que, si c'est la volonté de Dieu, je pourrai rester en-Esprit. Je vous aiderai à vivre cette vie d'inspiration que vous êtes venu ici pour connaître. Il ne peut y avoir de plus grande bénédiction !

Je vous envoie de l'amour, je vous enveloppe de lumière et je vous invite à vivre avec moi en-Esprit.

AU SUJET DE L'AUTEUR

Wayne W. Dyer, Ph.D., est un écrivain et un conférencier de réputation internationale dans le domaine du développement personnel. Il est l'auteur de 28 ouvrages, le créateur de plusieurs programmes audio et vidéo et il a participé à des milliers d'émissions de radio et de télévision. Ce livre, ainsi que *Accomplissez votre destinée, La sagesse des anciens, Il existe une solution spirituelle à tous vos problèmes*, et les best-sellers du New York Times *Les Dix Secrets du succès et de la paix intérieure* et *Le Pouvoir de l'intention*, ont tous été présentés en émissions spéciales au réseau National Public Television.

Wayne W. Dyer détient un doctorat en counseling éducationnel de l'Université Wayne State et a été professeur agrégé à l'Université St. John de New York.

Site Internet : **www.DrWayneDyer.com**

AUTRES LIVRES DE WAYNE W. DYER
AUX ÉDITIONS ADA

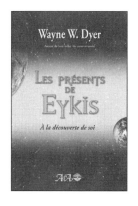

Pour obtenir une copie
de notre catalogue,
communiquez avec :
AdA
1385, boul. Lionel-Boulet
Varennes, Québec
J3X 1P7
Téléc : (450) 929-0220
info@ada-inc.com
www.ada-inc.com

Pour l'Europe, voici les coordonnées :
France : D.G. Diffusion Tél. : 05.61.00.09.99
Belgique : D.G. Diffusion Tél. : 05.61.00.09.99
Suisse : Transat Tél. : 23.42.77.40

www.ada-inc.com